丝路经济与文化文库

中国（西安）丝绸之路研究院科学研究项目（2017SZ04）

丝绸之路经济带沿线各国财税治理的协同发展与风险防范

郭江 马蔡琛 等著

·北京·

图书在版编目（CIP）数据

丝绸之路经济带沿线各国财税治理的协同发展与风险防范／郭江等著. —北京：中国经济出版社，2021.7
ISBN 978-7-5136-6514-8

Ⅰ.①丝… Ⅱ.①郭… Ⅲ.①丝绸之路-经济带-财税-财政管理-协调发展-研究-世界②丝绸之路-经济带-财税-财政管理-风险管理-研究-世界 Ⅳ.①F811.2

中国版本图书馆CIP数据核字（2021）第130163号

责任编辑	郭国玺
责任印制	巢新强
封面设计	任燕飞工作室

出版发行	中国经济出版社
印 刷 者	北京九州迅驰传媒文化有限公司
经 销 者	各地新华书店
开 本	710mm×1000mm 1/16
印 张	13.75
字 数	196 千字
版 次	2021 年 7 月第 1 版
印 次	2021 年 7 月第 1 次
定 价	78.00 元

广告经营许可证 京西工商广字第 8179 号

中国经济出版社 网址 www.economyph.com 社址 北京市东城区安定门外大街 58 号 邮编 100011
本版图书如存在印装质量问题，请与本社销售中心联系调换（联系电话：010-57512564）

版权所有　盗版必究（举报电话：010-57512600）
国家版权局反盗版举报中心（举报电话：12390）　　服务热线：010-57512564

丝路经济与文化文库编委会

主　任　许宪春
副主任　胡　健
委　员　杨秋宝　秦其明　白暴力　肖红叶
　　　　　冯宗宪　王振龙　傅德印　任保平
　　　　　雷宏振　李　萍　李佼瑞　吴旺延

目 录

导 论 ··· 1

 第一节 本书的研究意义 ··· 1

 第二节 结构安排 ··· 3

第一章 丝绸之路经济带财税治理的国内外研究综述 ············ 6

 第一节 丝绸之路经济带的国别划分 ···························· 6

 第二节 丝绸之路经济带沿线国家的财政制度 ················· 8

 第三节 丝绸之路经济带沿线国家的税收制度 ················ 11

 第四节 丝绸之路经济带沿线国家的财政支出 ················ 15

第二章 古代丝绸之路的财税政策演进 ····························· 21

 第一节 中外沟通的"反 E 型"路线图:"一带一路"倡议的
    千年雏形 ·· 22

  一、两千年前的两次中外沟通事件 ························· 22

  二、"一带一路"倡议的千年雏形:北线、中线、南线的
    "反 E 型"路线图 ······································· 25

 第二节 古代丝绸之路财税政策的探索与演进 ················ 26

  一、丝绸之路开拓兴起时期(秦汉时期) ·················· 27

  二、丝绸之路的动荡曲折时期(魏晋南北朝) ············ 30

  三、丝绸之路的繁荣昌盛时期(隋唐时期) ··············· 33

  四、丝绸之路的变迁发展时期(宋元时期) ··············· 38

五、丝绸之路的衰落时期（明清时期） …………………………… 44

第三章 丝绸之路经济带沿线国家的税收体制特征分析 …………… 48

第一节 丝绸之路经济带沿线国家的税收制度比较 ………………… 48
一、税种结构 …………………………………………………… 48
二、税收征管要素 ……………………………………………… 59

第二节 丝绸之路经济带沿线国家的税收协调现状分析 …………… 63
一、国际税收协调和税收优惠的理论分析 …………………… 64
二、国际税收协调和税收优惠现状 …………………………… 68
三、直接税的协调现状 ………………………………………… 71
四、间接税的协调现状 ………………………………………… 90
五、关税的协调现状 …………………………………………… 93

第四章 财政支出在丝绸之路经济带沿线国家经济增长中的作用分析 …… 99

第一节 模型设定与变量说明 ………………………………………… 100
一、模型设定 …………………………………………………… 100
二、自变量说明 ………………………………………………… 100

第二节 实证分析 ……………………………………………………… 101
一、数据的描述性统计分析 …………………………………… 101
二、实证结果 …………………………………………………… 102
三、实证结果分析 ……………………………………………… 103

第三节 研究结论及启示 ……………………………………………… 107
一、研究结论 …………………………………………………… 107
二、对我国投资丝绸之路经济带沿线国家的启示 …………… 108

第五章 丝绸之路经济带建设中财税治理的改进路径与政策建议 …… 114

第一节 中国企业参与丝绸之路经济带建设的税收问题分析——基于
中亚五国和俄罗斯的考察 …………………………………… 114

一、中国企业参与丝绸之路经济带建设的国际税收
　　　　环境分析 …………………………………………… 117
　　二、中国企业应对丝绸之路经济带国际涉税事件时
　　　　存在的问题 ………………………………………… 122
　　三、应对企业参与丝绸之路经济带建设税收问题的策略 ……… 127
　第二节　基于财政信用服务视角的"一带一路"建设分析 ……… 130
　　一、财政信用参与"一带一路"建设的必然性 …………… 132
　　二、财政信用参与"一带一路"建设的风险 ……………… 135
　　三、财政信用参与"一带一路"建设的对策建议 ………… 140

第六章　丝绸之路经济带建设中税收风险的防范及策略建议 ………… 144

　第一节　丝绸之路经济带沿线各国税收政策的国际协调进展与
　　　　　风险防范 …………………………………………… 144
　　一、丝绸之路经济带沿线各国税收制度的特点 …………… 144
　　二、丝绸之路经济带沿线各国税收政策协调的进展 ……… 148
　　三、丝绸之路经济带沿线各国税收政策协调的主要挑战 ……… 152
　　四、税收政策国际协调的政策建议 ………………………… 155
　第二节　有力、有效防范丝绸之路经济带税收风险 …………… 160
　　一、税收风险防范助力丝绸之路经济带发展的作用机理 ……… 160
　　二、丝绸之路经济带的税收风险及其来源 ………………… 162
　　三、丝绸之路经济带税收风险防范的路径选择 …………… 170

参考文献 ……………………………………………………………… 174

术语索引 ……………………………………………………………… 207

后　记 ………………………………………………………………… 208

导 论

第一节 本书的研究意义

丝绸之路具有悠久的历史和灿烂的未来,自古就是中国连接亚、非、欧三大洲的重要商业贸易路线,为人类社会经济与文化交流做出了巨大的贡献。尽管丝绸之路在明清时期逐渐衰落,但它作为亚欧大陆文明交流的典范,对周边国家的合作互联影响深远。① 进入 21 世纪,建设丝绸之路经济带已经成为中国新的经济发展战略,② 不仅丰富了传统丝绸之路的内涵,更是在时代性、先进性、开拓性三个方面对古丝绸之路进行了创新性发展。③

2013 年 9 月,中国国家主席习近平在哈萨克斯坦纳扎尔巴耶夫大学的演讲中,首次提出关于共同建设"丝绸之路经济带"的战略设想,其中重点强调了中国与亚欧大陆,特别是中亚地区古老的丝绸之路交流历史,并强调随着中国同欧亚国家关系的快速发展,要以新的形式把中国同欧亚国家的互利合作不断推向新的历史高度。④ 为了更好地肩负起"政策沟通、设施联通、贸易畅通、资金融通、民心相通"的重要使命,作为国家治理的基础和重要支柱的财政税收问题,对于促进"一带一路"建设自然是不可或缺的基础性

---

① 白永秀,王颂吉. 丝绸之路经济带的纵深背景与地缘战略[J]. 改革,2014(3):64-73.
② 任保平,马莉莉,师博,等. 丝绸之路经济带的合作机制与内陆型改革开放[M]. 北京:中国经济出版社,2016.
③ 王义桅. 论"一带一路"的历史超越与传承[J]. 人民论坛·学术前沿,2015(9):19-27.
④ 习近平. 共同建设"丝绸之路经济带"[EB/OL].(2013-09-07)[2020-01-15]. http://www.scio.gov.cn/ztk/wh/slxy/gcyl1/Document/1442459/1442459.htm.

制度载体与支撑平台。因此，研究丝绸之路经济带沿线各国财税治理的协同发展与风险防范对于推动"一带一路"倡议的实施至关重要。

自丝绸之路经济带建设的重大倡议提出以来，对丝绸之路经济带的研究明显增加，但涉及的领域各有侧重，且研究也比较零散，尤其缺少对财税政策的系统性研究。本书对丝绸之路经济带沿线国家①财税体制进行相对系统的比较梳理，就其特征进行归纳总结，为落实丝绸之路经济带的建设，为充分发挥财税杠杆在经济建设中的作用，为提出与丝绸之路经济带建设相适应的财税政策建议，均可提供更具价值的启示和借鉴。

第一，本书将对丝绸之路经济带建设过程中存在的财税风险进行总结，可以在一定程度上规避经济周期风险，解决信息不对称问题，并因此避免由于历史文化、经济政治差别所造成的误解、冲突和低效率合作的发生，从而做到真正意义上的互联互通、协调发展。第二，丝绸之路经济带在相当程度上是新时期西部大开发的延续，可以进一步发挥西部地区在丝绸之路经济带建设中的集聚效应和辐射作用，带动整个亚欧板块的高效有序发展。对中国而言，既可以打通向西开放的战略通道，同时也能够撬动整个区域经济板块的协调发展，促进区域之间的协同发展。第三，通过深入探讨丝绸之路经济带建设过程中财税治理的路径，期望能够"以点带面"，从实质上推进丝绸之路经济带财税治理的协调发展。

本书从税收和财政两方面切入研究主题，分别探讨税收政策和财政支出在丝绸之路经济带建设中的实际应用。一方面，税收政策的完善可以极大地

---

① 考虑到丝绸之路经济带的内涵特征与空间范围，本书认为狭义的丝绸之路经济带沿线国家范围包括核心区（中国、俄罗斯、哈萨克斯坦、乌兹别克斯坦、土库曼斯坦、吉尔吉斯斯坦、塔吉克斯坦）、中东欧（波兰、罗马尼亚、塞尔维亚、匈牙利、捷克、立陶宛、拉脱维亚、克罗地亚、斯洛伐克、爱沙尼亚、阿尔巴尼亚、斯洛文尼亚、保加利亚）和中东（埃及、约旦、以色列、沙特阿拉伯、科威特、阿联酋、土耳其）三个地区。广义的丝绸之路经济带则包括中亚5国（哈萨克斯坦、吉尔吉斯斯坦、乌兹别克斯坦、塔吉克斯坦、土库曼斯坦）、南亚8国（阿富汗、巴基斯坦、印度、不丹、马尔代夫、孟加拉国、尼泊尔、斯里兰卡）、中东欧16国（波兰、罗马尼亚、捷克、斯洛伐克、保加利亚、匈牙利、拉脱维亚、立陶宛、斯洛文尼亚、爱沙尼亚、克罗地亚、阿尔巴尼亚、塞尔维亚、北马其顿、波黑、黑山）、独联体其他6国（乌克兰、白俄罗斯、格鲁吉亚、阿塞拜疆、亚美尼亚、摩尔多瓦）、西亚北非16国（沙特阿拉伯、阿联酋、阿曼、伊朗、土耳其、以色列、埃及、科威特、伊拉克、卡塔尔、约旦、黎巴嫩、巴林、也门、叙利亚、巴勒斯坦）和蒙古国、俄罗斯、中国共54个国家。

调动企业在丝绸之路经济带建设过程中的积极性。对于"走出去"的企业，税收协定以及国内税收政策中的税收抵免等优惠政策，可以帮助企业有效解决重复征税问题；对于"引进来"的企业，可以通过税收政策设计来营造良好的税收环境，促进其在中国实现更大的发展，更多地开展研发与创新活动。另外，通过国际合作以及相应的跨国税收协调，可以减少货物资金人员流动的障碍，促进货物与劳务、服务在国与国之间流动，进一步推进跨国投资活动。另一方面，财政支出可以在很大程度上起到政策引导的作用。核心枢纽省份的基础设施建设离不开财政和金融的支持，而金融支持往往要以财政支持为先导。例如，设立"丝路基金"等明确的财政支持政策，不仅可以调动地方财政的积极性，也相当于给企业吃了一颗"定心丸"，从而让企业能够全力投入丝绸之路经济带的建设中。

第二节 结构安排

本书着眼于丝绸之路经济带的财税体制和政策，在梳理古代丝绸之路的财税政策演进情况的基础上，通过对沿线国家财税体制特征的剖析，明确各国间的税制差异和分歧以及沿线国家税收协调的现状，构建沿线国家财政支出对经济增长效应的分析模型，厘清财政实际支出对沿线国家经济发展的作用，分析我国及沿线各国在财政税收政策制定层面所面临的问题，进一步提出防范财税风险的措施建议。总体来看，本书遵循"理论分析—现实刻画—政策建议"的研究思路，对丝绸之路经济带沿线各国财税治理的协同发展与风险防范展开系统的分析。

丝绸之路经济带沿线各国的协同发展与风险防范研究是相当繁芜丛杂的，本书的结构安排如下：

导论。首先从学术价值、应用价值、社会意义三个角度点明了本书的研究意义，在此基础上，进一步介绍本书的基本研究思路，并具体阐明本书的结构安排与各章的主要研究内容。

第一章为丝绸之路经济带财税治理的国内外研究综述。文献梳理主要从丝绸之路经济带的国别划分、沿线国家的财政制度和税收制度及财政支出四个方面展开，通过总结现有文献的成果和不足，明确研究方向，为后续理论和实证研究奠定基础。

第二章为古代丝绸之路的财税政策演进。通过对古代丝绸之路经济带的财税政策演进脉络的梳理，试图勾勒出丝绸之路经济带的财税治理历史背景，进而为丝绸之路经济带沿线国家的财税治理研究提供一个具有更加宏阔历史视野的背板底色。

第三章为丝绸之路经济带沿线国家的税收体制特征分析。首先，从税种结构、税收征管要素两个方面入手，对丝绸之路经济带沿线国家的税收制度进行对比研究。其次，选取国际税收协调和税收优惠两个视角，分别从国际税收协调和税收优惠及直接税、间接税、关税协的调视角，对沿线国家的税收协调现状进行梳理，综合探讨国家间的税收协调与合作（包括税收优惠政策）如何创造公平的税收环境。通过对丝绸之路经济带沿线各国尤其是重点国家税收体制特征的分析，提炼出不同国家的财税政策环境差异，从而确定课题研究的逻辑起点。

第四章为财政支出在丝绸之路经济带沿线国家经济增长中的作用分析。本章试图构建丝绸之路经济带沿线国家财政支出对经济增长影响的分析模型，运用面板数据分析方法，剖析财政实际支出与丝绸之路经济带沿线国家的经济发展之间的实证关系，论证财政支出在不同区域经济增长中的作用，为丝绸之路经济带沿线国家进一步优化财政资金支出方向和规模、提高财政资金使用效率以及调整中国的投资方向，提供可资借鉴的参考。

第五章为丝绸之路经济带建设中财税治理的改进路径与政策建议。一方面，通过考察中亚五国与俄罗斯的税制特点，分析中国企业参与丝绸之路经济带建设将会面临的税收问题，分别从国家、税务机关及企业三个层面提出具有可操作性和应用价值的政策建议。另一方面，探求财政信用在"一带一路"创新投融资机制设计中，以较低利率撬动更多社会资金投入"一带一路"建设的必然性和风险对策。

第六章为丝绸之路经济带建设中税收风险的防范及策略建议。本章分析丝绸之路经济带沿线各国税收制度的特点和税收政策协调，探究各国税收政策协调所面临的挑战，深入分析税收风险的特征及来源，提出有效防范丝绸之路经济带税收风险的措施建议，为应对丝绸之路经济带沿线各国的税收风险提供预警和应对之法。

第一章
丝绸之路经济带财税治理的国内外研究综述

第一节 丝绸之路经济带的国别划分

2013年9月,习近平主席在哈萨克斯坦纳扎尔巴耶夫大学的演讲中指出,"丝绸之路经济带总人口近30亿"以及"连接东亚、西亚、南亚"。① 在此之后,不少研究者对丝绸之路经济带的覆盖范围进行了分析和划分。商务部研究院刘华芹(2013)提出丝绸之路经济带涵盖欧亚大陆30多个国家,总人口近30亿。② 何茂春、张冀兵(2013)在空间上将丝绸之路经济带大致划分五个区段:东亚段、中亚段、西亚段、中东欧段、西欧段;在时间上按近期、中期、远期来分阶段建设。③

从地理空间上看,丝绸之路经济带的构建整体呈现出"带状";从宏观来看,丝绸之路经济带贯穿整个欧亚大陆的区域;从国别上看,主要包括中国、俄罗斯、中亚五国等国家(秦宏,2017)。④ 冯宗宪(2014)将丝绸之路经济带的国外路段分为以下主要地段:中亚地段、南亚地段、中东欧地段以及相

---

① 习近平:共同建设"丝绸之路经济带"[EB/OL].(2013-09-07)[2020-01-15].http://www.scio.gov.cn/ztk/wh/slxy/gcyl1/Document/1442459/1442459.htm.
② 刘华芹.借鉴上合经验建设"丝绸之路经济带"[J].经济,2013(12):75-77.
③ 何茂春,张冀兵.新丝绸之路经济带的国家战略分析——中国的历史机遇、潜在挑战与应对策略[J].人民论坛·学术前沿,2013(23):6-13.
④ 秦宏.试论丝绸之路经济带的纵深背景与地缘战略[J].现代经济信息,2017(1):18.

关的俄罗斯和西欧地段、北欧地段，其中，中亚位于欧亚大陆中心，是丝绸之路的枢纽。[1] 白永秀、王颂吉（2014）基于区域特征与功能差异，将丝绸之路经济带的空间范围划分为核心区、扩展区、辐射区三个层次，并将核心区与扩展区纳入狭义丝绸之路经济带，将核心区、扩展区以及辐射区称为广义的丝绸之路经济带。其中，核心区是上海合作组织和欧亚经济共同体的主要成员国，包括中国、俄罗斯和中亚五国；扩展区是上海合作组织和欧亚经济共同体的其他成员国及观察员国，包括印度、巴基斯坦、伊朗、阿富汗、蒙古国、白俄罗斯、亚美尼亚、乌克兰、摩尔多瓦9个国家；而辐射区则包括西亚、欧盟等国家和地区，并且可连通日本、韩国等东亚国家。[2] 李玮（2014）基于历史传承和战略需求的角度，提出了一个"64+1"的框架列表，涵盖了中亚五国、部分东亚国家、西亚18国、东南亚12国、南亚五国及欧洲和北非的部分国家。[3] 董锁成等（2014）进一步指出，丝绸之路经济带的范围除了亚欧非的65个国家外，还有29个国家在辐射范围内。[4] 方一婷（2019）指出，"一带一路"倡议在空间轴带体系上，将丝绸之路经济带沿线的64个国家纳入辐射体系之内，形成了沿线国家间多层次影响关系。丝绸之路经济带与21世纪海上丝绸之路首尾相接，首端是发达的欧洲经济圈，中心是发展潜力巨大的中亚地区，足端是发展迅速的东亚经济圈，形成贯通欧亚非三大洲的海陆环形经济带。[5]

---

[1] 冯宗宪.中国向欧亚大陆延伸的战略动脉——丝绸之路经济带的区域、线路划分和功能详解[J].人民论坛·学术前沿，2014（4）：79-85.
[2] 白永秀，王颂吉.丝绸之路经济带的纵深背景与地缘战略[J].改革，2014（3）：64-73.
[3] 李玮.丝绸之路经济带发展报告（2014）[M].北京：社会科学文献出版社，2014：106-115.
[4] 董锁成，黄永斌，李泽红，等.丝绸之路经济带经济发展格局与区域经济一体化模式[J].资源科学，2014，36（12）：2451-2458.
[5] 方一婷.论一带一路发展过程与历史意义[A]//浙江中华文化学院课题组，杭州师范大学国别研究中心.《"一带一路"文明互鉴的浙江研究》学术研讨会论文集[C].浙江中华文化学院课题组，杭州师范大学国别研究中心，浙江省长三角城乡社区发展研究院，2019：35-42.

第二节　丝绸之路经济带沿线国家的财政制度

丝绸之路经济带核心区包括上海合作组织和欧亚经济共同体的主要成员国，具体有中国、俄罗斯和中亚五国（哈萨克斯坦、吉尔吉斯斯坦、塔吉克斯坦、乌兹别克斯坦、土库曼斯坦）。

自经济转轨以来，俄罗斯一直将财税体制改革作为经济转轨和制度变迁的重要内容，财税政策也随之发生了较大变化，对经济的影响程度日益加深。一方面，俄罗斯对财政支出、财政转移支付、赤字和国债等的政策调整力度加大并初见成效；另一方面，以简化税制、减少税种、下调税率、降低税负、取消优惠为主要内容的税收政策，也取得了较大的进展和成效（郭连成，2013）。[①] 世界银行（2005）认为，俄罗斯在中期支出框架（MTEF）背景下实施结构性改革，建立了一个通用框架，以估算公共管理领域各种改革的直接财政影响。[②] 俄罗斯联邦财政与地方财政职能相对清晰，联邦财政对影响国家整体利益、溢出效应强和具有显著规模经济特征的全国公共产品和服务负责，而地方财政承担了区域性、贴近民众生活公共产品的供给责任（季心禾，2018）。[③] 在俄罗斯相关规范性法律法规和实践中，反复使用了开放（透明）预算、公民预算、人事预算、主动预算和参与式预算等概念，这些概念的使用虽然既有共同点也有差异，但均体现了预算透明度原则在俄罗斯立法行为中的充分解读（Vladimir et al., 2018）。[④]

中亚国家通过制定中长期财政发展规划、强化国家战略与财政预算的结

[①] 郭连成. 俄罗斯财税政策及其影响 [J]. 俄罗斯东欧中亚研究, 2013 (5): 25-33.
[②] The World Bank. Russia: Fiscal Costs of Structural Reforms [R/OL]. https://openknowledge.worldbank.org/handle/10986/8540. 2005-04.
[③] 季心禾. 美英俄三国财政制度演进逻辑及启示 [J]. 市场周刊（理论研究），2018 (5): 94-97.
[④] Vladimir V K, et al. Regulatory and Legal Support for the Budget Transparency at the Regional Level in Russia [J]. Financial Journal, Financial Research Institute, 2018 (5).

合、优化税收制度、降低公共债务等方式，不断推进财政制度改革，基本实现了国家财政收支的稳定增长。雷婕等（2016）指出，由于经济发展水平和自然资源禀赋的差异，中亚各国财政经济的发展状况并不均衡，在财政赤字和国家债务水平等方面差异巨大。① 哈萨克斯坦财政赤字并不等于收入与支出的差额，这种现象并不多见，这主要缘于哈萨克斯坦的预算制度。2000年，哈萨克斯坦设立国家基金，该基金的最大用途在于平衡年度财政预算。国家基金的存在，也显著地提高了哈萨克斯坦财政政策的灵活性（王志远，2019）。② 2019年，中亚国家通过完善财政制度、提高财政透明度、改革税法等方式有效改善了宏观经济管理。为抵消2014—2016年度持续的巨大外部冲击而采取的扩张性财政政策，导致一些国家的公共债务显著增加，债务的上升意味着财政缓冲作用的削弱和大量财务负债的漏洞。这些反映了大型国有企业和国有控股银行债务的风险敞口，这些债务已经超出了政府的官方预算（IMF，2019）。③ IMF中东和中亚副局长 Juha Kahkonen 在接受《阿斯塔纳时报》采访时表示，"一带一路"倡议给乌兹别克斯坦和哈萨克斯坦带来了机遇，乌兹别克斯坦的对外开放对该地区来说是个好消息，两国之间已经有了更多的贸易和投资，但乌兹别克斯坦的改革才刚刚开始，如果改革成功，将有更多机会。④

此外，国内外部分研究者也对丝绸之路经济带沿线具体国家的财税体制进行了简要的介绍及分析。片岩（2017）认为，波兰公共财政制度与发达的市场经济国家制度日渐趋同，但波兰的经济基础与发达经济体仍有相当的差距，制度弹性、经济活力和创造能力也相对不足，政府还不得不面对敏感的结构性问题和公共行政制度本身不足的问题。与中国"一带一路"倡议对

---

① 雷婕，丁超，童伟．中亚地区财政经济形势分析［J］．欧亚经济，2016（4）：25-41.
② 王志远．纳扎尔巴耶夫时代的哈萨克斯坦发展模式［J］．新疆财经，2019（4）：61-71.
③ IMF. Regional Economic Outlook: Middle East and Central Asia Update [R]. 2019-04.
④ Assel S. Latest IMF Report Highlights Need for Reform in Central Asia and Caucasus [EB/OL]. (2018-11-15) [2020-1-20]. https://astanatimes.com/2018/11/latest-imf-report-highlights-need-for-reform-in-central-asia-and-caucasus/.

接，有助于弥补和改革波兰公共行政和公共财政制度短板。① 财政体制是否有效，这关系着一国经济能否健康、快速发展。OECD（2018）指出，以色列的经济继续取得显著的宏观经济和财政成绩，经济增长强劲，失业率低，外部盈余状况良好，公共债务与GDP之比仍在下降（已经远低于经合组织的平均水平）。②

在对丝绸之路经济带沿线国家财税政制度进行分析的同时，已有研究也发现，在丝绸之路经济带建设过程中，财税体制改革存在诸多问题及障碍。黄晓燕、秦放鸣（2018）指出，目前，在"一带一路"六大经济走廊中，中巴经济走廊、中蒙经济走廊都有了比较具体的顶层设计和规划，也明确了基本的物理路线；相对而言，中国—中亚—西亚经济走廊建设尚未出台顶层设计，只是在走廊建设的愿景上与相关国家达成共识，合作停留在点和线上，以个别项目合作为主，缺乏统筹性和整体考虑。③ 从我国与"一带一路"沿线国家的投资、贸易活动实际情况看，开展国际财税政策协调还存在不少的实际困难，主要体现在以下方面："一带一路"沿线国家众多，税制复杂，协调难度高；"一带一路"沿线部分国家政局复杂，民族宗教问题突出，社会环境不稳，财税政策协调困难；开展国际财税政策协调，需要重新修改国内财税法律和政策；部分发达国家对"一带一路"倡议进行干扰（温来成，2017）。④ 周波、韩金晓（2017）以"一带一路"建设提供国际公共产品为出发点，从"一带一路"建设的一般性与特殊性层面进行分析，认为面临着资金供给难题、沿线国家道德风险、个别国家抵触、人才储备不足等方面的风险与挑战。⑤

---

① 庄岩. 波兰公共财政制度转型和改革［D］. 北京：中央财经大学，2017.
② OECD. OECD Economic Surveys：Israel 2018［M］. OECD Publishing，2018.
③ 黄晓燕，秦放鸣. 中国—中亚—西亚经济走廊建设：基础、挑战与路径［J］. 改革与战略，2018，34（2）：68-73.
④ 温来成. 加强国际财税政策协调 推进"一带一路"战略［J］. 财政监督，2017（16）：12-16.
⑤ 周波，韩金晓. 应对"一带一路"建设风险与挑战的财税政策研究［J］. 财政监督，2017（2）：17-23.

第三节　丝绸之路经济带沿线国家的税收制度

在税收制度方面，研究者们对于丝绸之路经济带建设中税收政策所起的作用、面临的困境与应对方法等，都有比较充分深入的研究。但关于丝绸之路经济带下的税收体制和政策的研究相对较少，部分文献在分析丝绸之路经济带建设的可行性和影响时，少量涉及了相关内容。

总体而言，丝绸之路经济带沿线国家的税制体系可以分为三类：以直接税为主体的税制体系、以间接税为主体的税制体系、以直接税和间接税并重的"双主体"模式。发达国家多以直接税为主体，发展水平较高的发展中国家多采用"双主体"模式，大多数发展中国家以间接税为主体（魏升民等，2019）。① 朱为群、刘鹏（2016）将"一带一路"沿线各国分为发达国家和欠发达国家，发现不同的经济发展水平决定了"一带一路"沿线国家税制结构的一般性特征：经济发达国家的税制结构以所得税为主，且社会保障税（缴款）作为其筹集税收收入的主体税种，增值税作为重要的辅助税种；经济欠发达国家的税制结构以商品税为主，增值税作为其筹集税收收入的主体税种，公司所得税作为重要的辅助税种。同时，所得税在"一带一路"沿线各国的变化极为显著。② 关于丝绸之路经济带沿线国家的税制、主要税种及税负的研究，王文清、姚巧燕（2018）以印度尼西亚、印度、俄罗斯三国跨境企业税收改革为研究样本，对沿线"三国"企业税收改革趋势进行分析，具体结论有以下三点：转让定价规则日渐完善、税收协定执行日趋严格、税收合作力度日益加大。③ 李扣庆等（2018）以沿线代表性国家阿联酋、波兰、捷克、斯洛伐克、卡塔尔、匈牙利、俄罗斯、哈萨克斯坦、印度和巴基斯坦等

---

① 魏升民，韩永辉，向景．"一带一路"国际税收合作的现状、问题与对策分析［J］．南方金融，2019（8）：61-67.
② 朱为群，刘鹏．"一带一路"国家税制结构特征分析［J］．税务研究，2016（7）：24-30.
③ 王文清，姚巧燕．"一带一路"沿线国家税收制度改革对我国的启示——以印度尼西亚、印度、俄罗斯为例［J］．国际税收，2018（4）：23-27.

国作为考察对象，研究了这些国家的税收制度、税负差异、税收风险以及国际化财会人才培养。① 对于俄罗斯的税收制度而言，在更大的财政联邦制框架内对收益分享机制进行微调、扩大区域税基、改善税收征管体系和其他相关措施，是在省一级扩大投资机会的重点领域。从长远来看，与当前强调以联邦预算为代价实施大型发展项目的措施相比，这种区域发展方式有望更加有效和可持续。从近年来在"一带一路"和其他发展计划框架下发起的基础设施项目规模来看，俄罗斯的这些经验似乎对整个欧亚大陆都是有效的（Belov，2018）。② 在南亚和西南亚，税收制度面临若干挑战，这反映为试图调动和管理公共财政资源时的效率低下。税收结构的复杂性和例外的授予削弱了有效性，在税收体系中引入了累退性，所有这些都损害了税收的积极性（Hammill and Pedrosa-Garcia，2018）。③

关于丝绸之路经济带沿线国家的税收法律体系和税收协调进展的分析，董锁成等（2014）指出，可以重点依托大国在丝绸之路经济带中的带动作用，重塑欧亚经济、资源等方面的统一空间，提出核心—边缘合作共赢模式、交通经济带模式和丝绸之路经济共同体模式，优化欧亚发展空间新格局。④ 王文静、赖泓宇（2016）指出，丝绸之路经济带沿线国家与"21世纪海上丝绸之路"沿线国家的税收法律体系存在显著差异，我国"一带一路"税收协定网络具有国别差异化等特征。⑤ 对于发展中国家尤其是东南亚国家而言，世界经济进一步一体化的发展，从国际流动性及其对税收效率和税收负担的后果、各个司法管辖区之间的税收竞争以吸引外国直接投资（FDI）和专业技术人才、全球化对间接税包括国际贸易税的影响等多方面，对东南亚的税收结

---

① 李扣庆，佟成生，葛玉御，等. 会计基础设施助推"一带一路"——"一带一路"沿线国家税制与税负差异（五）[J]. 中国注册会计师，2018（10）：123-125.

② Belov A V. Tax Revenues, Public Investments and Economic Growth Rates: Evidence from Russia [J]. Journal of Tax Reform, 2018（1）.

③ Hammill M, Pedrosa-Garcia J A. Reforming Tax Systems: Key Policy Considerations from South and South-West Asia [A] //Mishra A, Arunachalam V, Patnaik D. Current Issues in the Economy and Finance of India [M]. Cham: Springer, 2018.

④ 董锁成，黄永斌，李泽红，等. 丝绸之路经济带经济发展格局与区域经济一体化模式 [J]. 资源科学，2014，36（12）：2451-2458.

⑤ 王文静，赖泓宇. "一带一路"战略的国际税收协调 [J]. 国际税收，2016（4）：52-57.

构和财政可持续性产生影响（Asher and Rajan，2001）。① 黎江虹、黄家强（2016）指出，应注重"一带一路"税收协调规则的顶层设计，并探索区域性税收协调新机制。② 李香菊、王雄飞（2017）通过对中亚和东南亚国家在经济贸易、产业结构、税收制度和政策方面的异同比较，提出应该对"一带一路"国际税收协调规则、因地制宜地深化国际税收协调途径进行顶层设计。③

关于税收协调中的具体问题，针对跨境利息所得的税收协调，赵洲、张丽（2018）指出，在寻求和推进来源地免税待遇的扩展中，必须同时考虑和形成相应的居民国税收减免的配套制度，并通过沟通、协商全面调整降低税收协定中的来源地限制税率。④ 针对预提所得税政策的税收协调，王素荣等（2016）分析了"一带一路"沿线国家的股息预提税、利息预提税和特许权使用费预提情况，并指出应及时了解受资国对居民和非居民的征税规定、转让定价规则、资本弱化规定等，进行相应的纳税筹划。⑤ 针对税收协定的完善问题，王慧（2017）通过分析我国与沿线各国税收协定的签订情况，指出产业合作税收协调存在着税制协调内容形式单一、税收协定网络不健全等问题，为了应对这种情况，应该全方位完善国内税制，并加强签署和完善税收协议，制定短中长期发展目标。⑥ 魏天磊（2017）认为，在"一带一路"背景下，各经济体之间的贸易额、投资额不断加大，双边关税的协调与合作显得更加重要。而现有税收合作存在许多不足之处，主要体现为各国税制差异

---

① Asher M G, Rajan R S. Globalization and Tax Systems: Implications for Developing Countries with Particular Reference to Southeast Asia [J]. Asean Economic Bulletin, 2001, 18（1）: 119-139.
② 黎江虹，黄家强. 中国税收征管法修订新动向：理念跃迁、制度创新与技术革命 [J]. 广西大学学报（哲学社会科学版），2016（1）: 118-124.
③ 李香菊，王雄飞. "一带一路"战略下企业税收风险与防控研究 [J]. 华东经济管理, 2017（5）: 134-139.
④ 赵洲，张丽. 论"一带一路"跨境利息所得的税收协调 [J]. 国际税收，2018（1）: 51-57.
⑤ 王素荣，王雪飞，付博. "一带一路"沿线国家预提所得税政策与纳税筹划 [J]. 财务与会计, 2016（16）: 24-27.
⑥ 王慧. "一带一路"战略的国际税法思考——以完善我国区域税收协调政策为切入点 [J]. 法制博览，2017（15）: 191-192.

大、关税税率不同、存在个别关税保护倾向等。① 在"一带一路"倡议下，中国与东南亚国家之间的业务联系更加紧密，为了确保投资的税收确定性，有必要建立有效的税收争议解决机制，相互同意程序（Mutual Agreement Procedure，MAP）是主要手段，但它也有局限性（Xu，2019）。② 关于"一带一路"建设中的国际税收问题，王文静等（2017）就沿线国家的税制改革状态进行了分析。③ 刘鹏（2017）以59个开征个人所得税的"一带一路"国家为基础，从征税标准、应税项目、课税模式、扣除设计、税率结构、征收管理六个方面，详细剖析了各国的个人所得税制度设计。④ 中国国际税收研究会课题组等（2015）指出，在"走出去"企业的税收鼓励上还存在一些问题，应建立完善符合外向型经济发展要求的税制。⑤ 为此，应加强涉外税收征管，优化涉外纳税服务，加强税收立法，促进税务组织的现代化（杨志勇，2015）。⑥ 刘振艳（2016）指出，为满足"一带一路"倡议需要，我国应进行配套制度改革，加大税收优惠力度，加强税收管理和国家间的相互协商。⑦ 针对税收协定的完善问题，廖益新（2010）⑧、崔晓静（2017）⑨、尹淑平和尹超（2018）⑩ 等也就我国目前税收饶让制度和税收协定网络的滞后性

---

① 魏天磊."一带一路"背景下"10+3"财金合作机制的发展方向研究［J］.中国人口·资源与环境，2017，27（S1）：311-314.

② Xu D. A Step Forward for Tax Dispute Resolution between China and ASEAN Countries under the Belt and Road Initiative［J］. Singapore Management University School of Accountancy Research Paper，2019（1）.

③ 王文静，王怡璞，赵利芳."一带一路"沿线国家近期税制改革动态比较研究［J］.国际税收，2017（5）：28-33.

④ 刘鹏."一带一路"国家个人所得税制度辨析［J］.经济体制改革，2017（2）：140-145.

⑤ 中国国际税收研究会课题组，龚辉文. 服务"一带一路"战略税收政策及征管研究［J］.国际税收，2015（12）：9-14.

⑥ 杨志勇. 实施"一带一路"战略的财税政策研究［J］.税务研究，2015（6）：16-21.

⑦ 刘振艳."一带一路"建设中的税收支持政策研究［J］.对外经贸，2016（9）：158-160.

⑧ 廖益新. 国际税收协定适用于合伙企业及其所得课税的问题——以中国执行双边税收协定为视角［J］.上海财经大学学报，2010（4）：21-28.

⑨ 崔晓静. 中国与"一带一路"国家税收协定优惠安排与适用争议研究［J］.中国法学，2017（2）：196-216.

⑩ 尹淑平，尹超."一带一路"背景下对我国税收饶让制度的审视［J］.税务研究，2018（11）：86-89.

进行了分析,并指出应及时完善税收协定,并扩大税收饶让覆盖面。

第四节　丝绸之路经济带沿线国家的财政支出

从已有文献来看,关于丝绸之路经济带沿线国家财政支出的研究,根据区域可划分为三个主要方面:一是关于俄罗斯的研究;二是关于中亚国家的研究;三是关于西亚国家的研究。

关于俄罗斯的研究,主要体现在以下几个方面:①关注民生、提高财政支出效率是俄罗斯财政支出的调整方向。Kudrinab 和 Sokolov（2017）认为,将财政支出的重点向人力和物质资本转移,是促进俄罗斯经济增长的措施。① Alexeevab 和 Chernyavski（2018）研究了最近两次经济危机期间俄罗斯联邦政府的转移支出后认为,2014—2015年俄罗斯地区间预算支出不平等程度明显高于多年来的水平,其中的原因是地区预算在投资、住房、教育和医疗保健等方面占很大比例。② 郭连成（2013）认为,在后金融危机时期,保证宏观经济和财政稳定、调整和优化财政支出结构、缩减财政赤字、适时调整税收政策,成为俄罗斯财税政策的重要目标;财政支出结构应由过去的突出经济职能向突出社会公共职能转化,向注重履行国家的社会责任、维护社会稳定、关注民生等方向转移。③ 高际香（2018）研究认为,为了配合普京总统第四任期的经济政策,俄罗斯财政货币政策的调整方向主要有两个:一是对直接税和间接税进行结构性调整;二是对预算支出结构做出相应调整,增加教育、医疗支出,适当缩减国家安全及执法行动的支出和国防支

---

① Kudrinab A, Sokolov I. Fiscal Maneuver and Restructuring of the Russian Economy [J]. Russian Journal of Economics, 2017 (3): 221-239.

② Alexeevab M, Chernyavski A. A Tale of Two Crises: Federal Transfers and Regional Economies in Russia in 2009 and 2014—2015 [J]. Economic Systems, 2018 (2): 175-185.

③ 郭连成. 俄罗斯财税政策及其影响 [J]. 俄罗斯东欧中亚研究, 2013 (5): 25-33.

出。① 马乌、陈余（2018）分析了近年来俄罗斯的经济危机，认为俄罗斯财政政策的重点是将赤字保持在可接受、可控制的水平，减轻各地区的债务负担，提高财政支出效率。② ②财税支出对经济的影响既有积极方面，也有消极方面。积极方面，Yushkov（2015）对 2005—2012 年俄罗斯各地区的经济发展状况进行的分析表明，联邦政府与地方政府之间的转移支付对地方经济增长有促进作用。③ Nina 和 Goridko（2018）对于俄罗斯经济面临的主要挑战进行了分析，认为公共支出和公共投资的增长，给私人经济带来了明显的外部效益。④ 李洋（2017）对俄罗斯政府在 2017—2019 年实行的紧缩财政政策进行了分析，认为该政策是实现经济潜在增长的必要条件。⑤ 李洋（2018）分析了俄罗斯 2007 年开始实行的三年期中期预算制度，认为这是身处复杂局面下的俄罗斯稳定宏观经济的重要方法。⑥ 庞大鹏（2019）分析了普京总统的"突破性发展"理念，认为从"突破性发展"现有的实施举措看，俄罗斯未来经济增长仍主要依赖国家主导的巨额投资。⑦ 消极方面，段炼、赵德海（2012）认为，俄罗斯现行的税收政策在一定程度上阻碍了长期投资与创新，特别是在企业所得税方面，折旧政策未能充分发挥其促进投资的作用。⑧ 李中海（2013）研究认为，俄罗斯政府奉行严格的财政政策和货币政策，其结果不仅人为地抑制了经济增长，也抑制了制造业的发展。⑨ 童伟、马胜楠

---

① 高际香. 从普京第四任期经济政策着力点看中俄经济合作方向［J］. 西伯利亚研究，2018，45（4）：33-36.

② 马乌，陈余. 俄罗斯经济：稳定导向的反危机政策与后危机走势［J］. 俄罗斯东欧中亚研究，2018（3）：1-19.

③ Yushkov A. Fiscal Decentralization and Regional Economic Growth: Theory, Empirics, and the Russian Experience［J］. Russian Journal of Economics, 2015（1）:404-418.

④ Nina P, Goridko R M. Public Losses – Private Gains: Some Institutional Filters for Russian Economy［J］. IFAC-Papers On Line, 2018（51）:868-875.

⑤ 李洋. 俄罗斯的现实经济困境及深层原因探讨［J］. 俄罗斯研究，2017（3）：24-48.

⑥ 李洋. 俄罗斯 2018—2020 年中期财政预算、影响因素分析及各方争论焦点［J］. 俄罗斯研究，2018（2）：101-129.

⑦ 庞大鹏. 俄罗斯的"突破性发展"：内涵、实践与前景［J］. 当代世界，2019（9）：49-54.

⑧ 段炼，赵德海. 俄罗斯税收对经济的影响研究［J］. 哈尔滨工业大学学报（社会科学版），2012，14（1）：126-131.

⑨ 李中海. 俄罗斯经济发展阶段及宏观经济政策调整前景［J］. 俄罗斯学刊，2013，3（6）：45-51.

（2019）分析了俄罗斯在2019年开展的大规模财税改革，认为增值税税率提高将引发物价全面上涨，直接影响居民生活；降低预算外社会保险缴费费率，会对国家社会保障收入产生影响，给已经赤字严重的国家预算外养老保险基金带来冲击。以上财税改革措施最终会给俄罗斯社会经济发展带来一定的不利影响。① 另外，艾琳娜·科林卡诺娃等（2017）②、王文清和姚巧燕（2018）③ 分析了俄罗斯税收制度改革对外商直接投资的影响。③财政政策对经济的影响力偏弱的原因。Oxenstierna（2016）认为，国防预算占GDP的比重大幅上升是俄罗斯经济增长缓慢的原因之一。④ 李淑霞（2012）认为，自俄罗斯实施经济转型以来，软预算约束一直是俄罗斯分权领域最重要的激励机制之一，但是俄罗斯没有形成硬预算约束的有效机制，最终导致地方政府供给公共产品和服务的财政政策选择的失灵及效率损失。⑤ 徐坡岭（2018）对俄罗斯经济转型与增长的教训进行了总结，认为联邦财政支出主要花费在国防国家安全和社会政策等领域，导致俄罗斯物质生产部门萎缩和去工业化现象。⑥

关于中亚国家的研究，主要体现在以下方面：①财政支出的发力方向。Barbone 等（2010）考察了2008—2010年全球金融危机前和危机期间中亚国家的财政成果，认为在后危机时期，各国政府还需要进一步审视当前支出模式的可持续性，特别要高度重视社会支出。⑦ Batsaikhan 和 Dabrowski⑧

---

① 童伟，马胜楠. 俄罗斯政府稳定运营的财税基础：规模与结构［J］. 欧亚经济，2019（1）：65-76.
② 艾琳娜·科林卡诺娃，陈延忠. "去离岸化"引导俄罗斯国际税收改革［J］. 国际税收，2017（8）：25-31.
③ 王文清，姚巧燕. "一带一路"沿线国家税收制度改革对我国的启示——以印度尼西亚、印度、俄罗斯为例［J］. 国际税收，2018（4）：23-27.
④ Oxenstierna S. Russia's Defense Spending and the Economic Decline［J］. Journal of Eurasian Studies，2016（1）：60-70.
⑤ 李淑霞. 俄罗斯财政分权与软预算约束［J］. 国外社会科学，2012（2）：117-124.
⑥ 徐坡岭. 俄罗斯经济转型与增长的教训：政治经济学批判［J］. 俄罗斯东欧中亚研究，2018（5）：1-12.
⑦ Barbone L，Islam R，Sanchez L A. The Great Crisis and Fiscal Institutions in Eastern and Central Europe and Central Asia［M］. The World Bank，2010.
⑧ Batsaikhan U，Dabrowski M. Central Asia — Twenty-Five Years After the Breakup of the USSR［J］. Russian Journal of Economics，2017（3）：296-320.

(2017)研究认为,土库曼斯坦和乌兹别克斯坦需要减少对粮食、能源和水的明确补贴及公用事业补贴等,以消除阻碍国内外企业发展的障碍。徐坡岭(2016)分析了中亚国家经济开放的方向选择和竞争优势,认为实施更加积极的宏观财政政策,关注经济增长,而不是关注再分配,并将社会安全和国家安全公共物品供给需要控制在最低限度内,是中亚五国制定宏观政策的重要内容。① 胡正塬(2018)分析了中国与中西亚的合作发展,认为需要强化政策落地,加大政府间合作议程进度;建议成立政策性投资和运营公司,加大投资援助,推动当地经济结构创新升级。② ②财政收支的影响。一方面是正向影响的研究:多多诺夫等(2014)认为,由于历史和现实的原因,中亚国家处于国际劳动分工和国际经济中不利的"外围"地位,中亚各国的政治意愿以及财政支出能力,是中亚能否从外围到中心、能否在中亚地区一体化上取得成就的关键。③ 雷婕等(2016)对中亚国家近年来的财政经济形势进行了分析,认为中亚五国致力于加强国家中期战略规划与财政预算决策之间的关联,提高财政支出绩效,使国家财政经济状况得到一定程度的好转。④ 另一方面是负向影响的研究:Green 和 Bauer(1998)探讨了 1990 年独立以来中亚国家的经验,认为公共部门财政危机削弱了社会服务的提供,增加了社会负担。⑤ Leschenko 和 Troschke(2006)分析了哈萨克斯坦、乌兹别克斯坦和土库曼斯坦独立以来财政分权的进展,认为这三个国家的财政分权制度设计并不适合激励机制发挥作用。⑥ Gray 等(2007)研究表明,中亚国家实行统一所得税,并没有解决高工资税问题,而且这些国家在提高公共支出的效率和

---

① 徐坡岭. 对中亚国家经济的几点思考 [J]. 欧亚经济, 2016 (4):10-24.
② 胡正塬. 中亚、西亚经济发展分析与展望 [A] //国际经济分析与展望(2017—2018)[C]. 中国国际经济交流中心, 2018:130-150.
③ 多多诺夫, 穆扎帕罗娃, 穆罕穆德扎诺娃, 等. 中亚:从外围到中心 [J]. 俄罗斯研究, 2014 (2):53-70.
④ 雷婕, 丁超, 童伟. 中亚地区财政经济形势分析 [J]. 欧亚经济, 2016 (4):25-41.
⑤ Green D J, Bauer A. The Costs of Transition in Central Asia [J]. Journal of Asian Economics, 1998 (2):345-364.
⑥ Leschenko N, Troschke M. Fiscal Decentralization in Centralized States:The Case of Central Asia [M]. Arbeitenaus dem Osteuropa-Institut München, 2006.

效力方面仍面临许多障碍。① Leschenko 和 Troschke（2007）认为，在资源型中亚国家哈萨克斯坦、土库曼斯坦和乌兹别克斯坦，预算收入正在迅速增长，但是石油和非石油地区在区域经济发展方面日益不平等，加剧了区域失衡。② 王海燕（2013）分析了后金融危机时代的中亚国家经济，认为中亚国家财政金融困境的局面难以扭转，中亚国家经济很难实现快速发展，增长速度还将进一步放缓。③ 新疆金融学会中亚金融研究中心课题组等（2016）对2015年中亚五国经济金融运行情况进行分析，认为中亚国家政府普遍采取扩张性的财政政策及主动性的货币贬值等措施，一定程度上缓解了外部冲击的影响，但随之而来的是，区域性的通货膨胀和金融部门系统性风险有所增加。④ 刘华芹（2016）认为，中亚国家经济所面临的主要挑战来自财政危机、通货膨胀、失业增加及金融风险等；能源和矿产资源商品出口下降导致政府财政收入减少，而国家债务增加可能引发财政危机，这将是中亚国家经济发展的首要风险。⑤

关于西亚国家的研究主要体现在以下方面：①财政支出对对外贸易的影响。韩永辉、邹建华（2014）研究认为，西亚地区的市场规范化存在很多不完善的地方，西亚部分国家还是计划经济占主导地位，"看得见的手"在指引着贸易的进行，经济管理观念相对落后。⑥ 张静中、王文君（2016）认为，关税减免将会给西亚国家带来 GDP、居民福利的增加。⑦ ②财政政策对

---

① Gray C, Lane T M, Varoudakis A. Fiscal Policy and Economic Growth：Lessons for Eastern Europe and Central Asia [R]. The World Bank, 2007.

② Leschenko N, Troschke M. Fiscal decentralization in centralized states：Central Asian patterns [M]. New York：Routledge, 2007：103-138.

③ 王海燕. 金融危机前后中亚国家经济形势对比与前景分析 [J]. 新疆师范大学学报（哲学社会科学版），2013, 34（4）：42-51.

④ 新疆金融学会中亚金融研究中心课题组，李学武，倪素芳. 中亚五国2015年经济金融形势分析及未来展望 [J]. 金融发展评论，2016（9）：33-49.

⑤ 刘华芹. 徘徊在十字路口的中亚国家经济 [J]. 欧亚经济，2016（4）：2-9.

⑥ 韩永辉，邹建华. "一带一路"背景下中国与西亚国家贸易合作现状和前景展望 [J]. 国际贸易，2014（8）：21-28.

⑦ 张静中，王文君. "一带一路"背景下中国—西亚自贸区经济效应前瞻性研究——基于动态GTAP的实证分析 [J]. 世界经济研究，2016（8）：70-78.

经济发展的影响。Voyvodaa 和 Yeldan（2005）认为，以基本盈余为目标的财政计划成功地遏制了土耳其公共债务积累的快速增长。① Neaime（2015）研究表明，不断上升的财政赤字已经对国家公共债务造成更大的压力，并进一步对黎巴嫩经济产生负面影响。② Gahvari 和 Karimi（2016）研究了 2010 年伊朗能源和基本食品补贴政策的影响，认为在没有出口限制的情况下，这项政策给伊朗居民带来的影响并不明显。③ 赵雅婧、王有鑫（2016）认为，在低油价背景下，中东国家财政金融体系普遍薄弱，政府权威性和掌控力不足，难以组织大规模的基础设施建设。④ 杨光（2007）分析了 2001—2005 年中东国家的宏观经济情况，认为这些国家实行的从紧财政政策和货币政策，促使它们的通货膨胀率明显下降，保持在一位数的较低水平。⑤ Karagöza 和 Keskin（2016）分析了土耳其政府支出和收入的宏观经济后果，认为政府支出和收入对宏观经济的影响有限。⑥ 张帅、昝涛（2018）分析了过去 15 年土耳其在财政和货币政策、治理机构以及银行业等领域的改革，认为这些改革已经成为土耳其经济成功的主要支柱。⑦ 邹志强（2018）认为，面对经济增长乏力的危机，土耳其政府缺少有效手段来应对相互抵牾的政策困境。具体表现为：扩张性财政与货币政策受到通货膨胀与失业率高企、债务比率持续上升以及国内有关制度性因素的制约，实施效果很不理想。⑧

---

① Voyvodaa E, Yeldan E. Managing Turkish Debt: An OLG Investigation of the IMF's Fiscal Programming Model for Turkey [J]. Journal of Policy Modeling, 2005 (6): 743-765.

② Neaime S. Twin Deficits and the Sustainability of Public Debt and Exchange Rate Policies in Lebanon [J]. Research in International Business and Finance, 2015 (1): 127-143.

③ Gahvari F, Karimi S M. Export Constraint and Domestic Fiscal Reform: Lessons from 2011 Subsidy Reform in Iran [J]. The Quarterly Review of Economics and Finance, 2016 (5): 40-57.

④ 赵雅婧, 王有鑫. "一带一路"背景下中国与中东的经济合作 [J]. 阿拉伯世界研究, 2016 (2): 31-43.

⑤ 杨光. 全球化与中东经济体制调整——新世纪中东经济发展问题之一 [J]. 西亚非洲, 2007 (11): 12-18.

⑥ Karagöza K, Keskin R. Impact of Fiscal Policy on the Macroeconomic Aggregates in Turkey: Evidence from BVAR Model [J]. Procedia Economics and Finance, 2016 (38): 408-420.

⑦ 张帅, 昝涛. 土耳其经济前景展望 [J]. 国际论坛, 2018, 20 (6): 1-8.

⑧ 邹志强. 土耳其经济治理的危机与转型 [J]. 阿拉伯世界研究, 2018 (1): 3-16.

第二章
古代丝绸之路的财税政策演进

古代丝绸之路实际上是依托于亚欧大陆的自然地理条件而形成的商贸通道，经历了漫长的历史过程才逐步形成。自张骞"凿空"西域之后，丝绸之路正式形成，但是"丝绸之路"的概念最早出现在1877年，由德国地理学家Ferdinand Freiherr von Richthofen在其出版的《中国》一书中提出。[①] 他将"从公元前114年到公元127年，中国与河中地区以及中国与印度之间，以丝绸贸易为媒介的这条西域交通路线"称为"丝绸之路"。[②] 这或许正如汤因比与池田大作在对话录中所言及的："我（指池田大作）曾经问过博士本人（指汤因比）：'您希望出生在哪个国家？'汤因比面带微笑地回答说，他希望出生在'公元1世纪佛教已传入时的中国新疆'。"[③] 尽管在几千年的时间之中，丝绸之路的发展几经兴衰，但它作为亚欧大陆文明交流的著名符号，仍对当代丝绸之路经济带沿线国家的经贸合作有着十分重要的影响。

当代丝绸之路经济带，不仅有着与古代丝绸之路这一商业贸易交通通道相异的创新而立体化的内涵，又为丝绸之路赋予了全新的历史使命，使其在完全不同的现代科技条件和经济全球化环境中焕发出新的青春和活力。包括丝绸之路经济带在内的"一带一路"倡议，是推进新型全球化、构建互利共

---

① 赵崔莉. 明清丝路贸易与对外开放［M］. 北京：人民出版社，2016：4.
② 杨建新. 从古代丝绸之路的产生到当代丝绸之路经济带的构建——亚欧大陆共同发展繁荣和复兴之路［J］. 烟台大学学报（哲学社会科学版），2016，29（5）：64-78.
③ ［英］汤因比，［日］池田大作. 展望二十一世纪：汤因比与池田大作对话录（中文版）［M］. 荀春生，等，译. 北京：国际文化出版公司，1985：序言.

赢的新型国际分工合作关系的重要载体。① 本章试图通过对古代丝绸之路相关的财税政策演进情况进行梳理，勾勒出与之一脉相承的现代丝绸之路经济带的历史背景。

第一节 中外沟通的"反 E 型"路线图："一带一路"倡议的千年雏形

一、两千年前的两次中外沟通事件

数千年来，中西方之间的互动影响与策应，因其"多米诺骨牌"的连锁效应，叙述甚需笔墨，故在此仅就中外沟通的三条外向路径做一必要交代。

更具启示价值的中西比较之历史起点，大体始于 16 世纪中叶，这是一个较具共识的判断。大约 500 年前，中国与欧洲同处在一个起跑线上。此后，西方奔跑向前，直上高峰，而对于中华民族来说，却是充满痛苦和灾难又充满着希望与憧憬的几个世纪。② 然而，就文明的相互影响而言，或许 500 年的尺度仍旧略显短促了一些。当我们从两千年的尺度上来考察的时候，至少有两个事件的后续影响对于东西方而言都是远远超越了 500 年的范围，且其变迁路径均与我们今日所言的"一带一路"倡议有关，故值得一叙。

打开中国古代地图，我们会发现，华夏文明诞生于一个地理相对封闭的区域。中国的东南方濒临大海，西南方有青藏高原和云贵高原做屏障，更有"世界屋脊"喜马拉雅山脉，西北方向有昆仑山脉和天山山脉环绕，而在中国的北方有阿尔泰山、阴山和大兴安岭，在广阔的内蒙古高原上依次连绵不断。东南的大海和三面环山，阻隔了华夏先人与世界大规模沟通的可能，在大航

---

① 白永秀，王颂吉，何昊，等. 丝路驼铃——丝绸之路经济带 [M]. 重庆：重庆大学出版社，2018：36.
② 毛磊，石光荣，郝侠君. 中西 500 年比较 [M]. 北京：中国工人出版社，1989.

海时代到来之前，如欲与世界连接，就只有打通陆路。

事件之一：中国汉朝对匈奴的战争，最终或许导致了罗马帝国的灭亡。

公元90年前后，东汉的窦宪为立功赎罪，大破北匈奴于金微山（大约为今蒙古国西北的阿尔泰山），① 匈奴残部西迁，逐步吸收所经之处的土著族群，在离开蒙古国故地约四百年后，匈奴王阿提拉（Attila，公元434—453年在位）兵临罗马城下，成为欧洲的大威胁。② 在北匈奴逃往欧洲的路途中，攻击沿途的日耳曼蛮族（包括西哥特人），日耳曼蛮族蜂拥而至西方，寻求罗马帝国的庇护。定居于罗马帝国内部和周围的日耳曼蛮族的生育率很高，人口众多，作为罗马帝国的雇佣军，逐步取得了军队的支配权，罗马皇帝逐渐成为蛮族的傀儡，直至公元476年，西罗马帝国彻底崩溃。③ 自西罗马帝国灭亡到15世纪文艺复兴运动之间长达1 000年的历史，也就是所谓的"黑暗中世纪"。

应该说，窦宪恰似传说中的那只蝴蝶，其翅膀的扇动，无意中促成了遥远欧洲数百年后的狂风暴雨。④ 从东汉击溃北匈奴致其西迁，直接或间接导致了欧洲史上的蛮族入侵、罗马帝国灭亡、中世纪开始等一系列连锁反应。这既是欧亚大陆桥所体现的东西方文明普遍联系的一个例证，也体现了对于东西方文明之相互影响，需要从千年史的长程维度来加以考察，才可更为清晰地展现其演化脉络。

事件之二：汉代佛教传入中国与本土道教的兴起。

尽管汉代佛教何时由何路径开始传入中国，历史学家尚存争论，但主流的观点认为，东汉明帝梦见金人，遣使入天竺，以白马负经而至，立白马寺于洛阳城西。也大体在这一时期，在佛教输入的外部刺激下，中国传统的神

---

① 吕思勉. 吕著中国通史［M］. 上海：华东师范大学出版社，1992：372.
② 许倬云. 万古江河：中国历史文化的转折与开展［M］. 上海：上海文艺出版社，2006：95.
③ 易富贤. 大国空巢：反思中国计划生育政策［M］. 北京：中国发展出版社，2013：29-30.
④ 攻灭北匈奴，勒石塞北，改变世界历史的东汉专权外戚——窦宪［EB/OL］.（2017-11-16）[2019-07-15］. https：//www.sohu.com/a/204630036_ 100035647.

祇信仰因被激发而发展成为本土的宗教——道教。① 因道教之抗衡，佛教未能完全笼罩中国。佛法在初来之际，在北方较为盛行；而南方则萌生了中国本土化的道教。后世之佛教四大石窟（洛阳龙门石窟、大同云冈石窟、敦煌莫高窟、天水麦积山石窟）均在北方，而道教祖庭或名山多居于南方（江西龙虎山、四川青城山、湖北武当山等）。② 这种南北思想因抗衡而均衡的特点，也是促使中国文化更具包容性的因素之一。

佛教之传播路径，也就是张骞"凿空"西域、班超率属员36人打通丝绸之路的线路。东汉明帝派遣使者秦景、王遵等十二人，出使西域，在大月支（今阿富汗至中亚一带）写得佛经四十二章。③ 后来，唐代玄奘大师西天取经，大乘佛教来到中国，也是循着这个路径，经秦凉高昌等地，越新疆北路，经中亚地区、阿富汗而进入印度境内。④ 印度坐落在南亚次大陆上，位于中国本土之南（略偏西），但缘何却叫作"西天取经"呢？大概是由于其路线"先西行而后南折"，而最为艰难险阻的一段路程在于西行之途吧。

另外，在唐朝，与玄奘同时代的王玄策，曾多次出使印度，并创下了"一人灭一国"的战争史和国际关系史奇迹。⑤ 从王玄策所行路线看，所取的

---

① 许倬云. 万古江河：中国历史文化的转折与开展 [M]. 上海：上海文艺出版社，2006：101-105.

② 佛道两家之于中国南北的影响，在两千多年间，颇多形势变迁。例如，到了明末清初，顾炎武在《日知录》中就总结道：北方之士，斗狠劫杀，饱食终日，无所用心，晚年多好学仙；南方之士，轻薄奢淫，群居终日，言不及义，好行小慧，晚年多好学佛。

③ 中国首次"西天取经"：汉明帝派使者出使西域取佛经 [EB/OL].（2014-07-03）[2019-07-22]. https://fo.ifeng.com/news/detail_2014_07/03/37148018_0.shtml.

④ 玄奘取经的具体路线如下：长安（今陕西西安）—秦州（今甘肃天水）—兰州—凉州（今甘肃武威）—瓜州（今甘肃安西县东南）—玉门关—伊吾（今新疆哈密）—高昌（今新疆吐鲁番）—阿耆尼国（今新疆焉耆、库尔勒地区）—屈支国（今新疆库车县）—跋逯迦国（今新疆阿克苏地区）—凌山（今天山穆苏尔岭）—大清池（今吉尔吉斯斯坦伊塞克湖）—素叶城（即碎叶城，今吉尔吉斯斯坦托克马克西南）—昭武九姓七国（都在今乌兹别克斯坦内）—铁门（乌兹别克斯坦南部兹嘎拉山口）—阿富汗北境—大雪山（今兴都库什山）—阿富汗贝格拉姆—巴基斯坦白沙瓦城—印度。

⑤ 唐太宗贞观二十一年（公元647年），右卫率府长史王玄策为正使，蒋师仁为副使，仍取西藏、尼泊尔"车道"，再次至中天竺。但是，由于国王尸罗逸多驾崩，其国发生内乱，叛臣阿罗那顺自立，发兵阻止王玄策一行入境。玄策遂只身奔吐蕃（西藏），召吐蕃兵一千二，并泥婆罗（今尼泊尔）骑兵七千西进，旋破中天竺的国都曲女城，生俘阿罗那顺，归长安，献于唐太宗阙下，唐太宗即拜王玄策为朝散大夫。

是新开通的吐蕃（西藏）、泥婆罗国（今尼泊尔）的"车道"，这比玄奘去印度时走的路线要近。也就是说，唐王朝与印度之间有另一条通道，即由唐蕃古道经尼泊尔进入印度。这大体也就是汉武帝通"西南夷"而开辟的自中国西南地区至今日越南、印度等南亚和东南亚诸国的道路。这条路线进一步延伸，还可以经由南亚次大陆或中南半岛，取陆路或海陆，直达欧洲或西亚地区。这也就是后世"茶马古道"的隐约雏形。

二、"一带一路"倡议的千年雏形：北线、中线、南线的"反 E 型"路线图

结合前述的分析，古代中国与中亚、欧洲等国的交往路径大致有三条：

一是"北线"。也就是汉代击溃匈奴后，北匈奴逃跑的路线。后来宋元交替之际，成吉思汗麾下的蒙古军队，一直攻打到多瑙河畔，也大体就是循着这条路线。这条路线就中国本土的早期发展而言，其实际价值大多属于传说性的，其对西方文明发挥作用的机制也是间接的。或因北方游牧帝国强大后的向西征伐，或因游牧民族战败而溃逃，均具有多米诺骨牌效应的连锁反应特点。但是，其影响却不像多米诺骨牌效应那样颇具规律可循，更加类似于台球比赛中的"撞球效应"。诸球连环相撞后，到底会去向何方，即便是高手也往往难以预料。从这个意义上讲，但凡经由"北线"而发生之东西交流事件，往往是震古烁今、影响千年的。①

二是"中线"。系由张骞、班超等开拓的古丝绸之路，东汉佛法由白马西来、唐玄奘西天取经等，均发生在这一条全世界最为著名的丝绸之路古道之上。

三是"南线"。就是王玄策出使印度的路线以及古代西南地区的"茶马古道"。抗日战争时期的滇缅公路补给线，也是这条南下的路线。公元 12 世纪

---

① 在"北线"历史上，也有较为理想之和平合作状态。例如，清代的国际贸易中，中原地区的茶和纺织品，在输入蒙古后，又可沿北方草原的道路运往俄国，再经由俄国转运到东欧与中欧市场。今日英语中，"茶"有两个不同发音的单词"cha"和"tea"，据许倬云先生考证，前者就是从北线输入欧洲的茶演变而来的。

初叶，宋室南迁，建立南宋政权，由于金、西夏、吐蕃、大理等国阻隔，丝绸之路断绝，转而大兴南洋海上贸易，也就是今日所称的"海上丝绸之路"，① 总体上也可归入"南线"的大概念之中。

这三条路线的历史形成，系中国山川形势使然。中国地势大体西高东低、河流多自西向东入海（中国甚少南北走向的河流，也无向西之河流，隋朝开凿运河，也正是这个缘故），向西路线多为崇山峻岭、沙漠戈壁、深谷激流所阻绝。因此，尽管历时千年，这几条东西方向的通道仍旧具有很强的现实价值。这三条"北上、西出、南下"的路线呈"反E型"，这是千古以来，中国文明主动谋求向西发展，或其向东发展过程因各种原因而略显顿挫之际，或主动或被动地开启的经济文化交流新通道。应该说，这三条路线中的"中线"和"南线"，已然大体勾勒出当下"一带一路"国家倡议的雏形。

第二节 古代丝绸之路财税政策的探索与演进

汉唐时期国家强盛统一、对外积极开放，因而丝绸之路贸易兴盛繁荣。但随之而来的地方政权割据的战乱时代，社会生产严重萎缩，严重影响了丝绸之路贸易，有些地方"城郭岿然，人烟断绝"②，使得丝绸之路沿线地区经济停滞不前，陆路逐渐衰落。最终，随着海上航运的发展，海上丝绸之路逐步取代了陆上丝绸之路的繁荣。这一点在历代的丝织品贸易情况上也得到了印证。汉唐时期的丝织品贸易是比较兴盛的，但到了宋元时期，这种贸易数额反而大为减少；直到明代，内地与西域的丝绸贸易才有了起色。明朝永乐年间，哈密向明朝廷"进贡"，明朝廷回赐的物品除 3.2 万锭银两外，尚有"文绮百匹，绢千五百匹"。明朝正统十二年，瓦剌"来贡"，明朝廷一次就

---

① 这条路线基本上是由今日中国的南海，沿中南半岛与马来半岛，绕行至今日印度尼西亚，再沿马来半岛西岸北上，跨过孟加拉湾驶往锡兰，折南沿印度次大陆北航，再跨海进入波斯湾，或进入红海，远达地中海的亚历山大港。当下之"海上丝绸之路经济带"的构想，基本上是与其一脉相承的。

② 殷晴. 丝绸之路经济史研究（上册）[M]. 兰州：兰州大学出版社，2012：14.

回赐"彩缎表里、布帛共一万三千三百四十五匹",这说明了当时贸易数额之巨大。①

一、丝绸之路开拓兴起时期(秦汉时期)

秦代的丝绸贸易虽然还没有形成大批的商旅进行运销,但从考古发掘的实物和有关文献记载看,它已经由我国西北的少数民族,以游牧方式传入了西域及中亚等地。如《史记·货殖列传》记载,乌氏倮以畜牧为业。他曾卖掉牲畜,购买中原的大批精美丝绸,献给戎王,"戎王十倍其偿",因而发财致富。秦为奖励,曾"令倮比封君,以时与列臣朝请"。乌氏倮就是西域倮国一个贩运牲畜的商人,而戎王即西戎部落的国王。② 这一史实充分说明,在丝绸之路正式开拓前,中西之间就有贸易往来。

汉代张骞两次出使西域,是丝绸之路全面开通并正式形成的标志性事件,中国历史学家称他的活动是"凿空"之举。③ 自张骞"凿空",特别是西汉统一西域后,一批批精美的丝绢锦帛经塔里木盆地辗转西运,越来越多地出现于中亚、西亚各国市场,继而抵达罗马帝国。普林尼在《自然史》一书中说,罗马妇女每年从印度购进纺织品达5500万塞斯特提(Sestertius),合19世纪1亿多金法郎。购进的虽有印度的棉、麻织品,但大部分是中国的丝绸。当时在罗马市场上丝织品已与黄金等价,每磅丝绸值黄金12两,④ 造成罗马黄金大量外流。据普林尼估计,这一时期,罗马每年支付给阿拉伯半岛、印度和中国的货款达1亿塞斯特提,合10万盎司黄金,而其中大部分是购买中国丝绸的货款。可见,比价与黄金相同的中国丝绸,在罗马贸易总额中占有很大比例。⑤

---

① 杨富学. 明代陆路丝绸之路及其贸易[J]. 中国边疆史地研究, 1997 (2):12-20.
② 李明伟. 丝绸之路贸易研究[M]. 乌鲁木齐:新疆人民出版社, 2011:16.
③ 杨建新. 从古代丝绸之路的产生到当代丝绸之路经济带的构建——亚欧大陆共同发展繁荣和复兴之路[J]. 烟台大学学报(哲学社会科学版), 2016, 29 (5):64-78.
④ 姚宝猷. 中国丝绢西传史[M]. 北京:商务印书馆, 1933:80.
⑤ 李明伟. 丝绸之路贸易研究[M]. 乌鲁木齐:新疆人民出版社, 2011:64-65.

而关于西汉同边境民族（匈奴等）和境外各国的贸易往来，史载：西域各国，自译长、城长、君、监、吏，及至将、相、王、侯，皆佩汉印，而康居（咸海以东，塔什干以西）、大月氏、安息、罽宾（今喀什）、乌弋等国，皆因距离太远，只是其来中国贡献时，给予丰厚的回赠。① 同各国（地）交往通市后，汉王朝得到不少珍贵财货，"睹犀布、玳瑁则建珠崖七郡……闻天马、蒲陶（葡萄）则通大宛、安息"，"明珠、文甲、通犀、翠羽之珍盈于后宫，蒲梢、龙文、鱼目、汗血之马充于黄门，钜（巨）象、师（狮）子、猛犬、大雀之群食于外囿。殊方异物，四面而至"。②

秦汉时期对商人课税分关税和市租两类，虽然史料中对关税的征收没有明确记载，但是可以断定的是秦汉时期确有关税。地理上的秦代陆地边境关卡，诸如陇关、萧关等关卡依然存在，并且均设置了关都尉，不过其国防治安意义要远大于财政意义。秦承六国旧制，关税是存在的并且是国家财政收入的重要来源之一。贾谊《新书·过秦论》记载："秦兼诸侯三十余郡，修津关，据险塞，缮甲而守之。"足见秦代设关且征收关税。③

汉代的关税，也称为通过税。汉代，关税的征收至少是从汉武帝太初四年（公元前101年）开始的。据《史记·魏其武安侯列传》所载，汉武帝即位的建元元年秋（公元前140年）曾有"迎鲁申公，欲设明堂，令列侯就国，除关，以礼为服制，以兴太平"。④ 除关，即免除关门之税，由此说明在汉武帝之前已有关税之征。根据《汉书·武帝纪》所载，"（太初四年）冬，徙弘农都尉治武关，税出入者以给关吏卒食"。这项收入是专门基金，只能用于关吏卒食，不得别用，不能作为国家的一般财政收入。⑤ 然而，总体考察来看，西汉关税的征收可能不重。何时开始重征关税？史载不详，从魏文帝延康元年的诏书中，可知东汉末年关税已苛重，曹丕即帝位后，为了恢复经济，才下令减轻。记载，公元220年，魏王曹丕下令："关津所以通商

---

① 孙翊刚. 中国赋税史 [M]. 北京：中国税务出版社，2003：78-79.
② 《汉书·西域传》。
③ 黄天华. 中国财政制度史（第一卷）[M]. 上海：格致出版社，2018：192.
④ 《史记》卷一百零七，《史记·列传》第四十七，《史记·魏其武安侯列传》。
⑤ 马大英. 汉代财政史 [M]. 北京：中国财政经济出版社，1983：78.

旅，池苑所以御灾荒，设禁重税，非所以便民；其除池籞之禁，轻关津之税，皆复什一。"① 由此可知，东汉期间（特别是东汉末年）的关税税率已经超过什一。

这个时期是否征收过海关税？史载不详，但汉代通过海路与海外诸国进行贸易往来的记载却不绝于史。据《汉书·地理志》记载，汉武帝时平定岭南以后，曾先后派人经印度洋到南海诸国购买珍珠、宝石等奢侈品；一些商人也经常去那里购买犀、象、珍珠、宝石等物以获取财富，② 从而开通了海上丝绸之路。到了东汉，海上贸易更为频繁。但未见有征收海关税的记载，据此分析，在两汉时尚未开征海关税。③

至于商品税，以市租（市税）为例，很早就有征收。秦朝鼓励商货流通，政府在市场设官管理并收税。史载，凡在市场售卖的商品必须标明价格，系上标签；小物不到一钱的不系标签。这时市场是收税的。湖北云梦睡虎地秦墓出土竹简《秦律十八种·关市律》记载，"为作务及官府市，受钱必辄入其钱缿中。令市者见其入，不从令者赀一甲"。④ 从这段话看，似乎是不论官私产品，只要是在市场出售的，都要按规定主动纳税。这种缴纳到底是费还是税，没有说明，也没有任何收费（税）凭据，估计收费（税）不是太多，税率不重。⑤

汉代的市籍税，是对在都市有商店者所课征的赋税，政府是按交易额定期或不定期课税。另外还有对行商的征税，官府是按交易额即时课税。曹魏时"轻关津之税，皆复什一"，⑥ 商人取得"市籍"所交的场屋税和按交易额与一定比率计算出来的交易税，统称"市税"或"市租"。汉初，在临淄即征市税，据说"齐临淄十万户，市租千金"。⑦ 在当时经济尚不十分繁荣的情

---

① 《三国志·魏志·文帝纪》。
② 《前汉书》卷二十八（下），《志》第八（下），《地理》。
③ 孙文学. 中国关税史 [M]. 北京：中国财政经济出版社，2003：16-17.
④ 刘琳.《颐卦》另解 [J]. 现代语文（学术综合版），2014（12）：128-129.
⑤ 孙翊刚. 中国赋税史 [M]. 北京：中国税务出版社，2003：57.
⑥ 孙文学，齐海鹏. 中国财政史 [M]. 大连：东北财经大学出版社，2008：64.
⑦ 《史记》（六）。

况下，这是很重的市税。汉初征商税的目的主要是为抑商，通过重征商税以减少经商之利，防止百姓弃农经商，背本趋末。商税仍然不是国家财政收入的主要项目。①

二、丝绸之路的动荡曲折时期（魏晋南北朝）

东汉末年，中国再次进入地方政权割据的战乱时代，严重影响了丝绸之路贸易，汉代发展起来的通畅繁荣的丝绸之路受到了很大阻隔。在总体动荡的魏晋南北朝时期，割据政权也有相对的政治稳定期，这对丝绸之路的局部繁荣发挥了积极作用。②该时期的各封建政权为了在兼并战争中求得生存和发展，大都致力于内部的经济建设，有的还对财政赋税制度进行了卓有成效的改革。如三国时期广行屯田，曹魏废除汉代税制改行田租户调制，西晋推行占田课田制，北魏实行著名的均田制与新租调制等。③

三国两晋南北朝时期，关税的征收在各个时期有所不同。自东汉以后，关税的税率较高。孙吴也有关津之税的征收。《三国志》卷六十四《吴书·诸葛恪传》，谓孙权死后、诸葛恪拜太傅之时，"于是罢视听，息校官，原逋责，除关税，事崇恩泽，众莫不悦"。可见孙权时期已有关税的征收，但税率不详，诸葛恪为太傅时曾一度废除关税征收。④东晋时期，关税按十分之一征收。《隋书·食货志》对东晋时期的关税是这样记载的："都西有石头津，东有方山津，各置津主一人，贼曹一人，直水五人，以检察禁物及亡叛者。其荻炭、鱼、薪之类过津者，并十分税一以入官。"⑤南朝时期，宋代的关税不但课征薪、鱼、炭，而且税及米谷，随地设立关卡，重复课征。大明八年（公元464年）正月，孝武帝诏曰："东境去岁不稔，宜广商货，远近贩

---

① 张守军. 中国古代的赋税与劳役 [M]. 北京：商务印书馆，1998：67.
② 白永秀，王颂吉，何昊，等. 丝路驼铃——丝绸之路经济带 [M]. 重庆：重庆大学出版社，2018：10.
③ 孙翊刚. 中国赋税史 [M]. 北京：中国税务出版社，2003：89-94.
④ 项怀诚. 中国财政通史·魏晋南北朝卷 [M]. 北京：中国财政经济出版社，2006：154.
⑤ 孙翊刚，董庆铮. 中国赋税史 [M]. 北京：中国财政经济出版社，1987：82-83.

鬻米粟者，可停道中杂税。"这种杂税应属"关津之税"，即商品通过税。①齐代亦于境内设立关卡，对各种商品课征关税，且税吏专横，税率加重。到梁、陈时期，关税税率有所降低，实行轻税优商政策。北魏孝文帝时期，"驰关津之禁，任其去来"②，不征关税。至北齐时期，因财政困难，北齐后主始征关税。北齐武平六年，"以军国资用不足，税关市、舟车、山泽、盐铁、店肆，轻重各有差"。③

市税，是指对行商所征收的入市税和对坐贾所征收的店铺税。三国两晋南北朝时期，凡行商贩卖货物进入市区或坐商在市区内开设店铺皆征市税。西晋时曾有免除关市税一年的记载。东晋以后，市税加重，《隋书·食货志》记载："淮水北有大市百余，小市十余所，大市备置官司，税敛既重，时甚苦之。"④《隋书·食货志》在叙述了东晋的"估税"之后指出："历宋齐梁陈，如此以为常。"从东晋末年到宋、齐之际，征收现钱的地方性商税相当繁重，所以朝廷不时下令"优减"。例如，南朝宋之初，即永初元年（公元420年）七月，皇帝刘裕因"市税繁苦"而下诏"优量减降"。⑤南朝宋代仍沿袭东晋旧制，市税很重。北朝北魏和北齐时，商人贩卖货物入市，每人课征一钱，坐商则按其店铺分为五等课征市税。⑥西魏、北周统治地区亦征收市税。《隋书》卷二十四《食货志》云："闵帝元年（公元557年），初除市门税。及宣帝即位（公元579年），复兴入市之税。"但史籍中未查到北周时有关津、邸店、舟车、盐铁等税，可见北周市税及其他杂税，比北齐为轻，这也是北周日益强大，最终完成全国统一大业的因素之一。⑦

东吴可能还有"市租"的征收。早在战国、秦汉时期，在人口集中的政治中心，往往同时设置专供商贾贸易的特定区域，谓之"市"。每一个特定市

---

① 陈明光. 六朝财政史 [M]. 北京：中国财政经济出版社，1997：151.
② 《魏书》（一），第152页。
③ 《北齐书》（一），第108页。
④ 孙翊刚，董庆铮. 中国赋税史 [M]. 北京：中国财政经济出版社，1987：82.
⑤ 陈明光. 六朝财政史 [M]. 北京：中国财政经济出版社，1997：151.
⑥ 孙翊刚，董庆铮. 中国赋税史 [M]. 北京：中国财政经济出版社，1987：82-83.
⑦ 项怀诚. 中国财政通史·魏晋南北朝卷 [M]. 北京：中国财政经济出版社，2006：156.

场，用高峻围墙包围起来，出入者必由市门。市内按不同种类的商品设置若干店铺。每一个陈列商品的店铺便叫肆。若干个肆，便谓之列肆。为了管理市场，官府专为此设置了"市令""市长""市师""市啬夫"及"监门市卒"，行使监察商贾活动及征收市租等职权。① 故《商君书·垦令篇》屡见"重关市之赋"的记载，"关"之赋，即指关津之税，"市"之赋便是指市租。到了汉代，有了"齐临淄十万户，市租千金"的说法，颜师古注曰："收一市之租，值千金也。"②"市租"即为征之于市场内商贾的营业税。东吴的将领潘璋，就曾为吴"大市刺奸"，使"盗贼断绝"③，可见，东吴在建业设置市场，也同秦汉时期一样是专供商贾贸易的特定市场，而且有管理市场的官吏，故东吴确有征收"市租"即商贾市场营业税的条件，只是史书献乏明确记载而已。④

到了两晋时期，仍有"市租"。如《晋书》卷七十《甘卓传》，谓甘卓镇守襄阳时，为了"绥抚"百姓，实行了"估税悉除，市无二价"的政策。⑤《晋书》卷六十二《祖逖传》，谓石勒不敢向黄河以南进兵，给祖逖写信，请求互通使者展开贸易。祖逖的做法是"不报书，而听互市，收利十倍"，于是公私都丰足，士兵和战马日益增加。⑥ 南北朝时期，南朝宋代沿用东晋办法，市税较重。南齐武帝和梁武帝时，都对市税做过调整。但南朝市税重滥。在北方，与关税相同，因商业不发达，市税长期未开征。北魏节闵帝即位后，废除市税。东魏、北齐时，亦长期未征市税。北齐初年，废市税。北周大象二年（公元580年），恢复征收入市税，每人一钱，但同年五月，又废入市税。⑦

---

① 高敏. 秦汉史论集 [M]. 郑州：中州书画社，1982：93-95.
② 《汉书》卷三十八《高五三·齐悼惠王刘肥传》及注.
③ 《三国志》卷五十五《吴书·潘璋传》.
④ 高敏. 魏晋南北朝的杂税之制 [J]. 中国社会经济史研究，1990（3）：1-12.
⑤ 《晋书》卷七十《甘卓传》.
⑥ 《晋书》卷六十二《祖逖传》.
⑦ 虞拱辰. 中国赋税史 [M]. 北京：中国财政经济出版社，1996：40.

三、丝绸之路的繁荣昌盛时期（隋唐时期）

隋唐时期，东、西突厥全部被攻灭，疆域推进到阿姆河（流经乌兹别克斯坦与土库曼斯坦）附近，和西域能够进行更为便捷且深入的交流，并在经济发展兴盛的加持下，陆上丝绸之路的发展处于繁荣昌盛的阶段，①"伊吾之右，波斯以东，职贡不绝，商旅相继"。② 然而到了公元 8 世纪，中亚与东部大草原频频发生反叛和暴动，欧亚大陆内部的交通连接随之发生改变。③ 唐天宝十年（公元 751 年），唐帝国与阿拉伯帝国在怛罗斯发生战争，结果唐军大败，随后"安史之乱"爆发，唐王朝经历着国内国外动荡形势带来的困难，和西域甚至西亚等地区的联系遭到巨大的破坏，对西域的控制不复存在。④ 总体来说，隋唐时期以强大国力为支撑，在对外交流过程中占据主动，通过政治、军事、经济和文化等多种方式不断强化与边境的联系，获得了边境各个民族及其建立的政权对于以汉政权为中心的东亚政治秩序的广泛认同。"安史之乱"爆发后，唐王朝的内部变革及其各方面的发展受到了多方限制，整体缺乏实现健康持续发展的驱动力，丝绸之路尤其是陆上丝绸之路的具体路线走向和繁荣程度，也随之发生了变动。⑤

隋唐以前，海上丝绸之路仅仅是陆上丝绸之路的补充。至隋唐时期，航海技术得到不断发展，实现了对季风规律和海洋潮汐运动规律的掌握，并能够实际应用于航海中，而且可以比较准确地计量海岸或海中地形的距离和高度，开始初步应用定位导航。此外，唐代的造船技术也有所发展，以量多体型大而闻名。⑥ 随着航海技术及造船技术的发展，加之陆上丝绸之路的发展受

---

① 张璐. 中东在古今丝绸之路中的定位及当代示范效应 [J]. 潍坊工程职业学院学报，2018，31 (5)：67-72.
② 王钦若. 册府元龟·卷九八五 [M]. 北京：中华书局，1989：3948.
③ Chirstopher I B. Empires of the Silk Road: A History of Central Eurasia from the Bronze Age to the Present [M]. Princeton: Princeton University Press, 2009: 141.
④ 徐芳亚. 古代洛阳与海上丝绸之路研究 [J]. 洛阳师范学院学报，2018，37 (3)：56-59.
⑤ 王超. 中国古代丝绸之路的概念、特点及其对"一带一路"建设的启示 [J]. 华北电力大学学报（社会科学版），2019 (1)：107-116.
⑥ 何国卫. 论中国古代"海上丝绸之路"的技术基础 [J]. 南海学刊，2015，1 (3)：8-13.

到阻碍,海上丝绸之路迎来了新的发展机遇。隋唐时期,广州成为国内第一港口,是国际闻名的东方港市。《新唐书·地理志》中记载了"广州通海夷道",即一条从东南沿海通往东南亚、印度洋北部诸国、红海沿岸、东北非和波斯湾诸国的海上航线,这条航线就是最早的海上丝绸之路,也是当时世界上最长的远洋航线。① 当时汇集在广州港口的外国商船,"有婆罗门、波斯、昆仑等舶,不知其数"②,其中以"师子国舶最大,梯而上下数丈,深六七丈,长二十丈,可载六七百人"。③ 来到广州进行贸易的外国商船络绎不绝,使我国开通抵达其他各国的航路并且向外延伸,由此进一步推动了海上丝绸之路的发展,海上丝绸之路成为唐王朝开展外交、进行外贸的重要通道。④

唐代丝绸之路的发展除受政治利益的推动外,经济利益也愈加重要。唐玄宗明确提出,"国家与突厥和亲,华、夷安逸,甲兵休息;国家买突厥羊马,突厥受国家缯帛,彼此丰给"。⑤ 在经济利益的推动下,丝绸之路上经济贸易的商品内容也发生了很大的改变,原来的贸易商品主要是统治阶级钟爱的奢侈品,后来满足普通民众生产生活需要的与国计民生紧密相关的商品在贸易中的比重不断上升。⑥ 唐代海上丝绸之路的经济贸易十分活跃,主要通过海上丝绸之路外销各种丝绸、瓷器、茶叶以及铜铁器,与外商交易带回各种香料、花草等奇珍异宝。⑦《旧唐书》中记载:"广州地际南海,每岁有昆仑乘舶,以珍货与中国交市。"⑧ 经考证,在经济贸易发展的要求下,唐代陆上丝绸之路周边的城镇数量为200多个,达到了全国城镇总数的1/8。⑨ 此外,还设立了1 639个驿站,仅在广州的外国客商就有12万人,和唐王朝互

---

① 钟海. 古代海上丝绸之路的兴与衰[J]. 中国海事,2015(7):8-9.
② [日]真人元开. 唐大和尚东征传[M]. 北京:中华书局,2000.
③ 李肇. 唐国史补·因话录[M]. 上海:上海古籍出版社,1979.
④ 马静. 浅析古代丝绸之路的发展与贡献[J]. 汉字文化,2018(9):98-99.
⑤《资治通鉴》卷二百一十二。
⑥ 殷晴. 唐代西域的丝路贸易与西州商品经济的繁盛[J]. 新疆社会科学,2007(3):99-105.
⑦ 马静. 浅析古代丝绸之路的发展与贡献[J]. 汉字文化,2018(9):98-99.
⑧《旧唐书》卷八十九《王方庆传》。
⑨ 王枫云,陈亚楠. 古代丝绸之路(中国段)沿线城镇兴衰的内在机理及其启示[J]. 西南民族大学学报(人文社科版),2018,39(9):206-213.

相联通的周边国家或民族高达189个，南亚、中亚和西亚的使团来唐王朝进行交往达343次。①

隋炀帝时，"置四方馆于建国门外，以等四方使者，东方曰东夷使者，南方曰南蛮使者，西方曰西戎使者，北方曰北狄使者，各一人，掌方国及互市事"，即设置四方馆，处理对外关系，并在四方馆内设立"互市监及副"一职掌管经贸活动。此外，隋朝还在边境设立"交市监"（唐贞观六年即公元632年，改为"互市监"），职责为管理与周边各民族和国外商人的经济活动。②唐朝时，典客署这一机构的地位有所提升，主要负责接待周边民族等事务，并且掌管丝绸之路的经济贸易。③正如《大唐六典》中记载，典客令掌"东夷、西戎、南蛮、北狄归化在蕃者之名数，丞为之贰，凡朝贡、宴享、送迎预焉，皆辨其等位而供其职事，凡酋渠首领朝见者。则馆而以礼供之"。④

唐开元二年（公元714年），在广州设置市舶使一职，主要负责接待外商、颁布凭引、对与外商的经济贸易和外国商船进出港口进行监管、对进口的商品分类别征税。⑤市舶使负责的税收管理有纳舶脚、收市和进奉。这里提到的舶脚就是入口税，税率是不确定的，由当地的官员经各种考量后决定，税收在收市之后向上进奉。⑥关于舶脚，还有另外一种说法，舶脚也被称为下碇税，征税对象是停靠在港口的外国商船。据阿拉伯人苏莱曼《苏莱曼东游记》的记载，"舶脚"税率大约是30%，⑦《中国印度见闻录》中也提到贵重物品适用10%税率，一般商品则为30%。⑧收市就是在民间贸易开展之

---

① 李国强. 古代丝绸之路的历史价值及对共建"一带一路"的启示 [J]. 大陆桥视野，2019（2）：32-38.
② 《隋书》卷二十八《百官志（下）》。
③ 王枫云，陈亚楠. 古代丝绸之路（中国段）沿线城镇兴衰的内在机理及其启示 [J]. 西南民族大学学报（人文社科版），2018，39（9）：206-213.
④ 《大唐六典》卷十八《鸿胪寺·典客署》。
⑤ 尹烨. 中国古代海上丝绸之路兴衰的政治影响因素 [A] //福建省图书馆学会2014年学术年会暨著名图书馆学家——金云铭先生诞辰110周年学术研讨会论文集 [C]. 福建省科学技术协会，福建省图书馆学会，2014：3.
⑥ 唐嘉弘. 中国古代典章制度大辞典 [M]. 郑州：中州古籍出版社，1998：859.
⑦ ［阿拉伯］苏莱曼. 苏莱曼东游记 [M]. 北京：华文出版社，2015：54.
⑧ 李锦绣. 唐代财政史稿（上卷）[M]. 北京：北京大学出版社，1995：598.

前,宫廷先采购相应商品,然后才可以进行民间贸易。进奉就是对唐皇帝进贡。这部分税收收入在唐朝的财政收入中所占比例不小,《旧唐书·王愕传》提到:"榷其利,所得与两税等。""两税"就是户税和地税。① 唐太和八年(公元834年),政府下达诏令,要求节度观察使对外国商人及外国商船"常加存问","除舶脚、收市、进奉外,听其来往通流,自为交易,不得重加率税"。② 这份诏书表明了节度观察使掌握市舶的外事权,外商在缴纳税收后,可以在国内自由贸易,对海外贸易实行积极的财政政策,鼓励海外贸易的开展。至晚唐时期,舶脚等外商税已在唐朝的税收体系中占有重要地位,成为唐政府财政收入的主要来源之一。从《旧唐书》的记载可以考证当时舶脚的重要性,唐乾符五年(公元878年),黄巢起义军围攻广州时,左仆射于琮痛呼:"南海有市舶之利,岁供珠玑,如令妖贼所有,国藏渐当废竭。"③

对于在丝绸之路上进行贸易往来的商人来说,最为关注的则为商税的相关政策规定。这里提到的商税主要包含两种:一是关市之征,主要指商品通过税和商品交易税;二是针对商人的苛捐杂税。以"安史之乱"为界,"安史之乱"之前,商税的税种非常少,而且在税收体系中的地位也不是很高;而"安史之乱"爆发之后,财政凋敝,政府为此开始增加税收,其中就包括对商税的增收。在唐代前期,政府没有设立商品通过税,"凡关,呵而不征"。④ 至于商品交易税,其政策规定的颁布也较晚,直至唐天宝九年(公元750年)才开始征收,税种名称为除陌钱,以2%的税率征收。⑤ 至德二年(公元757年),政府规定:"其商贾,准令所在收税。"⑥ 从此开始,商税征收的规模与范围不断扩大。上元年间(公元674—676年),规定征收"埭程"——"敕

---

① 顾丽华.琼粤在古代"海上丝绸之路"中的地位和作用——一个全球史视角的考察[A]// 海上丝绸之路建设与琼粤两省合作发展——第三届中国(海南·广东)改革创新论坛论文集[C].海南省社会科学界联合会,广东省社会科学界联合会,2014:7.
② 《全唐文》卷七十五《太和八年疾愈德音》。
③ 《旧唐书》卷一百七十八《郑畋传》。
④ 《大唐六典》卷六《尚书刑部》。
⑤ 《唐会要》卷六十六《太府寺》。
⑥ 《通典》卷十一《食货十一·杂税》。

江淮堰埭商旅牵船过处，准斛斗纳钱，谓之埭程"①，即在任何江淮堰塘，只要有商船经过，都要根据商船大小来纳税，由此商品通过税这一税种正式设立。商税制度不断发展完善，至唐德宗时，唐朝的商税制度已经趋于健全。建中三年（公元782年），中央政府采取判度支赵赞谏言，对"竹木茶漆"等商品以10%的税率征收通过税，其他商品以2%的税率进行征收，即"于诸道津要，置吏税商货，每贯税二十文。天下所出竹木茶漆。皆什一税之，以充常平本"⑤。同时，中央政府也采纳了赵赞对于除陌钱的建议，"公私贸易，千钱旧算二十，加为五十；物两相易者，约直为率"⑥，即将商品交易税的2%税率提升至5%，并且进一步扩大征收范围。"安史之乱"后，为保证财政收入充足，各个地方政府也开始大规模征收商税，税种设立繁多，对商人施以苛捐杂税，如"诸道节度使、观察使多率税商贾，以充军资杂用，或于津济要路及市肆间交易之处，计钱至一千以上者，皆以分数税之"⑦，"诸镇县节度及诸津渡，访闻每年兴贩百姓，广有邀求，致令停滞"。⑧

茶叶是丝绸之路上贸易往来的重要商品，茶税在唐朝税收体系中占有重要位置。傅筑夫先生在《中国封建社会经济史》中说："茶以外其他农产物的商品化过程在唐代还不显著，只有茶的商品化过程最为典型。"史实也表明，茶叶通过丝绸之路大量出口国外，茶税收入也在唐朝财政收入中占有不小的比例。⑨ 如前文所述，唐建中三年（公元782年），规定以10%的税率对茶征收商品通过税，此时的茶税仅为商品通过税的一种，而非独立税种，而且这一规定的实施时间也较短，仅仅实行了一年多，至兴元元年（公元784年），政府颁布《奉天改兴元元年赦》，取消了"垫陌及税间架、竹木茶漆榷铁等诸色名目"⑩。茶税真正成为独立税种始自贞元九年（公元793年），政

---

① 《通典》卷十一《食货十一·杂税》。
⑤ 《旧唐书》卷十二《德宗纪》。
⑥ 《新唐书》卷五十二《食货志》。
⑦ 《通典》卷十一《食货十一·杂税》。
⑧ 《全唐文》卷九十二《改元天复赦文》。
⑨ 丁文. 中国古代茶叶经济与丝绸之路 [J]. 楚雄师范学院学报，2015，30（5）：9-11.
⑩ 《新唐书》卷五十四《食货志四》。

府开始征收茶税——"奏立税茶法。郡国有茶山，及商贾以茶为利者，委院司分置诸场，立三等时估为价，为什一之税"①，即根据茶叶品质分成三种价格，根据其总价值以10%的税率征收茶税，由盐铁使所属院司进行管理。开征第一年的茶税收入为40万贯钱。此后，不少地方政府为征税敛财，脱离盐铁使院司的管理，私自设立税场征收茶税。因此，元和十三年（公元818年），中央政府下令取缔地方政府所设的税场及茶税，保证盐铁使对茶税持有征收专权，茶税收入上缴中央政府。②唐穆宗即位后，政府财政更为困难，因此茶税征收出现较大变化，税率增长5个百分点，由10%提升至15%。至开成元年（公元836年），茶税征收权开始下放，"以茶务委州县"③。《新唐书·食货志》记载：唐文宗开成年间（公元836—840年），政府每年征收的矿冶税仅有7万贯钱，还没有一个县所征收的茶税收入高。到唐宣宗时（公元846—859年），每年征收的茶税达到了80万贯钱。④

四、丝绸之路的变迁发展时期（宋元时期）

晚唐至元初，政权割据、民族分裂、社会动荡，战争频繁发生，外交关系恶化，无法保证丝路沿线安全，经济贸易受到严重影响，丝绸之路的辐射范围不断缩小。⑤宋朝在陆上丝绸之路的交往中一直属于消极和被动的一方，促使其在海上丝绸之路的经贸活动更为活跃一些。⑥到了元代，则局势大改，因其拥有强大的军事力量，陆上丝绸之路得到了进一步延伸，并且海上丝绸之路的发展也进入鼎盛时期。

宋元时期，造船技术和航海技术实现了高度的发展，使用了升降舵和多

---

① 《唐会要》卷八十七《转运盐铁总叙》。
② 《唐会要》卷八十七《盐铁》。
③ 《全唐文》卷七百五十九卢商《请增加盐额奏》。
④ 赵文林，谢淑君. 中国人口史 [M]. 北京：人民出版社，1988.
⑤ 李国强. 古代丝绸之路的历史价值及对共建"一带一路"的启示 [J]. 大陆桥视野，2019（2）：32-38.
⑥ 王超. 中国古代丝绸之路的概念、特点及其对"一带一路"建设的启示 [J]. 华北电力大学学报（社会科学版），2019（1）：107-116.

副舵,并且应用了游碇稳定船身的技术。泉州后渚港出土的宋代海船,[①] 其尖底和多重板船壳结构,吃水深,适合航海,显示出宋代造船技术的先进。宁波出土的同一时期的宋船,还有舭龙骨(即减摇龙骨)装置,这一技术的使用比国外大约要早700年。[②] 宋元时期的天文定位、罗盘导航和航迹计算、针对斜侧风的船舶操帆技术也已非常成熟。北宋宣和元年(公元1119年)的《萍洲可谈》一书中记载:"舟师识地理,夜则观星,昼则观日,阴晦观指南针。或以十丈绳钩取海底泥嗅之,便知所至。"[③] 叙述性的航路指南和航用海图也在这一时期出现,对海洋季风、潮汐规律的运用已经十分熟练,可以据此规划航行的具体线路。[④] 航海技术的发展使得航线不断延伸,当时的航路能够抵达阿拉伯半岛甚至非洲东海岸。与陆运相比,水运具有运量大、受战事影响较小的有利特点,海上丝绸之路逐渐代替陆上丝绸之路,成为对外贸易的主要通道。[⑤] 私人形式的海上贸易在政府的政策激励下也得到了一定程度的发展。[⑥]

北宋时期,建设了大批石砌的港口码头,在明州(今宁波)建立了一套管理机构,负责海上贸易事宜。[⑦] 北宋元丰三年(公元1080年),中国历史上第一部规范海外贸易的法律——《广州市舶条》正式颁布,之后,有关法条规定也随着现实变化与时代发展要求做出了相应的完善修改。为了防止大量货币在贸易过程中输出国外,南宋嘉定十二年(公元1219年),政府规定用丝绸、瓷器交换外国商品。在此规定下,大量丝绸和瓷器输出国外,对外贸易的范围也进一步扩大。[⑧] 元初,政府在昌国县的马秦设立了海船千户所这

[①] 席龙飞,何国卫. 对泉州湾出土的宋代海船及其复原尺度的探讨 [J]. 中国造船, 1979 (2): 107-117.
[②] 席龙飞,何国卫. 对宁波古船的研究 [J]. 武汉水运工程学院学报, 1981, 29 (2): 23-32.
[③] 朱彧. 萍洲可谈 [M]. 上海:商务印书馆, 1939: 18.
[④] 何国卫. 论中国古代"海上丝绸之路"的技术基础 [J]. 南海学刊, 2015, 1 (3): 8-13.
[⑤] 张璐. 中东在古今丝绸之路中的定位及当代示范效应 [J]. 潍坊工程职业学院学报, 2018, 31 (5): 67-72.
[⑥] 王晓秋. 试论丝绸之路精神与"一带一路"理念 [J]. 中国文化研究, 2018 (4): 1-5.
[⑦] 蒋丽萍. 古代浙东地区海上丝绸之路文化遗产调研 [J]. 中国民族博览, 2018 (11): 94-96.
[⑧] 钟海. 古代海上丝绸之路的兴与衰 [J]. 中国海事, 2015 (7): 8-9.

一机构，负责保障海上运输和海外贸易。此外，政府设置了一套完整的海上贸易机构，在各大港口设置"行泉府司"专门负责海运，下辖镇抚司、海船千户所、市舶提举司，"统海船万五千艘"，并且还建立了海上驿站，向宫廷输送"番夷贡物及商贩奇货"，而且建立"海船水军"来维护航道的安全。元朝在全国设立了1 519个驿站，拥有4 000多辆站车。①

从北宋开宝四年（公元971年）开始，朝廷将唐代设立的市舶使一职进行扩展，在杭州、明州（今宁波）、泉州等地建立市舶司这一管理机构，负责海上丝绸之路的经贸活动。市舶司与当代的海关部门相类似，主要职能是检查进出港口的商船所载商品、采购政府专卖的商品、监管外商、征收税款。所有的进口商品都需要经过检查且办理完相关手续后，方可以进入市舶务门，最后再运到市舶库存放。《宋史·职官志》中记载："提举市舶司，掌蕃货、海舶、征榷、贸易之事，以来远人，通远物。"对进入广州港口的所有外国商船都要进行检查，根据相应条例征收税款，依照禁榷制度即专卖制度检查是否有政府专卖的商品，② 即"凡舶至，帅漕与市舶监官莅阅其货而征之，谓之抽解"。进口商品的关税税率通常为10%，当然也有部分商品被细分，实行不同税率，不同年份也会发生变化。③ 以大宗进口商品香料为例，一开始不对香料的品质分级，"凡番货之来，十税其一，必择其精者"，即全部以10%的税率征收税款。之后则根据其品质分为"粗货"与"细货"，分别适用不同的税率，"以十分为率，真珠、龙脑，凡细色抽一分，玳瑁、苏木，凡粗色抽三分"，即"细货"仍适用10%的税率，"粗货"则适用30%的税率。南宋绍兴六年（公元1136年），香料的税率发生改变，"其抽解，将细色值钱之物，依法十分抽解一分，其余粗色，并以十五分抽解一分"，即"粗货"的税率下降至6.7%。此外，香料是国家专卖商品，民间不得自由买卖，即"遇蕃船回舶，乳香到岸，尽数博买，不得容令私卖"。除香料外，宋朝的盐、茶也是国家专卖商品，政府垄断经营，加价出售，并且会附加商品税，以增加财政收

---

① 赵锦玉. 从草原丝绸之路看古代商贸往来和文化交融 [J]. 商业文化, 2016 (11): 72-79.
② 张一平. 古代海上丝绸之路对南海区域的影响 [J]. 新东方, 2010 (3): 17-22.
③ 《宋史》卷一百八十六《食货》.

入。海上丝绸之路发展繁盛，对外贸易所产生的税款和收入在财政收入中占有相当大的比例，对全国的整体经济发展产生了重要影响。绍兴三十二年（公元1162年），仅广州市舶司和泉州市舶司征收的税款总额就达到了200万缗，占当年政府财政收入的5%。① 此外，宋代也有进出口商品税收减免的规定，如果商人受到自然灾害侵袭，则可以免征关税。乾道三年（公元1167年）记载："诏广南、两浙市舶司所发舟还，因风水不便，船破樯坏者，即不得抽解。"②

与海上丝绸之路的繁荣发展相比，宋代时陆上丝绸之路发展缓慢，丝绸之路沿线的相关财税政策也较为简单，马端临将其概括为："关市之税，凡布帛、什器、香药、宝货、羊彘。民间典卖庄田、店宅、马牛、驴骡、橐驼，及商人贩茶盐，皆算……有官须者十取其一，谓之抽税……行者赍货，谓之过税，每千钱算二十；居者市鬻，谓之住税，每千钱算三十，大约如此，然无定制，其名物各从地宜而不一焉。"③ 总结起来，政府对沿线商人主要征收三种税：10%的抽解征税、2%的通过税和3%的交易税。然而，这些税率与征税商品并没有十分严格的规定，各地税则可能有所不同。宋代在全国各地均设有征税机构，规模较大的机构被称为"税务"，规模较小的则被称为"税场"，商人只要经过"税务"或"税场"，就要缴纳通过税；交易税的征税对象主要则为在地方开设店铺的商人或到当地售卖货物的行商。④ 除此之外，宋代还会征收一种被称为"事例钱"的杂税，也可叫作"市利钱"，这种杂税相当于商业交易的手续费，根据交易额取一定比例征收，这一比例因时因地有所不同。北宋熙宁至元丰年间，事例钱在京师的税率为10%，之后补充300文以下免征的规定。⑤ 对于丝绸之路沿线各城市发生的小集市贸易，宋代实行"买扑"制度，也可称为"包商制"。此处所说的小集市是指税收在千贯以下的集市，"买扑"制度指政府预先估算出小集市应缴纳的税收

---

① 武丹. 从古代泉州谈"21世纪海上丝绸之路"[J]. 经济研究参考，2016（45）：4-7.
② 《宋史·食货下八·互市舶法》。
③ 《渊鉴类函》卷一三四《关市征》。
④ 芜牧. 谈谈宋代的商业税收[J]. 中国商贸，1993（12）：60.
⑤ 汪圣铎. 两宋财政史[M]. 北京：中华书局，1995：301.

数额，承包的商人自己出钱缴纳税款，再向集市上的商贩征收税款获得收入。这一制度虽然提高了政府征税的效率，但是也造成了承包商人凭政府势力压榨集市商人的现象频发。①

元朝时，政府鼓励海外贸易的发展，实施"官自具船、给本、选人入蕃贸易诸货，其所获之息，以十分为率，官取其七，所易人得其三"的积极政策。② 这一制度被称为"官本船"制度，即国家负责出商船和物资，船商负责开展海外贸易。③ 元朝的海外贸易实行"官船贸易"，也就是以国家的名义和外国签订合约，然后发出商船将生丝、绸缎、瓷器、茶叶等商品销往国外。元代在泉州、庆元（今宁波）、上海、澉浦、温州、广州、杭州设立了七处市舶司，负责当地的海外贸易。④ 至元三十年（公元1293年）四月，朝廷颁布了《整治市舶司勾当》（又称为《市舶则法》），其中包括二十二条规定。⑤ 延祐元年（公元1314年），由于海外贸易的情况有所改变，《市舶则法》的相关法规已不能满足实际需要，因此朝廷对至元《市舶则法》进行了部分修改与完善，于七月颁发了新修订的《市舶则法》，其中也包括二十二条法规，新法被称为延祐《市舶则法》。⑥ 至元《市舶则法》的第一条法规就与商品进口税的征收相关，与宋朝类似，商品根据价格分为两级，粗重价贱的商品适用6.7%的税率，贵细价昂的商品适用10%的税率。此外，还要以剩余商品为征税对象征收3.3%的舶税钱，后来发展为船钞。延祐《市舶则法》的第二条法规规定的税率有所提高，粗重价贱的商品适用13%的税率，贵细价昂的商品适用20%的税率，舶税钱则不发生变化。⑦ 此外，延祐《市舶则法》还采纳了上海市舶官王楠提出的"番货双抽""土货单抽"的建议，规定进口商品

---

① 孙翊刚. 中国赋税史［M］. 北京：中国税务出版社，2003：229.
② 《元史·食货志》卷九四。
③ 李国强. 古代丝绸之路的历史价值及对共建"一带一路"的启示［J］. 大陆桥视野，2019（2）：32-38.
④ 许涛. 国家行为体在古代"丝之路"构建中的作用和意义［J］. 新疆师范大学学报（哲学社会科学版），2016，37（6）：100-109.
⑤ 《元典章》卷二二《户部》八"市舶"；《元史》卷九四《食货志》二"市舶"条。
⑥ 郭成伟. 大元通制条格［M］. 北京：法律出版社，2000：238-244.
⑦ 张耀华. 论元代《市舶则法》在古代海关法中的历史地位［J］. 海关与经贸研究，2014，35（3）：32-39.

与本土商品分别适用不同税率,本土商品的税率低于进口税 50%。①② 实行差别关税这一规定保证了本土商品的市场份额。《整治市舶司勾当》是现存最早的、完整的海外贸易法律,这部法律不断完善,使得经济贸易和行政管理的效率有了很大程度的提高,进一步促进了海外贸易的发展。③

虽然宋代的陆上丝绸之路式微,但通过历史记载和考古发现证明,宋代的沿边贸易仍然相对活跃,和辽、夏之间的贸易占据了当时陆上商贸的重要位置,宋代政府在西夏、吐蕃等边境地区建立了多个"榷场"来进行有控制的经济贸易。④ 北宋与辽交易的"榷场"主要设立在镇州、沧州、雄州、易州和霸州等地,与西夏的交易在保安军的领地设置"榷场",在此背景下,和藏、滇、黔、湘、桂各地的少数民族之间的贸易也发展了起来;南宋在绍兴和议以后,开始在宋金接壤领域设置"榷场",发展边贸。与辽国的贸易,主要输出茶、盐、布、药材、铜钱、粮食、硫黄、漆器、犀角象牙、丝麻纺织品,换取马、羊及马具、刀剑、北珠等商品。与金国的交易主要是以茶、粮食、书籍、药材、绢帛丝麻纺织品等换取马匹、盐、银、甘草、人参、皮毛、北珠等商品。

宋代时期,为鼓励沿边贸易,朝廷颁布了相关的积极政策,给予参与贸易的商人一定优惠,主要表现为:"榷场"的税收负担较其他地方更低一些,税率仅有 0.5%(之后增长到 2%),"牙钱"为 0.2%,⑤ 而且商人可以参与政府采购和制定价格的过程。《续资治通鉴·宋太宗太平兴国二年》中载:"榷场商人,许买入国家急需,以济国用,使外物有所泄。"即当朝廷无法提供所需的紧急物资时,边境商人则可以代替政府,负责采购相应物资并进行销售,而且可以根据时节和物资供需情况来变动价格。通过这一政策,政府不仅能够更好地调控所需的紧缺物资,还极大地增加了商人参与沿边贸易的

---

① 《元史》卷一三《世祖本纪》一及《元史》卷二五《卢世荣传》改正。
② 孙文学,齐海鹏. 中国财政史 [M]. 大连:东北财经大学出版社,2008:115.
③ 徐堇. 古代海上丝绸之路对中国港口经济的影响 [J]. 企业导报,2014 (7):6+42.
④ 许淑慧. 宋辽"榷场"贸易考究 [J]. 兰台世界,2015 (33):64-65.
⑤ 王者. 中国古代财政史 [M]. 北京:北京财政经济出版社,1981:157.

动力。① 然而,在"榷场"的贸易受到交通、民族战争等因素的影响,发展得不是十分稳定。

五、丝绸之路的衰落时期(明清时期)

到了明代,越来越多的劳动力在农业经济自给自足的情况下转入商品生产活动,以江南扬州、杭州为代表的大型商业城镇兴起,小商品经济迅速发展。在此背景下,国内经济发展所得税收完全可以满足统治者及国家大型建设的开支需要,使统治者进一步忽略了陆上及海上丝绸之路的对外商贸活动。② 但是,新疆与内地的商业往来却很活跃。据《明仁宗实录》记载:"西域入贡者尤盛",岁岁不绝,西域商人"往来道路,贡无虚月"③。在明朝以前,西域与内地的贸易多是通过商人进行的,官方贸易不占主要地位;到了明代,这种情况发生了很大变化。由于明朝廷强调官方贸易,使明代的这种商业往来大多控制在政府手中,贸易量也远大于私人贸易。④

在明代,加征于内陆商业交通水道的税收有三种,分别为船钞、商税、竹木抽分。船钞向运输者征税,由船主付给,由户部征收。商税向所有由陆路和水路运输的商品征收,由商人付给,由各省官员管理。竹木抽分仅向造船原料征税,由工部管理。⑤ 明初,对外贸易尚依附于朝贡,且总量极少。面对如此少量的对外贸易税,封建统治阶级往往不以为然,如永乐帝曾说过:"商税者,国家抑逐末之民,岂以为利。今夷人慕义而来,乃侵其利,所得几何,而亏辱大体多矣。"到了明朝中后期,作为地方收入的商税已经成为某些固定财政支出项目的资金来源,如对海商的征税用于海防军事支出。⑥

明朝商税在许多方面是清朝厘金税的前身,其特点是税率很低、征收面

---

① 李焘. 续资治通鉴长编[M]. 上海:上海古籍出版社,1986.
② 白永秀,王颂吉,何昊,等. 丝路驼铃——丝绸之路经济带[M]. 重庆:重庆大学出版社,2018:14.
③ 《明仁宗实录》,卷五(上)。
④ 杨富学. 明代陆路丝绸之路及其贸易[J]. 中国边疆史地研究,1997(2):12-20.
⑤ 黄仁宇. 十六世纪明代中国之财政税收[M]. 上海:三联书店,2001:300.
⑥ 李博. 明代商税思想初探[J]. 中州学刊,2012(2):142-147.

广，并重复征收。然而，商税的收入过于分散且数额较小，并不能被认为是国家税收的主要来源。明初商品交易税的税率，大体是三十取一，即"凡商税，三十而取之，过者以违令论"。洪武二十七年曾颁布法令规定：对积极垦荒的农民，"官给牛及农具者，乃收其税，额外垦荒者永不起科"，即对农具予以免税。① 在主要商业中心城市建立钞关之后，商税的重要性更低。在明朝早期，有400多个税课司，但到了17世纪早期仅存112个。其余的因无利可图而被关闭。明朝建立之初，曾广设宣课司、税课司局等衙门以征收商税，但后来，钞关取代了它们的职责。明代的钞关到了隆庆年间已经正式接管商税的征收，其商税征收分本色、折色，本色收钱钞，折色收银两。"其所榷本色钱钞则归内库，以备赏赐；折色银两则归太仓，以备边储。每岁或本折轮收，或折色居七分之二。"明代中期以后，随着典章制度日益完善，国用开支亦随着逐步增加，钞关、商税的征收自然也水涨船高。"法愈详而税愈重，视国初异矣。"②

清朝初期，康熙、雍正、乾隆三帝积极发展生产，全国的耕地和人口数量都有了较大发展。全国耕田面积从顺治十八年（公元1661年）的549万余顷，增长到嘉庆十七年（公元1812年）的791万余顷。工商业也有较大的发展，商品经济达到新水平，资本主义生产关系的萌芽有进一步成长。反映在财政上，一是岁入逐步增加：顺治七年（公元1650年）岁入银1 485万余两；康熙二十四年（公元1685年）收入田赋银2 444万余两、粮433万余石；乾隆五十六年（公元1791年）岁入银4 359万两。二是国库逐渐有大量结存，康熙、雍正、乾隆时多有5 000万~7 000万两结余，约为当时一年半的岁出额。③ 清朝的对外贸易比以前也有所发展。当时，"西南洋诸国，咸来互市"。中国商人也到过很远的地方进行海外贸易，"帆踔两洋，倏忽千万里"。中国出口的货物有茶叶、陶瓷器、生丝、绸缎、棉布、纸张、纸伞、干果、烟草、铁锅、家具、糖、人参、牛马、谷物、豆、羊肉、麦粉等，进口的商

---

① 郑学檬. 中国赋役制度史 [M]. 厦门：厦门大学出版社，1994：521.
② 李凯. 浅论明代的钞关与商税 [J]. 黑龙江史志，2010（23）：17-19.
③ 王者. 中国古代财政史 [M]. 北京：北京财政经济出版社，1981：208-209.

品多为毛织品、五金、玻璃、珊瑚、玳瑁、香料、海味等奢侈品。在嘉庆以前，中国在对外贸易中一直处于出超的地位。① 在 1716 年的对英贸易中，"茶叶已经开始替代丝成为贸易中的主货品"。② 而到了清朝中后期，由于世界局势的发展及周边时局的变动，清政府加大了闭关锁国的力度，陆上丝绸之路趋于消亡。③

清朝初期，清政府对关税并不重视，康熙时年征额不过 100 多万两。"各关征税，国初定有正额，后货盛商多，遂有盈余。"清代各个关的正税银数曾经历过调整，但变化的幅度不大，总数在 190 万余两。随着考核渐严，清廷规定各榷关不仅有正额，还要报解盈余。根据档案资料统计可知，至道光时期，每年的关税收入稳定在 500 万两。④ 清代鸦片战争以前的内地关税，即后世所谓常关税，包括正税、商税、船料三种。正税在产地征收，属货物税；商税从价征收，属货物通过税；船料沿袭明代的钞关，按船的梁头大小征税。清前期的常关，分设户、工两关。户关由户部主管，如京师的崇文门、直隶的天津关、山西的杀虎口、安徽的凤阳关、江西的九江关、湖北的武昌关等四十多个关（乾隆时期）。工关主要收竹木税，由工部主管，关税收入供建造粮船及战船、修缮费之需。但有的关，如盛京浑河、直隶的大河口、山西杀虎口等关，由户关兼办。顺治时期，为了防范以郑成功为首的东南沿海汉族人民的抗清斗争，采取严格的海禁政策，严禁国内人民出海，并且不准外国商船前来贸易，对外通商口岸只限在澳门一地。⑤

清朝后期，关税主要为常关税和海关税。第一次鸦片战争后，开五口通商，建立新海关，并称新建海关为"新关"，称原来的关为"常关"。由于外国侵略者强迫中国接受一系列的不平等条约，中国的关税性质发生了根本性的变化。从独立自主的封建性的关税，变为半殖民地半封建性质的"协定关

---

① 孙翊刚. 中国赋税史 [M]. 北京：中国税务出版社，2003：322.
② 方留章，黄胜科. 武夷山市志 [M]. 北京：中国统计出版社，1994：258.
③ 白永秀，王颂吉，何昊，等. 丝路驼铃——丝绸之路经济带 [M]. 重庆：重庆大学出版社，2018：14-15.
④ 倪玉平. 试论清代财政体系的近代转型 [J]. 中国经济史研究，2018（4）：29-40.
⑤ 孙翊刚，董庆铮. 中国赋税史 [M]. 北京：中国财政经济出版社，1987：259-261.

税",从完全为本国封建统治服务的关税变为主要为外国侵略者服务的关税。清朝后期,中国的关税失去了保护本国民族工业的作用,纯属财政关税。① 从光绪二十七年(公元1901年)起,以各开港地为中心,将50华里以内的常关移归海关管理。从此,常关即分为三种:一是距海关50华里以内的常关;二是距海关50华里以外的常关;三是内地常关。常关税的征收范围由三部分组成:一是常关负责征收的衣物税、食物税、用物税、杂货税等四大项,实际包括的范围非常广泛,几乎包括一切日用品,但是蔬菜、副食等不包括在内;二是在通行舟船的地方,对经过的帆船及其货物兼收船税;三是有的常关还代地方兼收房税、牲畜税、牙税、铺房税、车驮税、盐税、船契税等。自设置新海关后,常关所征的货物税和船税限定为帆船等及其所载的货物。对竹木所征的税,因上缴工部,作为建造粮船、战船及修缮之用,为与常关税有所区别,称为工关税。但单独设立工关征税者不多,一般均由户部的常关代征代管。② 常关税税率没有统一规定,各关不同,一般有正税和附加税。朝廷每年向各地下达常关税征收额,上解不足定额的,令由其常关监督负责赔偿。清代常关税收入定额,康熙二十五年为117万余两,道光二十九年达470万余两,其后因设置海关,收入减少,至光绪十一年为249万余两,光绪二十年为277万余两。这仅仅是正式报告的数据,至于附加税收,为数可能不少,但记载不详。③

古丝绸之路绵亘万里,延续千年,作为东西方商贸往来和文明交流的大通道,积淀了以"和平合作、开放包容、互学互鉴、互利共赢"为核心的丝路精神,这是人类文明的宝贵遗产。④ 尽管丝绸之路在明清时期由兴转衰,但它作为民族融合和交流的渠道和纽带,已深刻影响了欧亚大陆的历史。⑤

---

① 孙翊刚. 中国赋税史 [M]. 北京:中国税务出版社,2003:327-328.
② 项怀诚. 中国财政通史·清代卷 [M]. 北京:中国财政经济出版社,2006:240.
③ 孙翊刚,董庆铮. 中国赋税史 [M]. 北京:中国财政经济出版社,1987:280.
④ 习近平:和平合作、开放包容、互学互鉴、互利共赢的丝路精神,是人类文明的宝贵遗产 [EB/OL].(2017-05-14)[2019-09-18]. https://www.jfdaily.com/news/detail?id=53093.
⑤ 李明伟. 丝绸之路研究百年历史回顾 [J]. 西北民族研究,2005(2):90-106.

第三章
丝绸之路经济带沿线国家的税收体制特征分析

第一节 丝绸之路经济带沿线国家的税收制度比较

一、税种结构

经济发展水平是决定和影响一个国家税制之形成与变动的重要因素。丝绸之路经济带沿线国家根据其国家发展阶段的不同,其税种结构呈现如下特征:

(一) 主体税种选择差异明显

总体上看,丝绸之路经济带沿线国家的商品税和所得税呈逆向变动的趋势,如表3-1所示,随着经济发展水平的提高,商品税的比重不断上升,所得税的比重不断下降。虽然不同经济发展水平的国家在主体税种选择上差异明显,但总体而言,商品税的占比要高于所得税,商品税的地位更加突出(朱为群、刘鹏,2016)①。仅有印度、伊朗、哈萨克斯坦三个国家的所得税比重高于商品税比重。

---

① 朱为群,刘鹏."一带一路"国家税制结构特征分析[J].税务研究,2016(7):24-30.

表 3-1 2018 年丝绸之路经济带沿线部分国家税收占比情况

国家	发展水平划分	税收占财政总收入的比重（%）	所得税比重（%）	货物和服务税比重（%）	国际贸易税比重（%）
印度	中低收入国家	87.16	53.44	31.32	15.16
蒙古国		50.32	19.14	68.11	12.09
缅甸		36.37	35.55	54.05	9.00
巴基斯坦		74.83	37.23	47.99	9.89
乌克兰		62.22	24.39	71.60	4.51
伊朗	中高收入国家	28.99	66.74	12.11	20.71
哈萨克斯坦		70.80	41.16	35.81	23.03
白俄罗斯		43.09	5.34	67.18	25.95
俄罗斯		30.17	4.47	70.94	33.51
以色列	高收入国家	68.99	43.69	50.25	1.15
捷克		45.50	32.54	67.27	0.00
波兰		49.29	24.97	73.64	0.00

注：其中所得税、货物和服务税、国际贸易税占比均为总体税收占比。
资料来源：根据《国际统计年鉴》（2018）统计数据整理而得。

丝绸之路经济带沿线国家不仅主体税种选择不同，而且其税种数量也相差明显。丝绸之路经济带沿线各国基本上无单一税制，几乎都实行复合税制。其中税种最少的为卡塔尔，主要有 2 个税种，即卡塔尔目前只征收企业所得税，以及适用于来自海湾阿拉伯国家合作委员会①（简称"海合会"）成员国以外国家的商品进口的关税；尚未开征增值税，没有消费税，也没有征收个人所得税、房产税、转让税、印花税。税种数量较多国家如波兰，共有 17 种税，包括企业所得税、个人所得税、增值税、关税、消费税、印花税、民法交易税、博彩税、房地产税、林业税、遗产和赠与税、银行税、零售税、特定矿产的开采税、车辆税、农业税和吨位税。波兰税收实行中央和地方两级课税制度。税务机关分为国家税务局和地方税务局两个系统。企业所得税、

---

① 海湾阿拉伯国家合作委员会是海湾地区最主要的政治经济组织，简称"海湾合作委员会"或"海合会"。海合会成立于 1981 年 5 月，成员国包括阿联酋、阿曼、巴林、卡塔尔、科威特、沙特阿拉伯 6 个国家。

个人所得税（税基为个人获得的收入，包括就业收入、退休金、专业服务所得的收入和个体经营者所从事的商业活动）、增值税、消费税、印花税和交易税，均需在国家税务系统征收。房产税、遗产和赠与税、农业税、林产税等，均在地方税务系统征收。①

虽然丝绸之路经济带沿线各国由于政治、经济、宗教、文化的差异，导致税种的设置存在一定差异，但各国几乎都以商品税类和所得税类为主体。②表 3-2 列示了丝绸之路经济带沿线各国税种的总数量以及所得税、流转税以及其他税种的数量。

表 3-2 丝绸之路经济带沿线各国的主要税种数量统计

	国家	税种总数量（个）	所得税（个）	流转税（个）	其他（个）
中亚5国	哈萨克斯坦	10	3	3	4
	吉尔吉斯斯坦	8	2	4	2
	乌兹别克斯坦	15	2	3	10
	塔吉克斯坦	10	2	4	4
	土库曼斯坦	7	2	3	2
南亚8国	阿富汗	10	2	3	5
	巴基斯坦	11	2	3	6
	印度	10	3	3	4
	不丹	10	3	4	3
	马尔代夫	7	3	2	2
	孟加拉国	8	3	3	2
	尼泊尔	11	3	3	5
	斯里兰卡	12	3	3	6

---

① 国家税务总局国际税务司国别投资税收指南课题组. 中国居民赴波兰投资税收指南 [Z]. 北京：国家税务总局，2019.
② 袁若梓，李永海. "一带一路"沿线国家税制结构比较及对我国的启示 [J]. 开发研究，2019（5）：15-22.

续表

	国家	税种总数量（个）	所得税（个）	流转税（个）	其他（个）
中东欧16国	波兰	17	2	3	12
	罗马尼亚	8	2	3	3
	捷克	10	2	3	5
	斯洛伐克	9	2	3	4
	保加利亚	11	2	4	5
	匈牙利	7	2	3	2
	拉脱维亚	7	2	3	2
	立陶宛	12	2	3	5
	斯洛文尼亚	11	2	3	6
	爱沙尼亚	10	2	3	5
	克罗地亚	14	2	3	8
	阿尔巴尼亚	15	2	4	9
	塞尔维亚	11	2	3	6
	北马其顿	9	2	4	3
	波黑	9	2	3	6
	黑山	10	2	3	5
独联体其他6国	乌克兰	6	2	3	1
	白俄罗斯	16	3	3	10
	格鲁吉亚	9	2	3	4
	阿塞拜疆	10	2	3	5
	亚美尼亚	7	2	4	1
	摩尔多瓦	11	2	3	6

续表

	国家	税种总数量（个）	所得税（个）	流转税（个）	其他（个）
西亚北非16国	沙特阿拉伯	9	2	3	5
	阿联酋	8	2	3	3
	阿曼	7	2	3	2
	伊朗	8	4	1	3
	土耳其	9	2	3	4
	以色列	8	3	3	2
	埃及	7	3	2	2
	科威特	5	2	1	2
	伊拉克	6	2	2	2
	卡塔尔	2	1	1	0
	约旦	8	2	3	3
	黎巴嫩	10	3	3	4
	巴林	5	1	3	1
	也门	7	2	3	2
	叙利亚	10	3	2	5
	巴勒斯坦	8	2	4	2
其他	蒙古国	8	2	3	3
	俄罗斯	12	2	3	7

资料来源：根据国家税务总局发布的国别投资税收指南整理所得。

（二）直接税体现国别差异

就直接税而言，表3-3列出了丝绸之路经济带沿线部分国家近年来的所得税占比情况，我们可以看出，所得税占比有增有减，不同国家的走势不同。如波兰等高收入国家所得税占比并无明显变化；以色列受政局动荡的影响，所得税占比呈上升趋势；而中高收入国家及中低收入国家所得税占比有增有减，无明显趋势。所得税主要有两个税种：企业所得税和个人所得税。下面就各国企业所得税和个人所得税制度做简要对比。

表 3-3　2013—2017 年丝绸之路经济带沿线部分国家所得税占比情况　单位:%

年份国家	2013 年	2014 年	2015 年	2016 年	2017 年
以色列	29.48	28.75	29.66	30.13	34.29
哈萨克斯坦	32.34	32.60	32.47	29.14	26.36
蒙古国	12.20	10.76	12.69	9.63	13.34
捷克	13.75	14.57	14.08	14.81	15.20
波兰	12.13	12.13	12.19	12.31	12.48
俄罗斯	1.72	1.90	1.90	-1.35	2.08
土耳其	16.33	17.38	15.87	16.25	18.06
乌克兰	11.62	8.51	11.15	15.17	14.50

资料来源:根据《国际统计年鉴》(2018)资料整理而得。

1. 企业所得税制度比较

企业是市场竞争的主体,市场活力要靠企业来激发。如果企业所得税税制设计不当,就会影响企业投资与生产效率的提升。税制改革的重点是在维持企业一定税收负担的同时,不影响企业竞争力。[①] 丝绸之路经济带沿线国家基本上都开征了企业所得税,但有一个国家较为特殊——巴林。大多数巴林公司无须缴纳企业所得税,仅对从事石油与天然气勘探、生产与精炼石油和天然气的公司课征企业所得税。计税依据为企业所得,税率为46%。除此之外,巴林对其他企业不征收企业所得税。从丝绸之路经济带沿线各国企业所得税税率的角度看,不同国家的税率设计存在较大差异,大多数国家按比例税率征税,仅有少数几个国家按累进税率征税。[②] 大多数国家采用比例税率的主要原因是,比例税率的计算较为简单,便于税收征缴。采用比例税率的国家中,所得税税率最低的国家为乌兹别克斯坦,税率为7.5%;其次是黑山和匈牙利等国,税率为9%;税率最高的国家为巴基斯坦,税率为31%;而大多

---

① 王文静,王怡璞,赵利芳."一带一路"沿线国家近期税制改革动态比较研究[J]. 国际税收,2017(5):28-33.
② 有阿拉伯联合酋长国、波兰、阿尔巴尼亚、蒙古国,其累进税率分别为:0/10%/20%/30%/40%/50%;3%/5.5%/8.5%/12.5%/17%/20%;0/5%/15%;10%/20%。

数国家企业所得税的税率范围在15%~25%。部分国家结合自身经济发展的特点，对部分产业采用了单独税率，如沙特阿拉伯对从事石油和碳氢化合物生产的纳税人征税的税率为50%~85%。同时，一些国家按照其产业政策的需要，对农业、畜牧业、渔业等需要政策扶持的行业征以轻税。

通过以上分析可以发现，各个国家的企业所得税无论是平均税率、最高边际税率还是税率级次，并无可循的明显规律。

2. 个人所得税制度比较

对大多数丝路沿线国家来说，企业所得税占比要高于个人所得税的占比。就所得税税率形式而言，个人所得税分为比例税率和累进税率两种形式。与企业所得税不同的是，在征收个税的国家中，大部分国家采用了累进税率形式，少数国家采用了比例税率。相较于比例税率，累进税率由于其更符合"量能课税"原则，同时也有利于收入的再分配，对实现社会公平稳定发挥重要作用，因而受到大多数国家的青睐。在采用比例税率的国家中，税率最高的是格鲁吉亚和塞尔维亚的20%，最低的是罗马尼亚的5%。而采用了超额累进税率的国家，各国的税率标准平均在0~50%，但实际上，只有斯洛文尼亚50%的最高边际税率和以色列47%的最高边际税率水平超过了45%的区间，其次是克罗地亚的36%，其他国家均在35%以内。从累进税率的级次来看，分别有2个级次、3个级次、4个级次、5个级次、6个级次、7个级次、8个级次、9个级次、11个级次。其中多数国家的累进级次低于7个，多集中于2~5个级次。①

从个人所得税改革动态来看，丝路沿线的大多数国家选择通过提高宽免额标准或降低税率水平来减轻个人税负。提高个人宽免额标准是最为普遍的做法，例如爱沙尼亚、摩尔多瓦等国。但也不排除少数国家提高个人所得税税率，比如哈萨克斯坦在2016—2020年度预算中提出将个人所得税税率从10%提高至12%。个别国家同时采取了有增有减的政策，例如印度。根据印

---

① 袁若梓，李永海."一带一路"沿线国家税制结构比较及对我国的启示［J］.开发研究，2019（5）：15-22.

度 2017—2018 年度预算，个人应税所得在 25 万~50 万卢比的税率从 10%降至 5%，应税所得在 500 万~1 000 万卢比需额外缴纳 10%的附加税。在 2015—2016 纳税年度，个人应税所得超过 1 000 万卢比的部分被额外征收了 10%的附加税。①

（三）间接税税率较为复杂

间接税通常通过提高商品售价或劳务价格等办法转嫁出去，最终由消费者负担。对于大多数丝路沿线国家来说，间接税占有重要地位。特别是其中的增值税和消费税，其组织收入和调节经济、配合国家产业政策的作用，越来越受到各国的重视。在以间接税为主体的税制结构中，又有两种情况：一是以增值税为主；二是以关税和消费税为主。下面就丝绸之路经济带沿线各国的增值税、消费税以及关税做简要对比。

1. 增值税制度的比较

增值税在筹集财政资金、解决重复征税方面优点明显，实行增值税的沿线国家越来越多，仅有少数国家尚未开征增值税，如科威特。这些开征增值税的国家具有广泛的代表性：一方面，从类型看，既有实行传统型增值税（税率档次较多、税收优惠较多）的国家，例如中东欧各国，也有实行现代型增值税（税率档次少、税收优惠少）的国家，例如沙特阿拉伯、阿联酋等。另一方面，从区域看，既有增值税协调取得了一定成绩的中东欧国家及"海合会"成员国，也有尚未进行任何增值税协调的国家。②

根据国家税务总局发布的"国别（地区）投资税收指南"，各国关于增值税税率的设置各有不同，大多数国家实行了差别税率。由于增值税的征税对象较为复杂，部分国家按照商品的不同类别将增值税税率划分为不同的档次。丝路沿线的大多数国家的增值税税率相对简洁，税率基本结构为一档标准税率加零税率，部分国家辅之以针对特定货物和服务的高税率或者低税率。

---

① 王文静，王怡璞，赵利芳. "一带一路"沿线国家近期税制改革动态比较研究［J］. 国际税收，2017（5）：28-33.
② 赵书博，张书慧，张雪. "一带一路"沿线国家增值税比较研究［J］. 管理世界，2019，35（7）：104-115.

如埃及增值税存在三档税率,标准税率为14%,销售专门用于生产制造的机器设备可享受5%的低税率,出口货物适用零税率;俄罗斯增值税税率分为零税率、低于标准的税率(10%)和标准税率(20%)三档税率;波兰增值税存在六档税率,即23%、8%、7%、5%、4%和零税率。当然,也存在部分国家实行一档税率,如黎巴嫩、以色列、巴勒斯坦等国。只有孟加拉国和印度的增值税税率体系相对复杂。孟加拉国不仅特定行业的税率不同,同一行业的不同种类项目的税率也不相同,如部分奢侈品税率存在区间范围,按照不同种类,税率从10%到500%不等。印度则不存在国家层面的统一增值税税率,国内各省级行政单位分别确定辖区内的增值税具体税率。同时,各国在零税率和低税率的规定上具有相似性,大部分都是针对货物和劳务的出口适用零税率。各国的低税率大多集中于出口、外交、国际运输领域,但不包括涉及石化能源、贵金属、重要材料等行业的经济行为,可以看出税收优惠应与国家安全相适应的导向。部分国家对教育、基础设施建设、通信、食品、医疗领域也采用较低的增值税,体现了税收对民生行业的扶持。对于标准税率的设置,大多数国家为5%~20%。其中标准税率最高的国家为匈牙利,为27%;税率最低的为"海合会"成员国,根据"海合会"达成的增值税框架协议(GCC Value-Added Tax Framework Agreement),各成员国将于2018年统一征收税率为5%的增值税。

丝路沿线的多数国家对增值税纳税义务人的登记和注册都设置了一定的限制,通常是对营业额下限的规定,除伊拉克不设立增值税,尼日利亚未设立登记注册门槛以外,其他国家均设立了"门槛",即满足一定标准的提供应税货物和服务的纳税人需进行登记并缴纳增值税。但同时,部分国家针对所谓"门槛"也有不同的限制,如格鲁吉亚规定仅在特别贸易区内供应商品的纳税人免于注册,还有部分国家将注册和缴纳增值税分离,如以色列规定,营业额不超过98 707谢克尔的交易商,不用承担增值税纳税义务,但免税的增值税纳税人必须登记增值税。

关于免税,丝路沿线各国的规定各具特色,但从区域上也有一定的趋同性,如中东地区多对石油和天然气产业有增值税税率优惠政策。根据"海合会"达成的增值税框架协议,成员国可以对医药和医疗业、油类业、生活必需食品业、交通运输业、成员国内的运输业等实行增值税零税率;金融机构从事的金融业务可以选择增值税免税优惠;教育、房地产等行业可以选择增值税免税或者零税率;慈善机构、公共事业组织、未进行税务登记的农民可选择增值税免税的税收优惠政策。

2. 消费税制度的比较

根据国家税务总局发布的"国别(地区)投资税收指南",丝路沿线国家的消费税征收有从价征收、从量征收,以及从价征收与从量征收相结合三种方式。如格鲁吉亚仅采用消费税从量计税,税率一般为每单位 0.15 拉里至 400 拉里不等。而波兰采用了上述三种方式相结合的消费税征收办法,如对香烟按每 1 000 支 206.76 兹罗提以及含税零售价的 31.41% 征收消费税,对一般汽车按税基的 3.1% 征收,而对无铅汽油则按照每 1 000 升 1 540 兹罗提征收。消费税税率多样,但很多国家都对烟草等特殊商品加征高税率的消费税。消费税优惠政策主要包括零税率和免征消费税,如俄罗斯对手动挡的轻型汽车不征收消费税,阿联酋出口货物暂免征收消费税,克罗地亚对公共广播电视活动免征消费税,白俄罗斯对用于生产医药产品的酒精免征消费税。

总体而言,大部分征收增值税的国家也同时征收消费税,在对货物普遍征收增值税的基础上,选择部分消费品再征收一道消费税,其目的是调节产品结构,引导消费方向,保证国家财政收入。加征消费税也可以合理引导消费,对消费市场进行调整。同时,消费税除了扩充政府财政收入之外,还有调节收入分配的作用。①

3. 关税制度的比较

关税是指一国海关根据该国法律规定,对通过其关境的进出口货物课征的一种税收。关税在各国一般属于国家最高行政单位指定税率的高级税种,对于对外贸易发达的国家而言,关税往往是国家税收乃至国家财政的主

---

① 袁若梓,李永海."一带一路"沿线国家税制结构比较及对我国的启示[J]. 开发研究,2019(5):15-22.

要收入。① 政府对进出口商品都可征收关税，但进口关税最为重要，是主要的贸易措施。特别附加关税包括反倾销税、反补贴税、保障措施税和反歧视税，用于保护本国产业免受不公平竞争或不正当的竞争。关税的纳税时间为商品从海关或保税仓库放行或取回时。计征方法分为从价定率计征和从量定额计征，大部分应税产品采用从价定率计征，税率因产品而定。

丝绸之路经济带沿线国家都开征了关税，征税对象占比最大的为原油、汽车、精炼油、集成电路、计算机、汽车部件、成品药、黄金、天然气和无线设备等。征收标准有按从价税计算的，如阿曼、巴林等国实行5%的税率；也有按从价税或从量税两种方式进行计算的，如白俄罗斯的关税税率为5%～30%，或单位税额（每千克或每立方厘米）为0.5～5欧元。总体看来，多数国家出于保护和促进本国工农业发展、维护国家主权和经济利益等方面的考量，既有降低本国企业税负，对出口商品免征关税的举措，如卡塔尔等国，又有提高关税壁垒限制外购货物或出口货物的举措，如阿曼对功能饮料征收100%的关税、对碳酸饮料征收50%的关税等，促进本国相关产业的发展，同时降低国外相同产业在本国的竞争优势。需要注意的是，关税制度取决于国家经济发展水平，沿线国家参与的国际组织、区域组织下的多边框架公约、特定时期的贸易保护等因素也会在一定程度上对关税制度产生影响。② 比如，波兰只有当货物从非欧盟国家进口至波兰或者从波兰向非欧盟国家出口时，才适用关税。至于在欧盟关税同盟内部成员国之间的货物流动，适用零关税。

大多数丝路沿线国家均呈现出对进口商品征税、对出口商品少量征税的特征，体现了对外鼓励出口、对内保护本国产业的态度。各国对进口到本国的商品的具体关税规定有所差异，但多数以交易价格为基础来确定关税完税价格。进口商品的关税税率方面，为保护本国产业，各国通常对同类进口产品设置较高的保护性关税。一方面，各国的关税税率差异较大，部分国家对

---

① 付军锋，王国秀，郭栋梁，等．共和国外贸60年60词［J］．中国海关，2009（10）：12-25.
② 袁若梓，李永海．"一带一路"沿线国家税制结构比较及对我国的启示［J］．开发研究，2019（5）：15-22.

特定类别的商品征收高额关税（超过100%的税率）；另一方面，部分国家的关税税率不稳定，呈现削减和变化的趋势。税收优惠方面，各国除签订税收协定外，还通过参与关税同盟及签订自由贸易协定等方式提供税收优惠。

二、税收征管要素

税收征管体系是税收征收管理活动各要素相互联系和制约所形成的整体系统。构成税收征收管理活动的基本要素包括征管法规、征管制度、征管规程、征管手段、征管机构、征管队伍、监控网络等。各要素规范化程度和质量水平决定了税收征管体系的运行水平，是税收征管有效进行的必要条件。本部分将对税收征管机构以及税收征管法律体系做简要介绍。

（一）税收管理机构的设置

税务管理机构是组织管理税务工作的各级税务机关。不同国家或同一国家在不同历史时期，税务机构的形式、名称、级别等都有很大的差异。通过对丝绸之路经济带沿线国家税收管理机构的梳理发现，大部分国家的税务主管机关均隶属于财政部，全面负责监督、管理国家的各项收入来源，管理整个国家的税款征收工作，以确保应征税款汇缴至国家财政。

税务主管机关通常下设不同的部门负责执行税收征管过程中的各项工作，有些国家的下设机构按税种设置，如巴勒斯坦税务系统由增值税总局、所得税总局、海关总署组成。也有些国家按税种划分中央与地方的财政收入，因此基于分税制设置了不同类型的税务机关。如匈牙利设置两种类型的税务机关：国家税务机关（即国家税务和海关总局NTCA）和地方税务机关。国家税务和海关总局执行国家税务机关和海关总署的职能，负责国家税收，如企业所得税、个人所得税、增值税、行业税等；地方税务机关负责当地市政税收，如地方营业税、土地税和建筑税。[1] 也有极少数国家没有统一的税收机构而是由财政部直接负责税收的征管。如叙利亚的税务主管部门为财

---

[1] 国家税务总局国际税务司国别投资税收指南课题组. 中国居民赴匈牙利投资税收指南[Z]. 北京：国家税务总局，2019.

政部，内设法律和行政事务司、代收款项司、公共债务司、税务调查司、收入司、财政司、计划统计司、预算司、信息技术司和培训事务司等机构，负责税收征管的各项工作。[1]

（二）税收征管的法律体系

1. 宪法

宪法是一个国家根本法的渊源，其地位和效力是最高的。[2] 作为税收征管法的渊源，宪法有两种表现方式：一是直接的渊源，即宪法中关于税收的直接规定。各个国家一般都将税收列入宪法，做出或多或少的规定。二是间接渊源，即宪法中的各项原则的规定，在税收立法、司法、执法中必须严格遵循，不得违背。如《立陶宛宪法》第 65 条和第 127 条规定了税收制度的两个关键原则：税收只能由法律规定；只有议会可以制定税法。大部分国家的宪法中均有类似的规定，由此可见税收在一个国家的地位与作用。

2. 税收法律

狭义上的税收法律是指拥有税收立法权的国家机关依照法律规定的程序制定和颁布的调整税收关系的规范性文件，其法律地位和效力仅次于宪法。丝路沿线的大部分国家依据不同税种设置了不同的法律，如《企业所得税法》《个人所得税法》《增值税法》《消费税法》《财产税法》。有些国家还就税收的征管程序设置了相关法律，如波兰自 2018 年 1 月 1 日起实施关于税务管理总则的《税收管理法》、关于税务程序的《税收程序法》、关于税务机关执法程序的《税收执行法》。

3. 税收法规

税收法规是指由国家最高行政机关制定的规范性税收文件。如俄罗斯税法由《俄罗斯联邦税法典》及依据其颁布的相关法规组成。根据《俄罗斯联

---

[1] 国家税务总局国际税务司国别投资税收指南课题组. 中国居民赴叙利亚投资税收指南 [Z]. 北京：国家税务总局，2019.
[2] 弘扬宪法精神　坚守法律底线 [EB/OL]. (2019 - 12 - 07) [2020 - 03 - 12]. https://www.sohu.com/a/358902909_729088.

邦税法典》，俄罗斯税收按俄罗斯联邦、联邦主体和地方三个层级征收。联邦税根据《俄罗斯联邦税法典》和联邦法律确定，联邦主体税根据《俄罗斯联邦税法典》和联邦主体法律确定，地方税根据《俄罗斯联邦税法典》和地方当局的法规确定。斯洛伐克于2004年建立了符合欧盟要求的新税收体系，《斯洛伐克共和国所得税法案》为斯洛伐克税收体系结构的基本税法文件，其中税收征管相关规定根据《斯洛伐克共和国税收征管办法》执行。格鲁吉亚的《税收法典》是格鲁吉亚国内税法法规的主要依据，是一套规范性的成文法典。除了税务行政处罚由行政处罚法典规定、税务犯罪由刑法典规定、优先级税收义务由破产法规定外，在格鲁吉亚所有涉税事项都是由《税收法典》规定的。

（三）税收征管效率

就各国的税收征管效率而言，税收征管效率较高的国家，通常企业准备和支付税收所需时间较短，反之较长。如表3-4所示，阿联酋、科威特、沙特阿拉伯等国由于税制相对简单，所需纳税时间低于100小时。其中，最低的阿联酋仅为12小时，其原因是大部分企业不需要缴纳企业所得税。而纳税时间最长的保加利亚达到400小时以上，行政效率和税收征管效率偏低。

表3-4 2018年丝绸之路经济带沿线部分国家的纳税时间

国家	准备和支付税收所需小时数	国家	准备和支付税收所需小时数
阿联酋	12	克罗地亚	206
沙特阿拉伯	39	塔吉克斯坦	224
爱沙尼亚	50	吉尔吉斯斯坦	225
科威特	98	塞尔维亚	225.5
立陶宛	99	捷克	230
约旦	126.8	斯洛文尼亚	233
罗马尼亚	163	以色列	239
俄罗斯	168	阿尔巴尼亚	252

续表

国家	准备和支付税收所需小时数	国家	准备和支付税收所需小时数
拉脱维亚	168.5	匈牙利	277
土耳其	170	波兰	334
乌兹别克斯坦	181	埃及	392
哈萨克斯坦	182	保加利亚	453
斯洛伐克	192	—	—

资料来源：根据 World Development Indicators 数据库中相关指标整理。

此外，拜访税务官员或与之进行会议的企业占比以及面见官员时打算送礼行贿的企业占比，也在一定程度上反映了一国的税收征管效率。在政府腐败严重、贿赂成风的国家，企业可能需要承担较高的办税成本，同时，会出现税收执法环境较差、对外来投资者保护不足的情况，从而导致企业更容易面临办税的"水土不服"问题。例如，在吉尔吉斯斯坦，91.2%的企业会拜访税务官员，54.8%的企业会向官员送礼，占比远高于其他丝绸之路经济带沿线国家（见表3-5）。

表3-5 丝绸之路经济带沿线部分国家的企业办税隐形成本

序号	国家	面见官员时打算送礼行贿的企业占比（%）	拜访税务官员或与之进行会议的企业占比（%）	一年内拜访税务官员或与之进行会议的次数（次）
1	爱沙尼亚	0	23.9	2.8
2	克罗地亚	0	35.3	2.8
3	匈牙利	0	56	1.8
4	以色列	0	52.2	1.1
5	斯洛文尼亚	0.3	13.4	2.7
6	捷克	0.4	57.2	1.6
7	拉脱维亚	0.9	36.2	2.1
8	土耳其	1.2	54.9	1.4

续表

序号	国家	面见官员时打算送礼行贿的企业占比（%）	拜访税务官员或与之进行会议的企业占比（%）	一年内拜访税务官员或与之进行会议的次数（次）
9	波兰	2.1	40.5	1.6
10	乌兹别克斯坦	2.4	30.2	1.5
11	斯洛伐克	2.5	46.5	1.4
12	塞尔维亚	3.7	50.9	2.2
13	保加利亚	6	62.6	2.9
14	罗马尼亚	6.8	58.2	2.3
15	俄罗斯	7.3	48.1	2.4
16	埃及	9.4	72.8	2.1
17	立陶宛	10.9	35.6	1.4
18	约旦	14.4	62.1	2
19	阿尔巴尼亚	18.4	91.2	5.5
20	哈萨克斯坦	22.3	32.4	2.6
21	塔吉克斯坦	31.9	73.9	3.3
22	吉尔吉斯斯坦	54.8	91.2	2.1

注：拜访税务官员或与之进行会议的企业占比、一年内拜访税务官员或与之进行会议的次数和面见官员时打算送礼行贿的企业占比等指标，除俄罗斯数据来自 2012 年之外，其余各国数据均来自 2013 年。

资料来源：根据 World Development Indicators 数据库中相关指标整理。

第二节　丝绸之路经济带沿线国家的税收协调现状分析

随着丝绸之路经济带建设的逐步深入，我国企业"走出去"的步伐明显加快，对外投资规模和质量日益提升，全面了解丝绸之路经济带沿线国家的税收协调现状愈加重要。本部分从国际税收协调和税收优惠现状入手，详细梳理了沿线国家的直接税协调、间接税协调和关税协调。

一、国际税收协调和税收优惠的理论分析

(一)国际税收协调的内涵

最早的税收协调思想在亚当·斯密和大卫·李嘉图的贸易理论中已有雏形。Musgrave(1989)将税收协调定义为"调整国家财政制度以符合一系列共同经济目标的过程"[①]。IBFD国际税收术语表将税收协调定义为:消除不同司法管辖区税收制度之间的差异或不一致性,或使这些差异或不一致性彼此兼容。[②] 国际税收政策的协调指的是,一些国家或者地区为了消除税收对于商品、资金、技术、劳务等的障碍,建立起共同的市场或经济集团,在互惠互利的基础上达成平等协商,使得集团内不同国家或者地区的税收政策、税收制度互相接近或统一,以减少彼此的冲突摩擦。[③]

Viner(1950)最早提出了关税协调理论,分析了关税协调对于参与各国所产生的经济效应。[④] 早期典型的直接税协调理论还有Musgrave(1989)提出的资本输入和输出中性理论。[⑤] González(1996)认为有两种税收协调机制:一致性和兼容性。在他看来,在经济一体化的早期应用时期,税收协调也处于初期阶段。[⑥]

国际税收协调可以分为两方面,即税收制度协调和国际税收征管协调,涉及税收管辖权协调、征税对象协调、税基协调、税率协调等内容。税

[①] Musgrave P B. Fiscal Coordination and Competition in An International Setting [M]. Santa Cruz: University of California Press, 1989.

[②] Larking A, Slemrod J, Shackelford D. Public Disclosure of Corporate Tax Return Information: Accounting, Economics, and Legal Perspectives [M]. IBFD International Tax Glossary, 2005.

[③] 李香菊,王雄飞."一带一路"战略的国际税收协调研究——基于中亚和东南亚国家的比较分析 [J]. 经济体制改革, 2017 (4): 162-168.

[④] Viner J. The Customs Union Issue [M]. New York: Carnegie Endowment for International Peace, 1950.

[⑤] Musgrave P B. Fiscal Coordination and Competition in an International Setting [M]. Santa Cruz: University of California, Santa Cruz, 1989.

[⑥] González C H. Armonizacióntributaria del Mercosur: Ensayossobre los Aspectostributariosen el Proceso de Integración [J]. Ediciones Académicas, Buenos Aires, 1996.

收可以分为直接税与间接税,与之相对应,国际税收协调的范围也包括对于直接税的协调和间接税的协调。

国际税收政策协调的主要形式为税制改革、税收宣言、税收协定、区域协调和国际组织协调,① 其中所得税和财产税的协调,主要通过双边或多边国际税收协定的谈签来进行;商品税的协调,则主要通过关税协定和关税同盟来进行。

(二) 国际税收协调的具体效应

关于税收协调是否会克服税收竞争的负面影响,研究者尚未达成共识。早期研究者多认为,生产要素的跨国流动会导致一国的财政收支水平处于次优状态,后来的研究逐渐倾向于认为适当的税收协调将会产生一定的福利改善。

关于税收协调的扭曲作用,Kanbur 和 Keen (1993) 认为,税收协调一致可能会损害较小国家的税收。② Baldwin 和 Krugman (2004) 分析了税收竞争对中央和周边地区经济发展的影响,按照经济地理学理论强调的条件来看,税收协调化将是有害的,因为它会加剧中心和边缘之间的资源差异。③ Eggert 和 Kolmar (2004)④、Marceau 和 Mongrain (2004)⑤ 等还广泛讨论了在不对称条件下税收竞争产生的扭曲严重程度,例如规模相对较小的国家与规模较大的国家竞争的情况,然而没有得出明确的结果。Keen 和 Konrad (2013) 对国际税收竞争理论和因素进行了分析,探讨了各国在当前国际背景下的税收政策决策原理。⑥

---

① 靳东升. 税收国际化趋势 [M]. 北京:经济科学出版社, 2003:149.
② Kanbur R, Keen M. Jeux Sans Frontières: Tax Competition and Tax Coordination When Countries Differ in Size [J]. American Economic Review, 1993, 83 (4):877-892.
③ Baldwin R E, Krugman P. Agglomeration, Integration and Tax Harmonisation [J]. European Economic Review, 2004, 48 (1):1-23.
④ Eggert W, Kolmar M. The Taxation of Financial Capital under Asymmetric Information and the Tax-competition Paradox [J]. Scandinavian Journal of Economics, 2004, 106 (1):83-106.
⑤ Marceau N, Mongrain S. Almost Efficient Tax Competition [Z]. Unpublished Manuscript, Université du Québec, Montréal, 2004.
⑥ Keen M, Konrad K A. The Theory of International Tax Competition and Coordination [M]. Elsevier, 2013:257-328.

关于区域税收协调的福利改善，Frey 和 Eichenberger（1996）认为，经济学家、政治家和各种特殊利益集团普遍倾向于税收协调，而税收竞争有助于减少政府过度配置公共服务倾向导致的"政治扭曲"。① Zodrow 等（1986）② 和 Wilson（1986）③ 指出，如果两国在决定公共服务水平时不考虑各国的税负变化，就会出现外部性。Keen 等（1997）④ 和 Borck（2005）⑤ 则提出，如果公共基础设施正在成为重新安置决策的附加参数，以上观点就不会成立。对基础设施进行调整，可能会使外部性最终消失。Sørensen（2001）提出了一个以资本和劳动内生供给为特征的税收竞争和税收协调的一般均衡模型。由于税务联盟与世界其他地区之间的资本流动不完善，区域税收协调的收益可能会大得多，此外，区域税收协调也会使税务联盟以外的国家受益。⑥ Liu 和 Pappa（2008）指出，最佳的税收政策要求相关国家之间尽可能达成税收协调一致。⑦ Bénassy 等（2014）通过对欧盟地区现有税收政策的分析，指出应该在不加重现有税收负担的前提下进行税收协调，以纠正欧盟内部税收竞争造成的扭曲。⑧ Freedman（2017）指出，在脱欧背景下，英国的税收政策需要改进，低税率和新税收激励措施只是权宜之计，长远视角下进行税收协调是必要的。⑨ Diakité 等（2017）通过分析西非经济和货币联盟（WAEMU）的税制

---

① Frey B S, Eichenberger R. To Harmonize or to Compete? That's not the Question [J]. Journal of Public Economics, 1996, 60 (3): 335-349.

② Zodrow G R, Mieszkowski P. Pigou, Tiebout, Property Taxation, and the Underprovision of Local Public Goods [J]. Journal of Urban Economics, 1986, 19 (3): 356-370.

③ Wilson J D. A Theory of Interregional Tax Competition [J]. Journal of Urban Economics, 1986, 19 (3): 296-315.

④ Keen M, Marchand M. Fiscal Competition and the Pattern of Public Spending [J]. Core Discussion Papers Rp, 1997, 66 (1): 33-53.

⑤ Borck R. Fiscal Competition, Capital - Skill Complementarity, and the Composition of Public Spending [J]. Finanzarchiv Public Finance Analysis, 2005, 61 (4): 488-499.

⑥ Sørensen P B. International Tax Coordination: Regionalism Versus Globalism [J]. Journal of Public Economics, 2001, 88 (6): 1187-1214.

⑦ Liu Z, Pappa E. Gains from International Monetary Policy Coordination: Does it Pay to Be Different? [J]. Journal of Economic Dynamics & Control, 2008, 32 (7): 2085-2117.

⑧ Bénassy Q A, Trannoy A, Wolff G. Tax Harmonization in Europe: Moving Forward [J]. Notes du Conseild'Analyseéconomique, 2014 (4): 1-12.

⑨ Freedman J. Tax and Brexit [J]. Oxford Review of Economic Policy, 2017, 33 (suppl_ 1): S79-S90.

改革指令在税收协调和税收收入分配方面的影响，指出税收协调影响了国家间的收入分配，但对各国的影响各不相同。① Vlad 等（2018）对欧盟的税收协调情况进行了系统分析，指出有的国家通过基础设施建设和创新等方式来消除恶性税收竞争。②

（三）税收协调机制分析

时至今日，我国和丝绸之路经济带沿线国家仍处在双多边税收协定阶段。各协定主要内容包括纳税主体、各项收入等税制要素的界定，消除双重征税方法和无差别待遇等双边征管规定以及协商程序与情报交换等协定运行保障机制。各税收协定在营业利润、股息、财产收益以及消除双重征税方法等方面存在一定差异。《中华人民共和国政府和乌兹别克斯坦共和国政府关于对所得避免双重征税和防止偷漏税的协定》《中华人民共和国政府和哈萨克斯坦共和国政府关于对所得避免双重征税和防止偷漏税的协定》《中华人民共和国政府和吉尔吉斯共和国政府关于对所得避免双重征税和防止偷漏税的协定》规定，常设机构由于使用专利或者其他权利支付给企业总机构或者其他办事处特许权使用费或者其他类似款项，或者未提供特别劳务或管理而支付的手续费、借款给常设机构而支付的利息，除银行企业以及偿还代垫实际发生的费用外，都不得进行扣除，计算常设机构利润时也不考虑上述项目收入。《中华人民共和国政府和土库曼斯坦政府对所得避免双重征税和防止偷漏税的协定》规定，在受益所有人是缔约国一方非合伙企业，且直接拥有支付股息公司至少25%资本的情况下，缔约国另一方按照本国法律征税时税款不得超过股息总额的5%。《中华人民共和国政府和乌兹别克斯坦共和国政府关于对所得避免双重征税和防止偷漏税的协定》规定，转让缔约国一方居民公司财产股份时，如果该公司财产直接或间接由位于缔约国方的动产组成，且该股份股票

---

① Diakité M, Brun J-F, Diarra S, Ary Tanimoune N. The Effects of Tax Coordination on the Tax Revenue Mobilization in West African Economic and Monetary Union (WAEMU) [J]. Études et Documents, 2017 (12).

② Vlad C, Ibadula B, Brezeanu P. Tax Harmonization in Fiscal Competitiveness Context [J]. Finance: Challenges of the Future, 2018, 1 (20): 45-52.

相当于该公司至少25%的股权时，可以在该缔约国进行征税。在消除双重征税方法上，《中华人民共和国政府和哈萨克斯坦共和国政府关于对所得避免双重征税和防止偷漏税的协定》《中华人民共和国政府和吉尔吉斯共和国政府关于对所得避免双重征税和防止偷漏税的协定》中明确规定，哈萨克斯坦、吉尔吉斯斯坦居民取得的所得，按照协定规定可以仅在我国纳税的，哈萨克斯坦、吉尔吉斯斯坦可以将该项所得计入税基，以确定其在本国征税的所得税率。《中华人民共和国政府和塔吉克斯坦共和国政府对所得和财产避免双重征税和防止偷漏税的协定》《中华人民共和国政府和土库曼斯坦政府对所得避免双重征税和防止偷漏税的协定》中，对于在塔吉克斯坦、土库曼斯坦收入属于塔吉克斯坦、土库曼斯坦居民公司支付给我国居民公司股息的，且该我国居民公司拥有支付股息公司股份不少于20%的，规定所得税抵免时，应考虑支付该股息公司就各项所得缴纳的塔吉克斯坦、土库曼斯坦税收。

税收协定可以有效避免双重征税和偷漏税，但是并不能消除国别间企业税负差异，加之各协定在收入确认和费用扣除上的区别，反而可能加剧税负差异。运用企业所得税协调促进产业合作，其本质是促进资本、技术等生产要素自由流动，这就需要保证上述要素在区域内各国之间享受的税收待遇大体相同，现行的双多边税收协定仅仅消除了重复征税，无法消除各国税制要素的差异带来的税负差异，对促进各国产业合作作用相对有限。

二、国际税收协调和税收优惠现状

在世界范围的区域经济一体化进程中，税收协调发挥着十分重要的作用。以欧盟为例，成员国之间的税收协调是欧盟一体化经济政策协调的重点，其内容包括从所得税协调、增值税协调、关税协调等到反避税、反有害税收竞争等方面的合作。多年来，欧盟成员国之间的税收协调不断地推动着欧盟在经济、文化等方面的一体化进程，使欧盟成为目前世界上一体化程度最深、范围最广的区域。[①] 一般来说，税收协调是通过签署双边或多边税收协定、自

---

① 文雷，张淑惠."丝绸之路经济带"的税收协调问题［J］. 税务研究，2015（6）：36-40.

由贸易区的税收协调来实现的。

税收协定是两个或两个以上的国家（地区）为了协调税收管辖权、处理税务问题，通过谈判缔结的书面协议。它是协调处理跨境税收问题，帮助企业降低东道国的税收风险、提高税收确定性、避免双重征税、解决境外涉税争议的书面协定。税收协定通过降低所得来源国税率或提高征税门槛，来限制其按照国内税收法律征税的权力，同时规定居民国对境外已纳税所得给予税收抵免，进而实现避免缔约双方双重征税的目的。[①] 税收协定的本质是通过两国各自让渡一部分征税权，促进资本、技术和人员的流动。

近年来，我国政府积极签订多边税收条约（见表3-6）。2013年8月27日我国加入《多边税收征管互助公约》，并于2017年1月1日开始执行；2015年12月16日签署《金融账户涉税信息自动交换多边主管当局间协议》，并于2017年7月1日开始执行；2017年6月7日签署《实施税收协定相关措施以防止税基侵蚀和利润转移的多边公约》。

表3-6 我国签订的多边税收条约

名称	签署日期	生效日期	执行日期
《多边税收征管互助公约》	2013.08.27	2016.02.01	2017.01.01
《金融账户涉税信息自动交换多边主管当局间协议》（CRS专题网页）	2015.12.16	2017.05.01	2017.07.01
《实施税收协定相关措施以防止税基侵蚀和利润转移的多边公约》	2017.06.07	—	—

资料来源：国家税务总局. 我国签订的多边税收条约［EB/OL］.［2020-08-18］. http://www.chinatax.gov.cn/n810341/n810770/index.html.

截至2020年4月底，我国与107个国家或地区签订了税收协定，其中101个协定已生效，和乌干达、肯尼亚、加蓬、刚果（布）、安哥拉、阿根廷之间的协定尚未生效；和2个特别行政区（中国香港特别行政区和中国澳门特别行政区）正式签署税收安排；与我国台湾地区在2015年8月25日签署

[①] 程辉. "走出去"企业税收筹划问题及思路［J］. 税收征纳, 2016 (4): 33-35.

了税收协议,但尚未生效。① 表 3-7 列出了我国与丝绸之路经济带沿线部分国家签订的税收协定的情况。

表 3-7 我国与丝绸之路经济带沿线部分国家签订的税收协定一览表

序号	国家或地区	签署日期	生效日期	执行日期
1	哈萨克斯坦	2001.09.12	2003.07.27	2004.01.01
2	吉尔吉斯斯坦	2002.06.24	2003.03.29	2004.01.01
3	塔吉克斯坦	2008.08.27	2009.03.28	2010.01.01
4	乌兹别克斯坦	1996.07.03	1996.07.03	1997.01.01
5	土库曼斯坦	2009.12.13	2010.05.30	2011.01.01
6	伊朗	2002.04.20	2003.08.14	2004.01.01
7	叙利亚	2010.10.31	2011.09.01	2012.01.01
8	沙特阿拉伯	2006.01.23	2006.09.01	2007.01.01
9	土耳其	1995.05.23	1997.01.20	1998.01.01
10	阿塞拜疆	2005.03.17	2005.08.17	2006.01.01
11	格鲁吉亚	2005.06.22	2005.11.10	2006.01.01
12	亚美尼亚	1996.05.05	1996.11.28	1997.01.01
13	乌克兰	1995.12.04	1996.10.18	中国:1997.01.01 乌克兰: ①股、利、特个人所得税:1996.12.17; ②企业所得税:1997.01.01
14	白俄罗斯	1995.01.17	1996.10.03	1997.01.01
15	摩尔多瓦	2000.06.07	2001.05.26	2002.01.01
16	俄罗斯	1994.05.27	1997.04.10	1998.01.01
16	俄罗斯	2014.10.13	2016.04.09	2017.01.01
17	蒙古国	1991.08.26	1992.06.23	1993.01.01
18	巴基斯坦	1989.11.15	1989.12.27	1989.01.01/07.01
19	印度	1994.07.18	1994.11.19	1995.01.01

资料来源:国家税务总局. 我国签订的避免双重征税协定一览表 [EB/OL]. [2020-08-19]. http://www.chinatax.gov.cn/n810341/n810770/index.html.

---

① 国家税务总局. 我国签订的避免双重征税协定一览表 [EB/OL]. [2020-08-19]. http://www.chinatax.gov.cn/chinatax/n810341/n810770/index.html.

三、直接税的协调现状

丝绸之路经济带沿线国家直接税的税收协调，主要体现为所得税和财产税的协调，而所得税、财产税的协调大多是由签订的国际税收协定规定的，故直接税的协调现状从国际税收协定的相关规定中可知。本小节主要研究企业所得税、个人所得税的税收协调，选取处于中亚5国的哈萨克斯坦和塔吉克斯坦、西亚的土耳其、南亚的巴基斯坦以及核心区的俄罗斯5个国家，分析比较其与我国签订的税收协定情况。

（一）哈萨克斯坦

中国与哈萨克斯坦税收协定于2001年9月12日由时任外交部部长唐家璇和时任哈萨克斯坦财政部部长叶辛巴耶夫分别代表各自政府在阿斯塔纳签署。《中华人民共和国政府和哈萨克斯坦共和国政府关于对所得避免双重征税和防止偷漏税的协定》（以下简称"中哈协定"）于2003年7月27日生效，2004年1月1日起执行。① 中哈协定总共二十九条，在中国适用税种为个人所得税和企业所得税，在哈萨克斯坦适用的税种也为个人所得税和企业所得税。中哈协定规定了居民、常设机构、不动产所得、营业利润、海运和空运、联属企业、股息、利息、特许权使用费多个概念和事项，介绍了哈萨克斯坦的税收抵免政策。

1. 针对不同类型收入的税收管辖现状

中哈协定规定，不论其征收方式如何，适用于由缔约国一方或其地方当局对所得征收的所有税收。中哈协定关于不同类型收入税收管辖的具体规定见表3-8。

---

① 国家税务总局国际税务司国别投资税收指南课题组. 中国居民赴哈萨克斯坦投资税收指南[Z]. 北京：国家税务总局，2019.

表 3-8　中哈协定关于不同类型收入税收管辖的具体规定

不同类型的收入	具体的税收管辖
不动产所得	缔约国一方居民从位于缔约国另一方的不动产取得的所得（包括农业或林业所得），可以在该缔约国另一方征税
营业利润	缔约国一方企业的利润应仅在该缔约国征税，但该企业通过设在缔约国另一方的常设机构在该缔约国另一方进行营业的除外。如果该企业通过设在该缔约国另一方的常设机构在该缔约国另一方进行营业，其利润可以在该缔约国另一方征税，但应仅以属于该常设机构的利润为限
海运和空运收益	缔约国一方居民以船舶、飞机或陆运车辆经营国际运输取得的利润，应仅在该国征税
联属企业收益	一、（一）缔约国一方企业直接或者间接参与缔约国另一方企业的管理、控制或资本。 （二）同一人直接或者间接参与缔约国一方企业和缔约国另一方企业的管理、控制或资本。 在上述任何一种情况下，两个企业之间的商业或财务关系不同于独立企业之间的关系，因此，本应由其中一个企业取得，但由于这些情况而没有取得的利润，可以计入该企业的利润，并据以征税。 二、缔约国一方将缔约国另一方已征税的企业利润，而这部分利润本应由该缔约国一方企业取得的，包括在该缔约国一方企业的利润内，并且加以征税时，如果这两个企业之间的关系是独立企业之间的关系，该缔约国另一方应对这部分利润所征收的税额加以调整，在确定上述调整时，应对本协定其他规定予以注意，如有必要，缔约国双方主管当局应相互协商
股息	一、缔约国一方居民公司支付给缔约国另一方居民的股息，可以在该缔约国另一方征税。 二、然而，这些股息也可以在支付股息的公司是其居民的缔约国，按照该缔约国法律征税。但是，如果收款人是股息受益所有人，则所征税款不应超过股息总额的10%。缔约国双方主管当局应协商确定实施该限制税率的方式。 三、缔约国一方居民公司从缔约国另一方取得利润或所得，该缔约国另一方不得对该公司支付的股息征收任何税收。但支付给该缔约国另一方居民的股息或者据以支付股息的股份与设在缔约国另一方的常设机构或固定基地有实际联系的除外。对于该公司的未分配的利润，即使支付的股息或未分配的利润全部或部分是发生于该缔约国另一方的利润或所得，该缔约国另一方也不得征收任何税收

续表

不同类型的收入	具体的税收管辖
利息	一、发生于缔约国一方而支付给缔约国另一方居民的利息,可以在该缔约国另一方征税。 二、然而,这些利息也可以在该利息发生的缔约国,按照该缔约国的法律征税。但是,如果收款人是利息受益所有人,则所征税款不应超过利息总额的10%。缔约国双方主管当局应协商确定实施限制税率的方式。 三、虽有第二款的规定,发生于缔约国一方而为缔约国另一方政府、地方当局及其中央银行或者完全为其政府所有的金融机构取得的利息;或者为该缔约国另一方居民取得的利息,其债权是由该缔约国另一方政府、地方当局及其中央银行或者完全为其政府所有的金融机构间接提供资金的,应在该缔约国一方免税
特许权使用费	一、发生于缔约国一方而支付给缔约国另一方居民的特许权使用费,可以在该缔约国另一方征税。 二、然而,这些特许权使用费也可以在其发生的缔约国,按照该缔约国的法律征税。但是,如果收款人是特许权使用费受益所有人,则所征税款不应超过特许权使用费总额的10%。缔约国双方主管当局应协商确定实施该限制税率的方式
财产收益	一、缔约国一方居民转让"中哈协定"第六条所述位于缔约国另一方的不动产取得的收益,可以在该缔约国另一方征税。 二、转让缔约国一方企业在缔约国另一方的常设机构营业财产部分的动产,或者缔约国一方居民在缔约国另一方从事独立个人劳务的固定基地的动产取得的收益,包括转让常设机构(单独或者随同整个企业)或者固定基地取得的收益,可以在该缔约国另一方征税。 三、转让从事国际运输的船舶、飞机或陆运车辆,或者转让属于经营上述船舶、飞机或陆运车辆的动产取得的收益,应仅在经营上述船舶、飞机或陆运车辆的企业为其居民的缔约国征税。 四、转让一个公司财产股份的股票取得的收益,该公司的财产又主要直接或者间接由位于缔约国一方的不动产所组成,可以在该缔约国一方征税。 五、转让第一款至第四款所述财产以外的其他财产取得的收益,应仅在转让者为其居民的缔约国征税
独立个人劳务收入	缔约国一方居民由于专业性劳务或者其他独立性活动取得的所得,应仅在该缔约国征税。但具有以下情况之一的,可以在缔约国另一方征税: (一)在缔约国另一方为从事上述活动设有经常使用的固定基地,在这种情况下,该缔约国另一方可以仅对属于该固定基地的所得征税; (二)在有关历年中在缔约国另一方停留连续或累计达到或超过183天,在这种情况下,该缔约国另一方可以仅对在该缔约国进行活动取得的所得征税

续表

不同类型的收入	具体的税收管辖
非独立个人劳务收入	一、除适用"中哈协定"第十六条、第十八条、第十九条、第二十条和第二十一条的规定以外，缔约国一方居民因受雇取得的薪金、工资和其他类似报酬，除在缔约国另一方从事受雇的活动以外，应仅在该缔约国一方征税。在该缔约国另一方从事受雇的活动取得的报酬，可以在该缔约国另一方征税。 二、虽有第一款的规定，缔约国一方居民因在缔约国另一方从事受雇的活动取得的报酬，同时具有以下三个条件的，应仅在该缔约国一方征税： （一）收款人在有关历年中在该缔约国另一方停留连续或累计不超过183天； （二）该项报酬由并非该缔约国另一方居民的雇主支付或代表该雇主支付； （三）该项报酬不是由雇主设在该缔约国另一方的常设机构或固定基地所负担

注：对于艺术家、运动员、学生、教师和研究人员的纳税义务以及董事费、退休金、政府服务等特殊性个人劳务另有规定。

资料来源：根据《中华人民共和国政府和哈萨克斯坦共和国政府对所得和财产避免双重征税和防止偷漏税的协定》整理而得。

2. 哈萨克斯坦的税收抵免政策

税收抵免是指行使居民税收管辖权的国家，对其居民取得来自世界范围内的全部所得汇总征税时，允许居民将其向来源国政府缴纳的所得税或者一般财产税，按照全额或一定限额，在其应向居住国缴纳的所得税额中予以扣除，扣除后的余额即为居民应向居住国缴纳的税额。[1] 中国企业在向境外投资的过程中，其境外所得的税务处理往往涉及该类事项。哈萨克斯坦所得税税收抵免政策，包括企业境外所得的税收抵免办法和个人境外所得的税收抵免办法，而比较可得，两者的税收抵免办法是相似的。

根据企业境外所得和个人境外所得的税收抵免办法，有文件可以证明来源于外国的收入已在外国缴纳所得税的情况下，外国已纳税款通常可予抵扣。该文件应在纳税人提交税务申报表的时候一并提交给税务机关。该文件应是由外国税务机关出具的，并应由具备资质的机构翻译成俄语或哈萨克语。

哈萨克斯坦与印度、巴基斯坦、吉尔吉斯斯坦、土库曼斯坦等部分丝绸之路经济带沿线国家签订的税收协定中包括税收饶让条款，给予特定境外所得固定的外国税收抵免，即此类所得在境外来源地免税或只征收较低税负。

---

[1] 邢成. 国际税收学 [M]. 南宁：广西人民出版社，1992：77.

（二）塔吉克斯坦

《中华人民共和国政府和塔吉克斯坦共和国政府对所得和财产避免双重征税和防止偷漏税的协定》（以下简称"中塔协定"）于2008年8月27日在杜尚别签订，2010年1月1日起执行。① 中塔协定规定了不同类型收入的税收管辖和塔吉克斯坦税收抵免政策。

1. 针对不同类型收入的税收管辖现状

中塔协定规定，对不动产所得、营业利润、国际运输收益、关联企业所得、消极所得（股息、利息、特许权使用费）等，由缔约国一方或其他地方当局征税。中塔协定关于不同类型收入税收管辖的具体规定见表3-9。

表3-9 中塔协定关于不同类型收入税收管辖的具体规定

不同类型的收入	具体的税收管辖
不动产所得	缔约国一方居民从位于缔约国另一方的不动产取得的所得（包括农业或林业所得），可以在该缔约国另一方征税
营业利润	缔约国一方企业的利润应仅在该缔约国征税，但该企业通过设在缔约国另一方的常设机构在缔约国另一方进行营业的除外。如果该企业通过设在缔约国另一方的常设机构在缔约国另一方进行营业，则其利润可以在缔约国另一方征税，但应仅以归属于该常设机构的利润为限
国际运输收益	一、缔约国一方企业以船舶、飞机、公路或铁路车辆经营国际运输业务所取得的利润，应仅在该缔约国征税。 二、第一款规定也适用于参加合伙经营、联合经营或者参加国际经营机构取得的利润
关联企业所得	在下列任何一种情况下： 一、缔约国一方企业直接或者间接参与缔约国另一方企业的管理、控制或资本。 二、同一人直接或者间接参与缔约国一方企业和缔约国另一方企业的管理、控制或资本。 两个企业之间商业或财务关系的构成条件不同于独立企业之间商业或财务关系的构成条件，并且由于这些条件的存在，导致其中一个企业没有取得其本应取得的利润，则这部分利润应被计入该企业的所得，并据以征税

---

① 国家税务总局国际税务司国别投资税收指南课题组.中国居民赴塔吉克斯坦投资税收指南[Z].北京：国家税务总局，2019.

续表

不同类型的收入	具体的税收管辖
股息	一、缔约国一方居民公司支付给缔约国另一方居民的股息，可以在缔约国另一方征税。 二、然而，这些股息也可以在支付股息的公司是其居民的缔约国，按照该缔约国法律征税。但是，如果股息受益所有人是缔约国另一方居民，则所征税款： （一）在受益所有人是公司（合伙企业除外），并直接拥有支付股息的公司至少25%资本的情况下，不应超过股息总额的5%； （二）在其他情况下，不应超过股息总额的10%
利息	一、发生于缔约国一方而支付给缔约国另一方居民的利息，可以在该缔约国另一方征税。 二、然而，这些利息也可以在该利息发生的缔约国，按照该缔约国的法律征税。但是，如果利息受益所有人是缔约国另一方居民，则所征税款不应超过利息总额的8%。缔约国双方主管当局应协商确定实施限制税率的方式。 三、虽有第二款的规定，发生于缔约国一方而支付给缔约国另一方的政府、地方当局、中央银行或者任何完全由政府拥有的金融机构的利息，或者发生于缔约国一方而由缔约国另一方的政府、地方当局、中央银行或者任何完全由政府拥有的金融机构担保或保险的贷款而支付的利息，应在首先提及的缔约国一方免税
特许权使用费	一、发生于缔约国一方而由缔约国另一方居民受益所有的特许权使用费，可以在缔约国一方征税。 二、然而，这些特许权使用费也可以在其发生的缔约国，按照该缔约国的法律征税。但是，如果特许权使用费受益所有人是缔约国另一方居民，则所征税款不应超过特许权使用费总额的8%。缔约国双方主管当局应协商确定实施该限制税率的方式
财产收益	一、缔约国一方居民转让"中塔协定"第六条所述位于缔约国另一方的不动产取得的收益，可以在该缔约国另一方征税。 二、转让缔约国一方企业在缔约国另一方的常设机构营业财产部分的动产或者缔约国一方居民在缔约国另一方从事独立个人劳务的固定基地的动产取得的收益，包括转让常设机构（单独或者随同整个企业）或者固定基地取得的收益，可以在该缔约国另一方征税。 三、转让缔约国一方企业从事国际运输的船舶、飞机、公路或铁路车辆，或者转让属于经营上述船舶、飞机、公路或铁路车辆的动产取得的收益，应仅在该缔约国征税。 四、转让一个公司的股份取得的收益，如果该股份价值的50%（不含）以上直接或间接来自位于缔约国一方的不动产，可以在该缔约国一方征税。 五、转让第一款至第四款所述财产以外的其他财产取得的收益，应仅在转让者为其居民的缔约国一方征税

续表

不同类型的收入	具体的税收管辖
独立个人劳务收入	缔约国一方居民由于专业性劳务或者其他独立性活动取得的所得，应仅在该缔约国征税。但具有以下情况之一的，可以在缔约国另一方征税： （一）在缔约国另一方为从事上述活动设有经常使用的固定基地，在这种情况下，该缔约国另一方可以仅对归属于该固定基地的所得征税； （二）在有关纳税年度开始或结束的任何12个月中在缔约国另一方停留连续或累计达到或超过183天，在这种情况下，该缔约国另一方可以仅对在该缔约国进行活动取得的所得征税
非独立个人劳务	一、除适用"中塔协定"第十六条、第十八条、第十九条、第二十条和第二十一条的规定外，缔约国一方居民因受雇取得的薪金、工资和其他类似报酬，除在缔约国另一方从事受雇的活动以外，应仅在该缔约国一方征税。在缔约国另一方从事受雇活动取得的报酬，可以在该缔约国另一方征税。 二、虽有第一款的规定，缔约国一方居民因在缔约国另一方从事受雇活动取得的报酬，同时具有以下三个条件的，应仅在该缔约国一方征税： （一）收款人在有关纳税年度开始或结束的任何12个月中在缔约国另一方停留连续或累计不超过183天； （二）该项报酬由并非缔约国另一方居民的雇主支付或代表该雇主支付； （三）该项报酬不是由雇主设在缔约国另一方的常设机构或固定基地所负担。 三、虽有上述规定，在缔约国一方企业经营国际运输的船舶、飞机、公路或铁路车辆上从事受雇活动取得的报酬，可以在该缔约国征税

注：对于艺术家、运动员、学生、教师和研究人员的纳税义务以及董事费、退休金、政府服务等特殊性个人劳务另有规定。

资料来源：根据《中华人民共和国政府和塔吉克斯坦共和国政府对所得和财产避免双重征税和防止偷漏税的协定》整理而得。

2. 塔吉克斯坦的税收抵免政策[①]

（1）企业境外所得的税收抵免办法

根据中塔协定，在中国，中国居民在塔吉克斯坦的所得，按照协定规定在塔吉克斯坦缴纳的税额，可以在对该居民征收的中国税收中抵免。但是抵免额不应超过对该项所得按照中国税法和规章计算的中国税收数额；在塔吉克斯坦的所得是塔吉克斯坦居民公司支付给中国居民公司的股息，并且该中国居民公司拥有支付股息公司股份不少于20%的，该项抵免应考虑支付该股

---

① 中华人民共和国政府和塔吉克斯坦共和国政府对所得和财产避免双重征税和防止偷漏税的协定［R/OL］. http://heilongjiang.chinatax.gov.cn/tax/ww/upload/img/2013/10/21/600622135626.pdf.

息公司就该项所得缴纳的塔吉克斯坦税收。

根据中塔协定，在塔吉克斯坦，塔吉克斯坦居民取得的所得或拥有的财产，按照协定的规定，可以在中国征税时，塔吉克斯坦应允许从对该居民的所得征收的税额中扣除等于在中国缴纳的所得税、财产税数额。但是，该项扣除在任何情况下，均不应超过可以在中国征税的所得或财产在扣除前计算的那部分塔吉克斯坦所得税或财产税数额。按照协定的规定，塔吉克斯坦居民取得的所得或拥有的财产在塔吉克斯坦免予征税的，塔吉克斯坦在计算该居民其余所得或财产的税额时，可以对免税的所得或财产予以考虑。

（2）个人境外所得的税收抵免办法

中国居民从塔吉克斯坦取得的所得，按照协定规定在塔吉克斯坦缴纳的税额，可以在对该居民征收的中国税收中抵免。但是，抵免额不应超过对该项所得按照中国税法和规章计算的中国税收数额。

（三）土耳其

截至 2019 年 6 月 30 日，土耳其已与 95 个国家或地区签订了税收协定，其中与 86 个国家的协定已生效。中华人民共和国和土耳其共和国于 1995 年 5 月 23 日签订了《中华人民共和国和土耳其共和国关于对所得避免双重征税和防止偷漏税的协定》（以下简称"中土协定"），包括 17 种应税情况以及两国政府间消除双重征税的方法、无差别待遇、两国政府协商程序、情报交换等内容。土耳其和中国外交部分别于 1996 年 12 月 30 日和 1997 年 1 月 20 日互致照会，确认已完成该协定生效的法律程序。根据该协定第二十八条规定，协定已于 1997 年 1 月 20 日起生效，自 1998 年 1 月 1 日起执行。[1] 中土协定规定了不同类型收入的税收管辖和土耳其税收抵免政策。

1. 针对不同类型收入的税收管辖现状

中土协定规定，对不动产所得，营业利润，海运、空运和陆运，联属企业，股息，利息，特许权使用费，财产收益，独立个人劳务，非独立个人劳

---

[1] 国家税务总局国际税务司国别投资税收指南课题组．中国居民赴土耳其投资税收指南 [Z]．北京：国家税务总局，2019．

务等所有收入,由缔约国一方或其他地方当局征税。中土协定中不同类型收入税收管辖的具体规定见表 3-10。

表 3-10 中土协定关于不同类型收入税收管辖的具体规定

不同类型的收入	具体的税收管辖
不动产所得	缔约国一方居民从位于缔约国另一方的不动产取得的所得（包括农业或林业所得），可以在该缔约国另一方征税
营业利润	缔约国一方企业的利润应仅在该缔约国征税,但该企业通过设在缔约国另一方的常设机构在该缔约国另一方进行营业的除外。如果该企业通过设在缔约国另一方的常设机构在该缔约国另一方进行营业,其利润可以在该缔约国另一方征税,但应仅以属于该常设机构的利润为限
海运、空运、陆运收益	一、缔约国一方企业以船舶、飞机或陆运车辆经营国际运输业务所取得的利润,应仅在该缔约国征税。 二、第一款的规定也适用于参加合伙经营、联合经营或者参加国际经营机构取得的利润
联属企业收益	一、（一）缔约国一方企业直接或者间接参与缔约国另一方企业的管理、控制或资本。 （二）同一人直接或者间接参与缔约国一方企业和缔约国另一方企业的管理、控制或资本。 在上述任何一种情况下,两个企业之间的商业或财务关系不同于独立企业之间的关系,因此,本应由其中一个企业取得,但由于这些情况而没有取得的利润,可以计入该企业的利润,并据以征税。 二、缔约国一方将缔约国另一方已征税的企业利润,而该缔约国一方认为这部分利润应由该缔约国一方企业取得,包括在该缔约国一方企业的利润内,并且加以征税时,如果这两个企业之间的关系是独立企业之间的关系,该缔约国另一方应对这部分利润所征收的税额加以调整,在确定上述调整时,应本协定其他规定予以注意,如有必要,缔约国双方主管当局应相互协商
股息	一、缔约国一方居民公司支付给缔约国另一方居民的股息,可以在该缔约国另一方征税。 二、然而,这些股息也可以在支付股息的公司是其居民的缔约国,按照该缔约国法律征税,但是,如果收款人是股息受益所有人,则所征税款不应超过股息总额的 10%。 本款规定,不应影响对该公司支付股息前的利润所征收的公司利润税。 三、缔约国一方居民公司从缔约国另一方取得利润或所得,该缔约国另一方不得对该公司支付的股息征收任何税收。但支付给该缔约国另一方居民的股息或者据以支付股息的股份与设在缔约国另一方的常设机构或固定基地有实际联系的除外。对于该公司的未分配的利润,即使支付的股息或未分配的利润全部或部分是发生于该缔约国另一方的利润或所得,该缔约国另一方也不得征收任何税收

续表

不同类型的收入	具体的税收管辖
利息	一、发生于缔约国一方而支付给缔约国另一方居民的利息，可以在该缔约国另一方征税。 二、然而，这些利息也可以在该利息发生的缔约国，按照该缔约国的法律征税。但是，如果收款人是利息受益所有人，则所征税款不应超过利息总额的 10%。 三、虽有第二款的规定： （一）发生于土耳其而支付给中国政府、中国人民银行、中国银行或中国国际信托投资公司实业银行的利息免征土耳其税收； （二）发生于中国而支付给土耳其政府、土耳其中央银行、土耳其进出口银行或土耳其发展银行的利息免征中国税收
特许权使用费	一、发生于缔约国一方而支付给缔约国另一方居民的特许权使用费，可以在该缔约国另一方征税。 二、然而，这些特许权使用费也可以在其发生的缔约国，按照该缔约国的法律征税。但是，如果收款人是特许权使用费受益所有人，则所征税款不应超过特许权使用费总额的 10%
财产收益	一、缔约国一方居民转让"中土协定"第六条所述位于缔约国另一方的不动产取得的收益，可以在该缔约国另一方征税。 二、转让缔约国一方企业在缔约国另一方的常设机构营业财产部分的动产，或者缔约国一方居民在缔约国另一方从事独立个人劳务的固定基地的动产取得的收益，包括转让常设机构（单独或者随同整个企业）或者固定基地取得的收益，可以在该缔约国另一方征税。 三、缔约国一方企业转让从事国际运输的船舶、飞机或陆运车辆，或者转让属于经营上述船舶、飞机或陆运车辆的动产取得的收益，应仅在该缔约国征税。 四、转让一个公司财产股份的股票取得的收益，该公司的财产又主要直接或者间接由位于缔约国一方的不动产所组成，可以在该缔约国一方征税。 五、转让第一款至第四款所述财产以外的其他财产取得的收益，应仅在转让者为其居民的缔约国征税。然而，以上提及的从缔约国另一方取得的财产收益，如果该项财产购置和转让间隔时间不超过 1 年，应在该缔约国另一方征税
独立个人劳务收入	缔约国一方居民由于专业性劳务或者其他独立性活动取得的所得，应仅在该缔约国征税。然而，如果在缔约国另一方从事该项劳务或活动，其所得也可以在该缔约国另一方征税： （一）在缔约国另一方为从事上述活动设有经常使用的固定基地； （二）在有关历年中在缔约国另一方停留连续或累计超过 183 天。 在这种情况下，该缔约国另一方可以视具体情况，仅对属于该固定基地或其在该缔约国另一方停留期间从事劳务或活动取得的所得征税

续表

不同类型的收入	具体的税收管辖
非独立个人劳务收入	一、除适用"中土协定"第十六条、第十八条、第十九条、第二十条和第二十一条的规定以外，缔约国一方居民因受雇取得的薪金、工资和其他类似报酬，除在缔约国另一方从事受雇的活动以外，应仅在该缔约国一方征税。在该缔约国另一方从事受雇的活动取得的报酬，可以在该缔约国另一方征税。 二、虽有第一款的规定，缔约国一方居民因在缔约国另一方从事受雇的活动取得的报酬，同时具有以下三个条件的，应仅在该缔约国一方征税： （一）收款人在有关历年中在该缔约国另一方停留连续或累计不超过183天； （二）该项报酬由并非该缔约国另一方居民的雇主支付或代表雇主支付； （三）该项报酬不是由雇主设在该缔约国另一方的常设机构或固定基地所负担。 三、虽有第一款和第二款的规定，在缔约国一方企业经营国际运输的船舶、飞机或陆运车辆上从事受雇的活动取得的报酬，应仅在该缔约国征税

注：对于艺术家、运动员、学生、教师和研究人员的纳税义务以及董事费、退休金、政府服务等特殊性个人劳务另有规定。

资料来源：根据《中华人民共和国和土耳其共和国关于对所得避免双重征税和防止偷漏税的协定》整理而得。

2. 土耳其的税收抵免政策

中土协定未对企业和个人进行区分，居民包括居民企业和居民个人和被判定为税收居民的其他单位和团体，故而协定中的税收抵免政策对企业境外所得和个人境外所得的抵免同样适用。

中国居民在某一纳税年度向土耳其缴纳或发生的所得税款可以申报抵免，抵免方式包括直接抵免和间接抵免两种。直接抵免是指中国居民直接作为纳税人就其土耳其所得在土耳其缴纳的所得税额，在中国应纳税额中抵免。间接抵免是指土耳其居民就分配股息前的利润缴纳的外国所得税额中，由中国居民就该项分得的股息性质的所得间接负担的部分，在中国的应纳税额中抵免。中国居民不能按照有关税收法律法规准确计算实际可抵免的土耳其所得税税额的，不应给予税收抵免。

（四）巴基斯坦

目前，巴基斯坦已与65个国家（地区）签订税收协定。1989年11月15日，中国和巴基斯坦在伊斯兰堡签订了《中华人民共和国政府和巴基斯坦伊斯兰共和国政府关于对所得避免双重征税和防止偷漏税的协定》（以下简称"中巴协定"），截至2017年底，中国与巴基斯坦共签署了三次议定书。① 中巴协定主要就所得税领域的避免双重征税和防止跨国偷漏税等方面进行了规定，包括不同类型收入的税收管辖和巴基斯坦税收抵免政策。

1. 针对不同类型收入的税收管辖现状

中巴协定规定，对不动产所得、营业利润、海运和陆运收益、联属企业收益、股息、利息、特许权使用费、财产收益、独立个人劳务、非独立个人劳务等所有收入，由缔约国一方或其他地方当局征税。中巴协定中不同类型收入税收管辖的具体规定见表3-11。

表3-11 中巴协定关于不同类型收入税收管辖的具体规定

不同类型的收入	具体的税收管辖
不动产所得	缔约国一方居民从位于缔约国另一方的不动产取得的所得（包括农业和林业所得），可以在该缔约国另一方征税
营业利润	缔约国一方企业的利润应仅在该国征税，但该企业通过设在缔约国另一方的常设机构进行营业的除外。如果该企业通过在缔约国另一方的常设机构进行营业，其利润可以在该另一国征税，但应以仅属于下列情况的为限： （一）该常设机构； （二）在该另一国销售的货物或商品与通过该常设机构销售的货物或商品相同或类似； （三）在该另一国进行的其他经营活动与通过常设机构进行的经营活动（第五条第三款所述的活动除外）相同或类似。 但是，如果企业能够证明上述销售或活动不是由常设机构进行的，可以不适用本款第（二）项和第（三）项的规定
海运和空运收益	一、以船舶或飞机经营国际运输业务所取得的利润，应仅在企业实际管理机构所在缔约国征税。 二、船运企业的实际管理机构设在船舶上的，应以船舶母港所在缔约国为所在国；没有母港的，以船舶经营者为其居民的缔约国为所在国。 三、第一款规定也适用于参加合伙经营、联合经营或者参加国际经营机构取得的利润

---

① 国家税务总局国际税务司国别投资税收指南课题组. 中国居民赴巴基斯坦投资税收指南[Z]. 北京：国家税务总局，2019.

续表

不同类型的收入	具体的税收管辖
联属企业收益	一、（一）缔约国一方企业直接或者间接参与缔约国另一方企业的管理、控制或资本。 （二）同一人直接或者间接参与缔约国一方企业和缔约国另一方企业的管理、控制或资本。 在上述任何一种情况下，两个企业之间的商业或财务关系不同于独立企业之间的关系，因此，本应由其中一个企业取得，但由于这些情况而没有取得的利润，可以计入该企业的利润，并据以征税。 二、缔约国一方将缔约国另一方已征税的企业利润，而这部分利润本应由该缔约国一方企业取得的，包括在该缔约国一方企业的利润内，并且加以征税时，如果这两个企业之间的关系是独立企业之间的关系，该缔约国另一方应对这部分利润所征收的税额加以调整。在确定上述调整时，应对本协定其他规定予以注意，如有必要，缔约国双方主管当局应相互协商
股息	一、缔约国一方居民公司支付给缔约国另一方居民的股息，可以在该缔约国另一方征税。 二、然而，这些股息也可以在支付股息的公司是其居民的缔约国，按照该缔约国法律征税。但是，如果收款人是股息受益所有人，则所征税款不应超过股息总额的10%。 本款规定，不应影响对该公司支付股息前的利润所征收的公司利润税。 三、缔约国一方居民公司从缔约国另一方取得利润或所得，该缔约国另一方不得对该公司支付的股息征收任何税收。但支付给该缔约国另一方居民的股息或者据以支付股息的股份与设在缔约国另一方的常设机构或固定基地有实际联系的除外。对于该公司的未分配的利润，即使支付的股息或未分配的利润全部或部分是发生于该缔约国另一方的利润或所得，该缔约国另一方也不得征收任何税收
利息	一、发生于缔约国一方而支付给缔约国另一方居民的利息，可以在该缔约国另一方征税。 二、然而，这些利息也可以在该利息发生的缔约国，按照该缔约国的法律征税。但是，如果收款人是利息受益所有人，则所征税款不应超过利息总额的10%。 三、虽有第二款的规定，发生于缔约国一方的利息，应在该缔约国一方免予征税，如果该项利息是支付给： （一）缔约国另一方政府； （二）缔约国另一方国家银行； （三）缔约国双方主管当局随时同意的缔约国另一方地方当局、金融机构或代理机构。 第（二）项中所说的"国家银行"，在中国是指中国人民银行和中国银行，在巴基斯坦是指巴基斯坦国家银行

续表

不同类型的收入	具体的税收管辖
特许权使用费	一、发生于缔约国一方而支付给缔约国另一方居民的特许权使用费,可以在该缔约国另一方征税。 二、然而,这些特许权使用费也可以在其发生的缔约国,按照该缔约国的法律征税。但是,如果收款人是特许权使用费受益所有人,则所征税款不应超过特许权使用费总额的 12.5%
技术服务费	一、发生在缔约国一方而支付给缔约国另一方居民的技术服务费可以在该缔约国另一方征税。 二、然而,该项技术服务费也可以在其发生的缔约国,按照该国法律征税。但是,如果收款人是该项服务费受益所有人,则所征税款不应超过该项服务费总额的 12.5%
转让不动产所得	缔约国一方居民转让不动产所得条款所述位于缔约国另一方的不动产取得的收益,可以在该缔约国另一方征税
财产收益	一、缔约国一方居民转让"中巴协定"第六条所述位于缔约国另一方的不动产取得的收益,可以在该缔约国另一方征税。 二、转让缔约国一方企业在缔约国另一方的常设机构营业财产部分的动产或者缔约国一方居民在缔约国另一方从事独立个人劳务的固定基地的动产取得的收益,包括转让常设机构(单独或者随同整个企业)或者固定基地取得的收益,可以在该缔约国另一方征税。 三、转让从事国际运输的船舶或飞机,或者转让属于经营上述船舶、飞机的动产取得的收益,应仅在该企业实际管理机构所在缔约国征税。 四、转让一个公司财产股份的股票取得的收益,该公司的财产又主要直接或者间接由位于缔约国一方的不动产所组成,可以在该缔约国一方征税。 五、转让第四款所述以外的其他股票取得的收益,该项股票又相当于缔约国一方居民公司至少 25%的股权,可以在该缔约国一方征税。 六、缔约国一方居民转让第一款至第五款所述财产以外的其他财产取得的收益,发生于缔约国另一方的,可以在该缔约国另一方征税
独立个人劳务	缔约国一方居民由于专业性劳务或者其他独立性活动取得的所得,应仅在该缔约国征税。但具有以下情况之一的,可以在缔约国另一方征税: (一)在缔约国另一方为从事上述活动设有经常使用的固定基地,在这种情况下,该缔约国另一方可以仅对属于该固定基地的所得征税; (二)在有关历年中在缔约国另一方停留连续或累计超过 183 天,在这种情况下,该缔约国另一方可以仅对在该缔约国另一方进行活动取得的所得征税

续表

不同类型的收入	具体的税收管辖
非独立个人劳务收入	一、除适用"中巴协定"第十七条、第十九条、第二十条和第二十一条的规定以外，缔约国一方居民因受雇取得的薪金、工资和其他类似报酬，除在缔约国另一方从事受雇的活动以外，应仅在该缔约国一方征税。在缔约国另一方从事受雇的活动取得的报酬，可以在该缔约国另一方征税。 二、虽有第一款的规定，缔约国一方居民因在缔约国另一方从事受雇的活动取得的报酬，同时具有以下三个条件的，应仅在该缔约国一方征税： （一）收款人在有关历年中在该缔约国另一方停留连续或累计不超过 183 天； （二）该项报酬由并非该缔约国另一方居民的雇主支付或代表该雇主支付； （三）该项报酬不是由雇主设在该缔约国另一方的常设机构或固定基地所负担。 三、虽有本条第一款和第二款的规定，在缔约国一方企业经营国际运输的船舶或飞机上从事受雇的活动取得的报酬，应仅在该企业实际管理机构所在缔约国征税

注：对于艺术家、运动员、学生、教师和研究人员的纳税义务以及董事费、退休金、政府服务等特殊性个人劳务另有规定。

资料来源：根据《中华人民共和国政府和巴基斯坦伊斯兰共和国政府关于对所得避免双重征税和防止偷漏税的协定》《〈中华人民共和国政府和巴基斯坦伊斯兰共和国政府关于对所得避免双重征税和防止偷漏税的协定〉议定书》《〈中华人民共和国政府和巴基斯坦伊斯兰共和国政府关于对所得避免双重征税和防止偷漏税的协定〉第二议定书》和《〈中华人民共和国政府和巴基斯坦伊斯兰共和国政府关于对所得避免双重征税和防止偷漏税的协定〉第三议定书》整理而得。

2. 巴基斯坦的税收抵免政策[①]

针对企业境外所得，在巴基斯坦方面，为消除双重征税，对巴基斯坦居民从中国取得的所得，按照中国法律和本协定的规定，由巴基斯坦居民直接支付或被扣缴的中国税收，应允许在就该项所得应缴纳的巴基斯坦税收中抵免，但是抵免额不应超过对该项所得按照巴基斯坦税法计算的巴基斯坦税收数额；从中国取得的所得是中国居民公司支付给巴基斯坦居民公司的股息，同时该巴基斯坦居民公司拥有支付股息公司股份不少于 10% 的，该项抵免应考虑支付该股息公司就该项所得缴纳的中国税收。

在中国方面，为消除企业境外所得双重征税，中国居民从巴基斯坦取得

---

① 中华人民共和国政府和巴基斯坦伊斯兰共和国政府关于对所得避免双重征税和防止偷漏税的协定 [Z/OL]. http：//www.chinatax.gov.cn/n810341/n810770/c1153236/5027012/files/1cf275b3cfae4b8aab018c486b28a327.pdf.

的所得,按照本协定规定在巴基斯坦缴纳的税额,可以在对该居民征收的中国税收中抵免,但是抵免额不应超过对该项所得按照中国税法和规章计算的中国税收数额;从巴基斯坦取得的所得是巴基斯坦居民公司支付给中国居民公司的股息,同时该中国居民公司拥有支付股息公司股份不少于10%的,该项抵免应考虑支付该股息公司就该项所得缴纳的巴基斯坦税收。

(五) 俄罗斯

中国与俄罗斯早于1994年5月27日在北京签订了《中华人民共和国政府和俄罗斯联邦政府关于对所得避免双重征税和防止偷漏税的协定》(以下统称"1994年协定")。2014年10月13日,中国与俄罗斯在莫斯科重新签订了《中华人民共和国政府和俄罗斯联邦政府对所得避免双重征税和防止偷漏税的协定》(以下简称"中俄协定")及议定书,于2015年5月8日在莫斯科签订了《关于修订〈中华人民共和国政府和俄罗斯联邦政府对所得避免双重征税和防止偷漏税的协定〉的议定书》,协定于2016年4月9日生效,于2017年1月1日起执行。① 中俄协定规定了不同类型收入的税收管辖和俄罗斯税收抵免政策。

1. 针对不同类型收入的税收管辖现状

中俄协定规定,对不动产所得、营业利润、国际运输收益、股息、利息、特许权使用费、独立个人劳务所得、受雇所得等所有收入,由缔约国一方或其他地方当局征税。中俄协定中不同类型收入税收管辖的具体规定见表3-12。

---

① 国家税务总局国际税务司国别投资税收指南课题组. 中国居民赴俄罗斯投资税收指南 [Z]. 北京: 国家税务总局, 2018.

表 3-12 中俄协定关于不同类型收入税收管辖的具体规定

不同类型的收入	具体的税收管辖
不动产所得	缔约国一方居民从位于缔约国另一方的不动产取得的所得（包括农业或林业所得），可以在该缔约国另一方征税
营业利润	缔约国一方企业的利润应仅在该缔约国征税，但该企业通过设在缔约国另一方的常设机构在缔约国另一方进行营业的除外。如果该企业通过设在缔约国另一方的常设机构在缔约国另一方进行营业，则其利润可以在缔约国另一方征税，但应仅以归属于该常设机构的利润为限
国际运输收益	一、缔约国一方企业以船舶或飞机经营国际运输业务所取得的利润，应仅在该缔约国征税。 二、第一款规定也适用于参加合伙经营、联合经营或者参加国际经营机构取得的利润
关联企业收益	一、在下列任何一种情况下： （一）缔约国一方企业直接或者间接参与缔约国另一方企业的管理、控制或资本。 （二）相同的人直接或者间接参与缔约国一方企业和缔约国另一方企业的管理、控制或资本。 两个企业之间商业或财务关系中确定或施加的条件不同于独立企业之间应确定的条件，并且由于这些条件的存在，导致其中一个企业没有取得其本应取得的利润，则可以将这部分利润计入该企业的所得，并据以征税。 二、缔约国一方将缔约国另一方已征税的企业利润——在两个企业之间的关系是独立企业之间关系的情况下，这部分利润本应由该缔约国一方企业取得——包括在该缔约国一方企业的利润内征税时，缔约国另一方应对这部分利润所征收的税额加以调整。在确定调整时，应对本协定其他规定予以适当注意。如有必要，缔约国双方主管当局应相互协商
股息	一、缔约国一方居民公司支付给缔约国另一方居民的股息，可以在该缔约国另一方征税。 二、然而，这些股息也可以在支付股息的公司是其居民的缔约国一方，按照该缔约国的法律征税。但是，如果股息受益所有人是缔约国另一方居民，则所征税款： （一）在受益所有人是公司（合伙企业除外），并直接拥有支付股息的公司至少25%资本且持股金额至少达8万欧元（或等值的其他货币）的情况下，不应超过股息总额的5%； （二）在其他情况下，不应超过股息总额的10%。 本款不应影响对该公司支付股息前的利润征税

续表

不同类型的收入	具体的税收管辖
利息	一、发生于缔约国一方而支付给缔约国另一方居民的利息，可以在该缔约国另一方征税。 二、然而，这些利息也可以在其发生的缔约国，按照该缔约国的法律征税。但是，如果利息受益所有人是缔约国另一方居民，则所征税款不应超过利息总额的5%。 三、虽有第二款的规定，发生于缔约国一方而由缔约国另一方政府、其行政区或地方当局、中央银行或者完全为缔约国另一方政府所拥有的金融机构取得的利息，或者因缔约国另一方政府、其行政区或地方当局、中央银行或者完全为缔约国另一方政府所拥有的金融机构担保或保险的贷款而支付的利息，应在首先提及的缔约国一方免税。因缔约国双方政府在本协定签署之前达成的协议中的贷款而支付的利息，也应在利息产生的缔约国一方免税
特许权使用费	一、发生于缔约国一方而由缔约国另一方居民受益所有的特许权使用费，可以在缔约国另一方征税。 二、然而，这些特许权使用费也可以在其发生的缔约国一方，按照该国的法律征税。但是，如果特许权使用费受益所有人是缔约国另一方居民，则所征税款不应超过特许权使用费总额的6%
财产收益	一、缔约国一方居民转让"中俄协定"第六条所述位于缔约国另一方的不动产取得的收益，可以在该缔约国另一方征税。 二、转让缔约国一方企业在缔约国另一方的常设机构营业财产部分的动产，或者缔约国一方居民在缔约国另一方从事独立个人劳务的固定基地的动产取得的收益，包括转让常设机构（单独或者随同整个企业）或者固定基地取得的收益，可以在该缔约国另一方征税。 三、缔约国一方企业转让从事国际运输的船舶或飞机，或者转让与上述船舶或飞机的运营相关的动产取得的收益，应仅在该缔约国一方征税。 四、缔约国一方居民转让股份取得的收益，如果该股份价值的50%（不含）以上直接或间接来自于缔约国另一方的不动产，可以在该缔约国另一方征税。 五、转让本条第一款到第四款所述财产以外的其他财产取得的收益，应仅在转让者为其居民的缔约国一方征税
独立个人劳务所得	缔约国一方居民由于专业性劳务或者其他独立性活动取得的所得，应仅在该缔约国征税。但具有以下情况之一的，可以在缔约国另一方征税： （一）在缔约国另一方为从事上述活动设有经常使用的固定基地，在这种情况下，缔约国另一方可以仅对归属于该固定基地的所得征税； （二）在有关纳税年度开始或结束的任何12个月内在缔约国另一方停留连续或累计达到或超过183天，在这种情况下，缔约国另一方可以仅对在该缔约国进行活动取得的所得征税

续表

不同类型的收入	具体的税收管辖
受雇所得	一、除适用"中俄协定"第十六条、第十八条和第十九条的规定外,缔约国一方居民因受雇取得的薪金、工资和其他类似报酬,除在缔约国另一方从事受雇的活动以外,应仅在该缔约国一方征税。在缔约国另一方从事受雇活动取得的报酬,可以在该缔约国另一方征税。 二、虽有第一款的规定,缔约国一方居民因在缔约国另一方从事受雇活动取得的报酬,同时具有以下三个条件的,应仅在该缔约国一方征税: (一)收款人在有关纳税年度开始或结束的任何12个月内在缔约国另一方停留连续或累计不超过183天; (二)该项报酬由并非缔约国另一方居民的雇主支付或代表该雇主支付; (三)该项报酬不是由雇主设在缔约国另一方的常设机构或固定基地所负担。 三、虽有本条上述规定,在缔约国一方企业经营国际运输的船舶或飞机上从事受雇活动取得的报酬,可以在该缔约国一方征税

注:对于艺术家、运动员、学生、教师和研究人员的纳税义务以及董事费、退休金、政府服务等特殊性个人劳务另有规定。

资料来源:根据《中华人民共和国政府和俄罗斯联邦政府对所得避免双重征税和防止偷漏税的协定》整理而得。

2. 俄罗斯的税收抵免政策①

中国居民企业从俄罗斯取得的所得,按照中俄税收协定规定在俄罗斯缴纳的税额,可以在中国征收的企业所得税中抵免,抵免额不应超过对该项所得按照中国企业所得税法计算的税收数额。其中,从俄罗斯取得的股息所得的税收抵免额为支付该股息公司就该项所得缴纳的俄罗斯税收,以中国居民公司拥有支付股息公司股份不少于20%为限。

俄罗斯居民企业从中国取得的所得,按照中俄税收协定规定在中国缴纳的税额,可以在俄罗斯征收的企业所得税中抵免,抵免额不应超过对该项所得按照俄罗斯企业所得税法计算的税收数额。其中,从中国取得的股息所得的税收抵免额为支付该股息公司就该项所得缴纳的中国税收,以俄罗斯居民公司拥有支付股息公司股份不少于20%为限。

此外,俄罗斯与蒙古国、沙特阿拉伯等丝绸之路经济带沿线国家签订的

---

① 中华人民共和国政府和俄罗斯联邦政府对所得避免双重征税和防止偷漏税的协定 [Z/OL]. http://www.chinatax.gov.cn/n810341/n810770/c1153873/5027076/files/540a22cbc74049b2a760561b3cd95df7.pdf.

税收协定还规定了饶让条款。

四、间接税的协调现状

（一）增值税的税收协调

丝绸之路经济带沿线国家增值税的税收协调主要体现在相关优惠措施上。丝路沿线国家大多都有增值税的注册标准或征收标准的规定。注册标准的含义是，纳税人一定期间内的销售收入超过一定数额，必须进行注册；标准以下的免于注册，但可以选择进行自愿注册。征收标准的含义是，纳税人一定期间内的销售收入超过一定数额的需要缴纳增值税，未达到标准的免税，相当于中国的起征点。① 这是为小企业实行增值税税收优惠的措施。

俄罗斯纳税人前3个月的营业额不超过200万卢布的，可申请免征增值税，免征增值税的期限为12个月，在此期间均不得超过此限额。纳税人提供应征消费税的货物或进口货物的，不能享受这一免税待遇。②

在沙特阿拉伯，过去12个月的应税销售额或未来12个月预计的总应税销售额在187 500~375 000沙特里亚尔的公司，可选择登记或不登记增值税。此外，应税销售额在375 000沙特里亚尔以上并专门从事销售"零税率"货物或服务的企业，也可以自主选择是否进行登记。而对于年应税销售额在187 500沙特里亚尔以下的企业、销售的货物或提供的服务都属于免增值税范围的企业，不用登记增值税。③

立陶宛的增值税缴付人分为居民应税人和非居民应税人，增值税法规定不同的要求办理增值税注册登记成为增值税缴付人的门槛标准。根据《立陶宛增值税法》第71条规定，在过去12个月内，销售商品和提供服务收取的

---

① 赵书博，张书慧，张雪. "一带一路"沿线国家增值税比较研究 [J]. 管理世界，2019，35 (7)：104-115.
② 国家税务总局国际税务司国别投资税收指南课题组. 中国居民赴俄罗斯投资税收指南 [Z]. 北京：国家税务总局，2018.
③ 国家税务总局国际税务司国别投资税收指南课题组. 中国居民赴沙特阿拉伯王国投资税收指南 [Z]. 北京：国家税务总局，2018.

对价总额超过 45 000 欧元这一增值税注册登记门槛标准的立陶宛居民应税人，有义务向税务机关申请办理增值税注册登记和缴纳增值税。从立陶宛境内向欧盟境外的某个国家或地区出口货物的居民应税人，即使其销售额没有超过上述门槛标准，也要办理增值税注册登记。而对于非居民应税人，在立陶宛境内开始从事提供货物或服务交易前就有义务进行增值税注册登记。对于从其他欧盟成员国购进货物的应税人和非应税法人（包括居民和非居民），增值税法规定适用 14 000 欧元这一特别的注册登记门槛标准。非居民应税人从事远程销售活动，如果销售额超过 35 000 欧元门槛标准（或通过远程销售方式提供应课消费税的货物），也必须办理增值税注册登记。[1]

在亚美尼亚，年营业额超过 1.15 亿德拉姆或在 2015 年 1 月 1 日至 2015 年 6 月 30 日期间营业额超过 5 835 万德拉姆的企业应登记为增值税纳税人。自 2019 年 1 月 1 日起，增值税登记门槛将降低至 5 830 万德拉姆，即如果 2019 年期间纳税人营业额超过 5 830 万德拉姆，就应登记为增值税纳税人。若纳税人为经亚美尼亚税收法规认定的授权经营者，或实施亚美尼亚政府批准项目符合规定的利润税纳税人，其从欧亚经济联盟（Eurasian Economic Union，EEU）非成员国进口货物，在特定条件下免征增值税。该特定条件指进口货物或进口货物加工后生产的货物在进口后 180 天内出口，包括出口向欧亚经济联盟成员国。在自由经济区开展业务的纳税人免征增值税。[2]

蒙古国的增值税纳税人分为法定认定和自愿登记两种。其中，在蒙古国境内销售商品和完成劳务、服务收入达到 1 000 万图格里克及以上的外国法人代表机构或应税营业额超过 1 000 万图格里克的纳税人，法律规定须注册登记。应税营业额达到 800 万图格里克或者在蒙古国投资超过 200 万美元的纳税人也可自愿登记注册为增值税纳税人。对年收入在 1 000 万图格里克或以下

---

[1] 国家税务总局国际税务司国别投资税收指南课题组. 中国居民赴立陶宛投资税收指南[Z]. 北京：国家税务总局，2019.

[2] 国家税务总局国际税务司国别投资税收指南课题组. 中国居民赴亚美尼亚共和国投资税收指南[Z]. 北京：国家税务总局，2019.

的,从事生产、劳务、服务的企业免征增值税(从事进口业务除外)。①

(二) 消费税的税收协调

消费税的税收协调同样体现在自由贸易区的协调和丝绸之路经济带沿线国家实行的消费税优惠上。从消费税优惠考虑,可分为对进口商品的消费税优惠和对出口商品的消费税优惠。

从进口商品的消费税优惠来看,吉尔吉斯斯坦对限定数额内的个人携带入境消费品,国际运输工具正常运行所需的消费税应税商品,包括为修理运输工具所需在境外购买的消费税商品,入境前已经损坏报废的商品等免征消费税。② 在哈萨克斯坦,自然人按照《欧亚经济联盟海关法》或《哈萨克斯坦海关法》规定的标准进口的应纳税商品,不征收消费税。下列进口的应纳税商品免征消费税:①从事国际运输的车辆,在途中和经停地点运行所需的应纳税商品;②通过欧亚经济联盟边境前已损坏,而不适合作为产品和材料使用的应纳税商品;③为供外国外交代表处和类似的外交代表处使用以及这些代表处的外交人员和行政技术人员,包括与其共同生活的家庭成员个人使用而进口的应纳税商品;④通过欧亚经济联盟关境,符合欧亚经济联盟海关法或哈萨克斯坦海关法规定的海关流程框架下免征消费税的商品,内部消费放行海关流程除外;⑤依照哈萨克斯坦法律注册的含酒精的医用产品(不含芳香酊剂)。③

从出口商品的消费税优惠来看,印度对于出口在印度制造的商品,如满足特定条件,则无须缴纳消费税即可出口,用于制造待出口商品的采购,如符合一定条件,也无须缴纳消费税即可采购④。蒙古国对下列商品免征消费

---

① 国家税务总局国际税务司国别投资税收指南课题组. 中国居民赴蒙古国投资税收指南 [Z]. 北京:国家税务总局,2019.
② 国家税务总局国际税务司国别投资税收指南课题组. 中国居民赴吉尔吉斯共和国投资税收指南 [Z]. 北京:国家税务总局,2019.
③ 国家税务总局国际税务司国别投资税收指南课题组. 中国居民赴哈萨克斯坦投资税收指南 [Z]. 北京:国家税务总局,2019.
④ 国家税务总局国际税务司国别投资税收指南课题组. 中国居民赴印度投资税收指南 [Z]. 北京:国家税务总局,2019.

税：在蒙古国境内生产并出口的应征收消费税的商品；在家庭条件下用普通方法酿制的满足自己生活所需奶酒、鼻烟；海关限量准入的旅客自用免税白酒、香烟；混合燃料汽车。① 在叙利亚，生产者将已支付了消费税的进口材料用于制造生产时，税务部门根据其在当地产品制造过程中使用的进口材料的金额，相应扣除其当地销售产品的应纳消费税额。生产者将全部或部分货物出口到国外，依据 2004 年 6 号法令，财政部门应退还其进口原材料所缴纳的消费税额。②

五、关税的协调现状

（一）欧亚经济联盟的关税协调

欧亚经济联盟是俄罗斯主导的区域一体化组织，自 2011 年以来，它一直以关税联盟的形式运作，并自 2015 年起成为经济联盟。③ 欧亚经济联盟的前身为俄白哈关税同盟，于 2010 年 1 月 1 日正式启动，对非成员国征收统一的进口税率（部分商品渐进执行），非税率调节规则统一执行。随着俄罗斯、哈萨克斯坦、白俄罗斯三国《关税同盟海关法典》于 2010 年 7 月正式生效，关税同盟关境系统运行，表明俄白哈关税同盟正式步入实践环节。2015 年 1 月 1 日，在俄白哈关税同盟基础上组建的欧亚经济联盟正式成立。④ 亚美尼亚于 2015 年 1 月 2 日加入欧亚经济联盟，并因此加入欧亚关税联盟。吉尔吉斯斯坦于 2015 年 8 月 12 日加入欧亚经济联盟。根据欧亚经济联盟规定，从成员国进口的货物无须缴纳关税。

2016 年 4 月，欧亚经济委员会已经批准欧亚经济联盟使用统一特惠关税

---

① 国家税务总局国际税务司国别投资税收指南课题组. 中国居民赴蒙古国投资税收指南 [Z]. 北京：国家税务总局，2019.
② 国家税务总局国际税务司国别投资税收指南课题组. 中国居民赴叙利亚投资税收指南 [Z]. 北京：国家税务总局，2019.
③ Vinokurov E. Eurasian Economic Union: Current State and Preliminary Results [J]. Russian Journal of Economics，2017（3）：54-70.
④ 高志刚，刘伟. 俄白哈关税同盟对中国与哈萨克斯坦经贸合作的影响 [J]. 新疆大学学报（哲学·人文社会科学版），2016（3）：84-92.

的条件和程序的章程，使用的特惠关税包括：对部分来自发展中国家的产品仅按进口关税的 1/4 进行征收，对部分来自最不发达国家的产品实行免税进口。该章程同时规定了发展中国家和最不发达国家的分类标准以及使用特惠税率的商品类别和使用税率的必要条件。2016 年 9 月 1 日起，欧亚经济联盟将针对 1780 种商品（其中包括纸张、地毯、家具、糖果、鞋类、工业冷藏设备、建材、鱼类、干果等）下调进口关税，平均进口关税税率将下降 1%~2%。此次关税下调商品的范围涵盖食品、轻工业品及重工业品，既有利于丰富居民日常的生活消费市场，也有利于制造业的转型与升级。① 中国于 2018 年 5 月 17 日与欧亚经济联盟各成员国代表共同签署了《中华人民共和国与欧亚经济联盟经贸合作协定》，并于 2019 年 10 月 25 日正式生效，② 该协定旨在进一步减少非关税贸易壁垒，提高贸易便利化水平，促进我国与欧亚经济联盟及其成员国经贸关系的深入发展，为双边经贸合作提供制度性保障。

亚美尼亚除了对从成员国进口的货物免缴关税外，还有其他关税优惠政策。亚美尼亚与独联体国家（除乌兹别克斯坦和阿塞拜疆以外）签有《独联体自由贸易区协定》，意味着产品进入独联体国家市场享受零关税；与美国、加拿大、瑞士、日本和瑞典等国使用同一套特惠体系；享受欧盟的"全套优惠体系"贸易模式。③

吉尔吉斯斯坦对包括中国在内的 WTO 所有成员国以及与其达成有关双边协议的国家给予贸易最惠国待遇；对于未与吉尔吉斯斯坦达成相互给予最惠国待遇国家的商品，或未明确原产地的商品，加倍征收进口关税。吉尔吉斯斯坦对欧亚经济联盟的其他成员实行特殊的关税优惠，即对原产地为该组织

---

① 国家税务总局国际税务司国别投资税收指南课题组. 中国居民赴吉尔吉斯共和国投资税收指南 [Z]. 北京：国家税务总局，2019.
② 中华人民共和国商务部. 关于 2018 年 5 月 17 日签署的《中华人民共和国与欧亚经济联盟经贸合作协定》生效的联合声明（全文） [EB/OL]. (2019-10-25) [2020-01-20]. http://www.mofcom.gov.cn/article/ae/ldhd/201910/20191002907748.shtml.
③ 国家税务总局国际税务司国别投资税收指南课题组. 中国居民赴亚美尼亚共和国投资税收指南 [Z]. 北京：国家税务总局，2019.

成员国的进口商品免征关税。①

（二）独联体经济贸易区的关税协调

"独联体"为独立国家联合体的简称，成立于1991年12月，是由苏联大多数共和国组成的进行多边合作的独立国家联合体，实施统一的海关政策和关税政策。独联体曾经有12个成员，分别为阿塞拜疆、亚美尼亚、白俄罗斯、格鲁吉亚、吉尔吉斯斯坦、摩尔多瓦、哈萨克斯坦、俄罗斯、乌兹别克斯坦、乌克兰、塔吉克斯坦和土库曼斯坦。2005年8月，土库曼斯坦宣布退出独联体。2008年8月14日，格鲁吉亚宣布退出独联体，并于2009年8月18日正式退出。2011年10月18日，独联体经济一体化进程取得重要进展，俄罗斯、白俄罗斯、乌克兰、哈萨克斯坦、亚美尼亚、吉尔吉斯斯坦、摩尔多瓦和塔吉克斯坦等8个国家签署《独联体自由贸易区协定》。2013年5月31日，除塔吉克斯坦外的上述其余7国与乌兹别克斯坦签署了《关于乌兹别克斯坦加入2011年10月18日签署的独联体成员国自由贸易区协议议定书》。② 2014年3月，乌克兰因为克里米亚独立问题，启动退出独联体程序。2016年1月1日起，俄罗斯中止与乌克兰的独联体国家自由贸易区协定。2018年4月12日，乌克兰总统波罗申科表示，乌克兰将正式退出独联体。

（三）海合会成员国的关税协调

海湾阿拉伯国家合作委员会是海湾地区最主要的政治经济组织，简称"海湾合作委员会"或"海合会"。海合会成立于1981年5月，成员国包括阿联酋、阿曼、巴林、卡塔尔、科威特、沙特阿拉伯、也门7个国家。按照海合会的规定，所有海合会国家进行的货物，在该货物抵达第一个海合会国家港口时征收5%的关税，而后转运至其他海合会国家时不再征收关税。针对海

---

① 国家税务总局国际税务司国别投资税收指南课题组. 中国居民赴吉尔吉斯共和国投资税收指南[Z]. 北京：国家税务总局，2019.
② 驻乌兹别克经商参处. 吉批准乌加入独联体自由贸易区议定书生效[EB/OL]. (2017-03-10) [2020-03-23]. http://info.jctrans.com/news/myxw/20173102329732.shtml.

合会国家间发生的关税争端,也有一套完备的争端解决机制。①

按照海合会统一规定,沙特阿拉伯的一般关税税率为5%,计税依据为到岸价。大多数消费品都是免税的,比如大米、茶叶、玉米、牲畜和肉类(新鲜或冷冻);为了保护沙特阿拉伯工业,某些商品征收20%的关税;其他项目的进口关税为成本、保险和运费价值的5%~20%;数量有限的项目需要按照公制重量或容量计算关税,而不是按从价计算,且税率相当低。

科威特对产自大阿拉伯自贸区成员的货物,进口时可免税。大阿拉伯自贸区成员包括约旦、突尼斯、苏丹、叙利亚、伊拉克、黎巴嫩、摩洛哥、巴勒斯坦、利比亚、埃及、也门、阿尔及利亚,以及海合会成员国。

(四) 沿线其他国家关税优惠

叙利亚对过境的货物免征商品关税。允许进口外国原料或半成品,经在叙利亚本地加工制造后,在一定期限内转口至其他国家;或者叙利亚本国或外国商品纳税后出口(无论是直接出口还是加工后出口)再进口的商品,均免征商品关税。对置放于自由区的商品免征商品关税。根据叙利亚总统巴沙尔·阿萨德发布的2017年第172号令规定,对当地工业项目的原材料和生产资料进口减免50%关税,对进口奶牛免征关税以及其他费用,自2017年4月6日起,免征5年。②

蒙古国的关税税率分为普通税率、最惠国税率和优惠税率三种。给予蒙古国最惠国待遇的国家的货物,适用于最惠国税率;给予蒙古国优惠税率的国家的货物,适用于优惠税率;给予蒙古国最惠国待遇或给予蒙古国优惠税率以外的其他国家的货物,适用于普通税率。普通税率比最惠国税率高出一倍。③

---

① 李旭红,何瑞."一带一路"倡议背景下关税减免制度的国际协调研究 [J]. 国际税收,2019 (12):28-33.
② 国家税务总局国际税务司国别投资税收指南课题组. 中国居民赴叙利亚投资税收指南 [Z]. 北京:国家税务总局,2019.
③ 沈莹玮."一带一路"背景下二连浩特市税收服务问题研究 [D]. 呼和浩特:内蒙古大学,2018.

遵循 WTO 协定，巴基斯坦在过去几年大幅降低关税税率，一般而言，普通商品的关税税率为 5%~10%。中巴两国已签署双边自由贸易协定，并于 2007 年 7 月 1 日起实施，分两个阶段对全部货物产品实施降税。第一阶段在协定生效后 5 年内，双方对占各自税目总数 85% 的产品按照不同的降税幅度实施降税，其中，36% 的产品关税将在三年内降至零。① 降低关税项目的税率表和降低关税行业的税率表见表 3-13、表 3-14。

表 3-13 降低关税项目的税率表

项目名称	原关税税率（%）	现关税税率（%）
PVC 树脂原料	5	3
白酒	10	3
冲压箔	20	16
脂肪醇乙氧基化合物	15	5
CFC 游离气体	15	11
铝板线圈	20	11
冰箱恒温器	20	3
自行车链条零件	20	15
无涂层纸和纸板	20	15
透析纸	20	10
塑料薄膜医疗级	20	10
聚酯树脂	20	15
温石棉	20	15

资料来源：国家税务总局国际税务司国别投资税收指南课题组. 中国居民赴巴基斯坦投资税收指南 [Z]. 北京：国家税务总局，2019.

表 3-14 降低关税行业的税率表

行业名称	变化情况
养鱼业	通风机进口关税从 15% 减少到 2%，颗粒饲料（浮动式）机械装置的关税从 5% 减少到 2% 将进口鱼和虾饲料的关税从 10%、20% 降低到 0

---

① 中巴签署自由贸易协定 分两阶段对全部货物产品降税 [EB/OL]. (2006-11-25) [2019-10-25]. http://news.sina.com.cn/w/2006-11-25/090010593120s.shtml.

续表

行业名称	变化情况
冷链行业	将冷链行业的进口关税从5%降至3%，但需符合一定条件 将进口资本货物的关税减至3%，但需符合若干条件
乳品、家畜和家禽业	奶牛、牲畜和家禽所使用的各种机械的关税从5%降至2%
LED制造业	特许经营进口用于本地制造LED灯具的零部件的关税从20%降至5%
汽车业	为支持2016—2021年汽车发展已经提出了各种让步政策
纺织业	增加了免除进口纺织部门机械和设备的关税

资料来源：国家税务总局国际税务司国别投资税收指南课题组．中国居民赴巴基斯坦投资税收指南［Z］．北京：国家税务总局，2019.

土耳其于1996年1月1日与欧洲联盟（欧盟）签署了《关于实施关税同盟（Customs Union）的决定：第1/95号决定》。根据关税同盟协定，除部分货物（如农产品和钢铁产品），只要持有欧洲原产地证书（ATR Movement Certificate），证明货物在欧盟内部可以自由流通，土耳其和欧盟之间的贸易均不征收关税。为了进一步协调对外贸易，土耳其与欧盟的贸易伙伴签署了多项自由贸易协定。①

---

① 国家税务总局国际税务司国别投资税收指南课题组．中国居民赴土耳其投资税收指南［Z］．北京：国家税务总局，2019.

第四章
财政支出在丝绸之路经济带沿线国家经济增长中的作用分析

"一带一路"倡议强调政策沟通,加强国际财经合作是政策沟通不可或缺的内容。① 在丝绸之路经济带建设中,财政政策发挥作用的空间比较宽广,比如运用 PPP 模式、财政贴息、税式支出等手段,可以有效地撬动社会资本参与丝绸之路经济带建设。

根据孙烨、吴浩洋（2017）的估计,2016—2020 年,丝绸之路经济带沿线国家累计基础设施建设投资总额将达到 8 万亿~10 万亿美元,不包括中国在内的丝绸之路经济带沿线国家累计基础设施建设投资总额将达到 3.6 万亿~4.8 万亿美元。② 如此大额的资金需求,仅靠财政投资是无法满足的。解决这一问题的出路是,充分调动社会各方面的积极性,拓宽建设资金来源渠道,以市场化手段配置财政资源,运用财政支出的杠杆撬动社会资本投向这些领域建设。③ 丝绸之路经济带沿线国家,在地理位置、经济水平、自然资源、国家战略等方面的差异,造成了各国在财政支出方面的不均衡,财政支出对经济发展的作用也各不相同。那么,丝绸之路经济带沿线国家的财政支出对经济增长的作用如何？这是需要深入探讨的问题。从已有的文献来看,有关丝绸之路经济带沿线国家财政支出与经济增长之间的实证研究还相

---

① 张帅. 全国财政工作会议:推进"一带一路"国际财经合作 [EB/OL]. (2018-12-28) [2019-10-12]. http://www.takungpao.com/news/232108/2018/1228/226812.html?from=timeline.

② 孙烨,吴浩洋. 丝绸之路经济带的基础设施资金需求与投融资经济决策 [J]. 经济问题探索,2017 (3):92-97.

③ 顾一娴. 要让财政资金发挥出"四两拨千斤"的乘数效应 [EB/OL]. (2015-02-27) [2019-12-13]. http://www.chinacity.org.cn/cshb/cssy/221933.html.

对较少,对于不同区域间的比较研究还有很大的研究空间。本章将丝绸之路经济带沿线的国家分为俄罗斯、中亚和西亚三个区域,运用面板数据分析方法,对财政支出在丝绸之路经济带沿线国家经济增长中的作用进行分析。

第一节 模型设定与变量说明

一、模型设定

由于区域间存在的资源禀赋、区域地理位置等差异,使财政支出促进经济增长的效果存在差异性。[①] 为此,我们构建的丝绸之路经济带沿线区域财政支出对经济增长影响的分析模型如下:

$$\ln GDP_{it} = \alpha + \beta_1 \ln G_{it} + \beta_2 \ln Fdi_{it} + \beta_3 \ln Labor_{it} + \beta_4 \ln Sci_{it} + \beta_5 \ln Open_{it}$$

其中,GDP_{it} 为国家 i 在年份 t 的 GDP,α 为常数项,G_{it} 为国家 i 在年份 t 的财政支出,Fdi_{it} 为国家 i 在年份 t 的外商直接投资状况,$Labor_{it}$ 为国家 i 在年份 t 的人力资本状况,Sci_{it} 为国家 i 在年份 t 的科技发展状况,$Open_{it}$ 为国家 i 在年份 t 的对外商品贸易状况。

二、自变量说明

考虑到数据[②]的可得性,自变量共包括两组:第一组为财政支出 G_{it},用 i 国的财政实际支出额度量(单位:百万美元)。第二组为控制变量,分别是:外商直接投资状况 Fdi_{it},用 i 国的外商直接投资度量(单位:百万美元);人力资本状况 $Labor_{it}$,用 i 国的就业人数度量(单位:人);科技发展状况

[①] 邓悦,詹添丞.地方财政支出与区域经济发展关系的实证分析——以地市级城市面板数据为例 [J]. 江西财经大学学报,2013 (3):18-24.

[②] 数据来源:西安财经大学中国(西安)丝绸之路研究院"一带一路大数据平台" [DB/OL]. http://sczl.xaufe.edu.cn/w/web/index.aspx.

Sci_{it},用 i 国的高技术出口额度量(单位:百万美元);对外商品贸易状况 $Open_{it}$,用 i 国的商品出口额度量(单位:百万美元)。根据实际数据统计的完整情况,对丝绸之路经济带沿线国家进行遴选。样本区域分为:中亚,具体包括哈萨克斯坦和吉尔吉斯斯坦;西亚,具体包括土耳其和以色列;俄罗斯。样本时间区间为2010—2017年。

第二节 实证分析

一、数据的描述性统计分析

表4-1 丝绸之路经济带沿线国家数据的描述性统计

	中亚			
	均值	标准差	最大值	最小值
GDP(百万美元)	193 108.85	33 348.12	243 969.58	144 091.41
G(百万美元)	31 344.9	4 258.72	36 137.81	24 260.77
Fdi(百万美元)	9 846.31	3 535.87	14 666.6	4 425.2
$Labor$(人)	8 903 520.42	251 076.51	9 167 591.67	8 402 483.33
Sci(百万美元)	2 726.81	567.87	3 556.01	1 802.44
$Open$(百万美元)	67 559.25	19 162.89	88 342.6	38 310.1
	西亚			
	均值	标准差	最大值	最小值
GDP(百万美元)	1 158 395.93	75 458.5	1 244 193.8	1 005 634.7
G(百万美元)	374 016.86	19 336.53	401 461.92	348 040.97
Fdi(百万美元)	23 323.58	4 676.31	29 818	14544
$Labor$(人)	28 202 350.65	2 188 588.32	31 037 797.97	24 225 909.26
Sci(百万美元)	11 418.92	1 528.28	14 164.93	9 338.51
$Open$(百万美元)	207 964.82	15 514.14	226 117.16	172 296.25

续表

俄罗斯				
	均值	标准差	最大值	最小值
GDP（百万美元）	1 796 111.34	375 658.37	2 297 128.04	1 282 723.88
G（百万美元）	479 518.24	60 246.2	564 090.29	396 226.88
Fdi（百万美元）	38 912.53	18 342.61	69 218.9	9 824.93
$Labor$（人）	71 537 500	788 436.39	72 391 666.67	69 941 666.67
Sci（百万美元）	7 700.39	1 769.91	9 842.67	5 075.12
$Open$（百万美元）	430 902.13	92 027.38	529 256	281 710

表 4-1 描述性统计结果表明，2010—2017 年，中亚地区 GDP 的平均值为 193 108.85，最大值为 243 969.58，最小值为 144 091.41，标准差为 33 348.12，表明中亚国家 GDP 之间的差异较为明显；财政支出的平均值为 31 344.9，最大值为 36 137.81，最小值为 24 260.77，标准差为 4 258.72，说明在 2010—2017 年，中亚国家的财政支出之间也存在明显的差异，可能会影响中亚地区的经济增长水平，有必要进一步对中亚地区的 GDP 与财政支出之间的关系进行分析。西亚地区 GDP 的平均值为 1 158 395.93，最大值为 1 244 193.8，最小值为 1 005 634.7，标准差为 75 458.5，表明西亚国家 GDP 之间的差异较为明显；财政支出的平均值为 374 016.86，最大值为 401 461.92，最小值为 348 040.97，标准差为 19 336.53，说明在 2010—2017 年，西亚国家的财政支出之间也存在明显的差异，可能会影响西亚地区的经济增长水平。就俄罗斯而言，2010—2017 年，GDP 的平均值为 1 796 111.34，最大值为 2 297 128.04，最小值为 1 282 723.88，标准差为 375 658.37，表明俄罗斯年度 GDP 之间的差异较为明显；财政支出的平均值为 479 518.24，最大值为 564 090.29，最小值为 396 226.88，标准差为 60 246.2，说明在 2010—2017 年，俄罗斯的财政支出之间也存在明显的差异，可能会影响俄罗斯的经济增长水平。

二、实证结果

由于对数据的分析主要采用的是面板数据，面板数据分析模型需要在随机效应模型和固定效应模型中进行选择。经过 Hausman 检验，选择了固定效应模型进行分析。利用 EViews 6.0 对样本进行回归分析，其结果见表 4-2。

表 4-2　计量估计结果

自变量	全部	俄罗斯	中亚	西亚
C	13.08821* (2.100214)	−57.65625** (−6.021824)	−42.42690*** (−5.885015)	0.135221 (0.041485)
$\ln G$	1.174467*** (8.484533)	0.439939 (2.203290)	0.154239** (2.314454)	1.113055*** (6.049233)
$\ln Fdi$	0.111708*** (2.986981)	0.066260* (3.321418)	−0.015424 (−0.893255)	0.049335 (1.588686)
$\ln Labor$	−0.968033** (−2.417384)	2.542588** (4.735924)	2.703426*** (5.499648)	−0.144158 (−0.654460)
$\ln Sci$	0.152049* (1.783830)	0.019340 (0.323894)	0.049421*** (3.245694)	0.188225* (1.859213)
$\ln Open$	0.016295 (0.605150)	0.688344** (9.032817)	0.521491*** (12.49982)	−0.005175 (−0.041293)
R^2	0.997350	0.999244	0.999686	0.998601
模型选择	固定效应	OLS	固定效应	固定效应

注：括号内为 t 值，*、**、*** 分别表示在 10%、5%、1% 的水平上显著。

三、实证结果分析

由表 4-2 的实证结果可知，丝绸之路经济带沿线国家的经济发展水平与财政实际支出、外商直接投资、人力资本状况及科技发展状况显著相关；其中，财政实际支出、外商直接投资及科技发展状况对经济发展水平具有显著的积极促进作用，人力资本状况对经济发展水平具有显著的负向作用。2014年 12 月 29 日，丝路基金有限责任公司在北京成立，丝路基金是为应对"一带一路"基础设施连通、贸易便利化和政策协调问题而设立的，在总规模超3 000 亿元的各种"丝路基金"中，资本来源以国有资本为主，占比约为

87%，社会化资本占 13%。① 丝路基金自设立以来，投资覆盖了俄罗斯、西亚、中亚等丝绸之路经济带沿线国家，涵盖基础设施、能源开发等领域。② 到 2019 年初，"一带一路"倡议所涉及的基础设施投资，使中国—中亚—西亚经济走廊的贸易成本降低 10.2%。③ 财政实际支出对丝绸之路经济带沿线国家经济发展的促进作用已显著显现，有效地推进了区域经济增长。

从分区域情况来看，财政实际支出对于不同区域经济发展的影响具有明显差异。在俄罗斯，财政实际支出并没有对经济发展表现出显著影响，外商直接投资、人力资本状况及对外商品贸易状况与该国的经济发展呈显著正相关。这一结果与俄罗斯近年来的经济发展状况基本一致。第一，俄罗斯财政支出中用于经济发展的资金有限，对经济发展的影响有限。一方面，面对西方经济制裁和油价下跌条件下经济恶化的严峻形势，俄罗斯总体上采取了较为保守的财政政策，④ 财政支出对经济发展的影响表现不明显。另一方面，俄罗斯每年大量的财政收入用于军事，其军费占 GDP 比例位居世界大国前列，这直接影响了俄罗斯在经济上的投入。⑤ 第二，对外商品贸易状况对俄罗斯的经济发展具有显著的促进作用。近年来，由于西方国家的持续经济制裁，俄罗斯经济发展的外部条件状况一直不佳。粮食、军火、能源等的出口，成为维持俄罗斯经济发展的重要商品。2017 年以来，俄罗斯经济已经开始止跌回升，国内生产总值有所增长，2017 年拉动经济增长的主要动力就是对外贸易。⑥ 目前，支撑起俄罗斯经济的无外乎军事工业、石油

---

① 申俊涵，陈黎明. 助力"一带一路"：3 000 亿"丝路基金"寻踪 [EB/OL].(2017-05-20) [2019-12-22]. http：//www.sohu.com/a/141982050_ 115443.

② 王观. 发挥丝路基金作用 服务"一带一路"建设（一带一路·高端访谈）——访丝路基金监事会主席杨泽军 [EB/OL].(2017-05-10) [2019-12-20]. http：//world.people.com.cn/n1/2017/0510/c1002-29264397.html.

③ 大卫·布莱尔. 外籍专家："一带一路"倡议为各国协调经济政策创造可能 [EB/OL]. (2019-05-02) [2019-11-28]. https：//www.yidaiyilu.gov.cn/ghsl/hwksl/88806.htm.

④ 殷红，崔铮. 西方制裁下的俄罗斯经济形势与政策 [J]. 国际经济评论，2017 (3)：129-144.

⑤ 俄罗斯纵横世界几百年，为何经济一直都很差？主要原因有三点 [EB/OL].(2018-07-28) [2019-12-22]. http：//www.sohu.com/a/243918802_ 451040.

⑥ 俄罗斯黄皮书：俄罗斯发展报告 [EB/OL].(2018-06-01) [2019-12-18]. https：//www.sohu.com/a/233681020_ 186085.

和天然气以及农产品,俄罗斯已经成为世界上最大的谷物出口国,俄罗斯对外出口的谷物甚至已经超过了其对外的军售。① 第三,外商直接投资是促进俄罗斯经济发展的重要动力。2018年,俄罗斯在20个最具投资吸引力的欧洲国家中排名第9,外商直接投资主要集中在生产领域、销售和营销领域、研发领域,其中,销售和营销领域的外商直接投资项目数量增加近1倍,研发领域的外商直接投资项目增长也很明显,俄罗斯仍然是具有外资吸引力的一个区域。② 第四,人口数量的减少成为制约俄罗斯经济发展的重要因素。近年来,俄罗斯人口持续下降,从2015年起,人口减少已经对俄罗斯的经济发展产生了严重的负面影响。③ 目前,俄罗斯劳动力的缺口达1 000万人,特别是远东和西伯利亚地区的石油、天然气和木材等资源开发领域,劳动力短缺近50%,已经严重地影响了当地的经济发展。④

在中亚,财政实际支出、人力资本状况、科技发展状况以及对外商品贸易状况与该地区的经济发展呈显著正相关。这一结论与中亚地区近年来的经济发展状况基本一致。第一,财政实际支出在中亚地区经济发展中发挥了重要的作用。2010年以来,中亚地区各国持续实施了扩张型财政政策,通过提高公共支出推动基础设施建设,为该区域经济发展提供了内生动力,在一定程度上抵消了外部宏观经济环境变动给中亚地区经济带来的消极影响。⑤ 在大规模政府投资推动下,2015—2017年吉尔吉斯斯坦GDP每年约提高7.4个百分点。⑥ 亚洲开发银行认为,在哈萨克斯坦和乌兹别克斯坦为刺激经济而增加

---

① 张平.俄罗斯是真的穷吗?现在经济状况如何? [EB/OL].(2019-10-03)[2019-12-01]. http://www.sohu.com/a/344868962_104543.
② 俄罗斯的外商直接投资项目数量再次位列欧洲前十[EB/OL].(2019-06-06)[2019-11-23]. https://www.russia-online.cn/News/000_1_34583.shtml.
③ 许艳丽.浅析俄罗斯人口状况对社会经济发展的影响——对我国的借鉴与思考[J].社会保障研究,2016,23(1):109-115.
④ 2019年俄罗斯人口再现负增长 经济低迷国民收入降低成主要原因[EB/OL].(2019-06-12)[2019-12-20]. https://news.hexun.com/2019-06-12/197490865.html.
⑤ 联储缓加息市场稍安 深耕中亚市场前景好[EB/OL].(2015-09-29)[2019-11-25]. http://www.cs.com.cn/xwzx/hwxx/201509/t20150929_4809081.html.
⑥ 雷婕,丁超,童伟.中亚地区财政经济形势分析[J].欧亚经济,2016(4):25-41.

财政拨款的背景下,预计中亚国家 2019 年平均经济增速为 4.4%,2020 年为 4.3%。① 第二,跨国劳务输出是中亚国家重要的经济来源,对促进中亚国家经济发展具有重大的支持作用。跨国劳务输出规模大是中亚国家人力资源的主要特点,仅 2014 年,从俄罗斯汇往吉尔吉斯斯坦的汇款就为 7.71 亿美元,占该国当年 GDP 的 27.8%。② 第三,科技发展对经济发展的重要性已获得中亚国家的认可。目前,中亚国家已经先后出台了相关的科技发展战略,比如,吉尔吉斯斯坦高效利用水资源,哈萨克斯坦和乌兹别克斯坦对信息通信技术、纳米技术、航天和生物技术等高新技术给予了特别的重视,③ 以期实现科技发展对地区传统产业及新兴经济的促进作用。第四,对外商品贸易状况一直对中亚国家的经济发展有着重要的促进作用。《中亚黄皮书:中亚国家发展报告(2019)》显示,中亚国家经济上对外依赖严重,需要外部技术和市场。④ 苏联解体以来,在国内资金短缺的情况下,中亚国家不得不对外出口工业原材料和农产品,以换取外汇,为国家工业化积累资金。⑤ 2015 年,乌兹别克斯坦对外贸易依存度为 43.83% 左右,中亚其他四国的对外贸易依存度均超过 60%,吉尔吉斯斯坦高达 93.44%。⑥

在西亚,财政实际支出、科技发展状况与该地区的经济发展呈显著正相关。这一结论与西亚地区近年来的经济发展状况基本一致。一方面,面对石油价格的下跌,西亚国家运用积极的财政政策刺激经济发展。2015—2017 年,世界油价持续低位运行,迫使西亚各国改变经济建设模式,政

---

① 中亚国家经济面临哪些问题,未来发展怎样? 专家告诉你 [EB/OL].(2019-09-28)[2019-12-28]. http://zykjfwz.com/index.php? m=content&c=index&a=show&catid=870&id=1679.

② 纪祥,郭晓琼. 中亚国家在俄罗斯的劳务移民问题 [EB/OL].(2017-02-22)[2019-12-28]. http://www.sohu.com/a/126992038_618422.

③ 吴淼,王丽贤,张小云,等. 中亚五国科技实力对比分析 [J]. 世界科技研究与发展,2018,40 (5):454-464.

④ 社科院报告:中亚国家走上合作共赢之路 [EB/OL].(2019-01-22)[2019-12-13]. http://www.sohu.com/a/291058213_118392.

⑤ 张文晖. 中亚国家经济前路如何? [EB/OL].(2019-07-04)[2019-12-29]. http://www.oushinet.com/china/eiec/20190704/325109.html.

⑥ 刘华芹. 徘徊在十字路口的中亚国家经济 [J]. 欧亚经济,2016 (4):2-9.

府资金支持在经济发展中的促进作用越来越重要。① 如土耳其政府采取了降低部分商品税费等措施来稳定物价、恢复经济，起到了一定作用。② 另一方面，科技在经济发展中的促进作用越来越明显。20世纪七八十年代以来，以色列已经孵化了超过6 000家初创企业，在纳斯达克上市的公司数量排世界第3位。③ 以色列创新指数位居全球第10，其中科研人员比率列全球第1位，研发强度列全球第2位，而高科技公司密度列全球第3位。④

第三节 研究结论及启示

一、研究结论

从整体上看，财政实际支出在丝绸之路经济带沿线国家的经济发展中发挥了一定的促进作用。但从分区域的情况来看，财政实际支出对区域经济发展的影响存在较为明显的差异。在俄罗斯，财政实际支出并没有对经济发展表现出显著影响；在中亚，财政实际支出与该地区的经济发展呈显著正相关；在西亚，财政实际支出与该地区的经济发展也呈显著正相关。

研究还发现，外商直接投资、科技发展状况对丝绸之路经济带沿线国家整体的经济发展水平具有显著的积极促进作用。在俄罗斯，外商直接投资、人力

---

① PPP路漫漫，中东北非上下而求索 [EB/OL].（2019-02-22）[2019-12-29]. https：//www.douban.com/note/707768788/.
② 黄培昭，景玥. 中东地区国家多举措应对经济挑战 [EB/OL].（2019-03-20）[2019-12-29]. http：//finance.people.com.cn/n1/2019/0320/c1004-30984784.html.
③ 以色列国家创新竞争力发展的特点、成因及其启示 [EB/OL].（2019-09-23）[2019-12-22]. http：//www.sohu.com/a/342803391_468720.
④ 《以色列发展报告（2017）》在京发布 科技创新引领以色列国家经济发展 [EB/OL].（2017-09-09）[2019-12-22]. http：//news.cri.cn/20170909/c3c36563-fcab-5c00-eec8-691d4426367d.html.

资本状况及对外商品贸易状况与该国的经济发展呈显著正相关；在中亚，人力资本状况、科技发展状况以及对外商品贸易状况与该地区的经济发展呈显著正相关；在西亚，科技发展状况与该地区的经济发展呈显著正相关。

近年来，中亚各国政府均致力于增强财政对宏观经济的调控能力，以为本国经济的发展创造稳定、良好的财政税收环境。① 西亚国家也面临诸多经济挑战，各国政府必须调整财政政策并继续实施改革来推动经济增长。② 受国际环境影响，依赖出口的俄罗斯，从2014年开始实施了紧缩的财政政策，进一步影响了经济的发展。③ 因此，实施财政政策改革将是丝绸之路经济带沿线国家促进经济发展的必然选择，科技、人力资本、对外开放领域将是财政支出的重点领域。

二、对我国投资丝绸之路经济带沿线国家的启示

"一带一路"建设秉持共商、共建、共享原则，通过将"一带一路"倡议与沿线国家的发展战略相对接，实现各国共同参与、共同建设、共同分享。④ 因此，中国的对外投资也应该有助于进一步推动投资目的地国的经济发展。

（一）对俄罗斯的投资应侧重于直接投资

俄罗斯实行的紧缩性财政政策，束缚了财政支出对经济发展的影响，但是，外商直接投资对该国的经济发展有显著的影响。因此，对俄罗斯的投资应侧重于直接投资，并且需要不断优化投资结构、增强风险意识，不断促进

---

① 雷健，丁超，童伟. 中亚地区财政经济形势分析 [J]. 欧亚经济，2016 (4)：25-41.
② 黄培昭，景玥. 中东地区国家多举措应对经济挑战 [EB/OL].（2019-03-20）[2019-12-29］. http://finance.people.com.cn/n1/2019/0320/c1004-30984784.html.
③ 俄罗斯受西方经济制裁以来已经损失8 000亿 [EB/OL].（2019-08-22）[2019-12-29］. https://news.hexun.com/2019-08-22/198295919.html.
④ 穆虹. 推进"一带一路"建设 [EB/OL].（2015-12-11）[2019-12-30］. http://opinion.people.com.cn/n/2015/1211/c1003-27913424.html.

中国对俄罗斯直接投资又好又快发展。① 为此，提出如下建议：

1. 充分评估俄罗斯经济发展的基本面，选择合适的投资行业

一国的经济发展受本国内外部环境的制约，会出现各种原因的波动，选择恰当的投资行业与时机就显得尤为重要。近年来，俄罗斯的经济一度处于停滞状态，国内区域发展不平衡也是影响俄罗斯经济发展的重要因素。因此，找到合适的路径振兴经济，对俄罗斯来说极为重要。目前来看，5G 商用、机器自动化、生物识别技术、数字货币等高新领域是俄罗斯重点关注的领域。来自中国的投资，应充分分析和评估俄罗斯经济波动的系统性风险，从国家的财政状况、金融环境、国际贸易、政策调整、行业发展潜力、市场风险、投资者自身因素等方面科学评估俄罗斯经济发展的基本面，选择具有市场潜力并受俄罗斯政府支持的行业作为投资对象。

2. 充分了解俄罗斯的经济政策，避免不必要的经济纠纷

俄罗斯地域辽阔，国内地区之间的经济环境差异较大，导致各个地方的经济政策也存在较大差异。目前，俄罗斯实行联邦预算、联邦主体预算和地方预算的三级预算管理体制，联邦主体拥有独立管辖本地区经济与发展的权力。因此，中国资金投到俄罗斯之前，需要充分了解俄罗斯联邦政府和各联邦主体政府的经济政策，特别是对联邦主体政府的经济政策要有充分的理解，遵守各级政府机构的法律条款和规章制度，制定符合自身利益的投资策略，避免不必要的法律纠纷。同时，对于可能出现的法律纠纷，应制定符合当地法律环境的应对预案，维护自己的合法权益。

3. 政府部门要加强与俄罗斯政府的沟通，为中国的直接投资建立良好的外部环境

现阶段，中俄两国关系处于历史最好时期，经济领域的合作不断扩大，合作质量不断提升，中国继续保持俄罗斯的主要投资来源国地位。在丝

---

① 邸玉娜，刘艺萌，张凡."一带一路"背景下中国对俄罗斯直接投资的机遇与挑战［J］. 时代经贸，2018（2）：43-44.

绸之路经济带的沿线国家中,俄罗斯也是为数不多的同中国修订了税收协定的国家。但是,中国企业在俄罗斯投资也面临着很多经济法律等问题,对俄罗斯进行投资时仍常常感觉难以适应当地市场。① 为此,加强两国政府之间的协调沟通,消除影响企业投资积极性的政策、法律障碍,将是支持中国企业在俄罗斯投资的安全重要保障。一是建立两国政府之间的政策协调沟通机制,就企业投资过程中遇到的普遍性问题进行沟通,适时谈判协调政策文件中的不利条款;对于企业投资过程中遇到的特殊个案问题,有重点地进行沟通解决。二是及时走访对俄投资企业,了解企业在发展中遇到的实际问题,为企业维护自身利益出谋划策。三是建立对俄投资信息发布平台,及时对俄罗斯各级政府发布的经济政策、法律文件进行准确翻译和发布,并请相关专家进行解读和指导。

(二) 对中亚、西亚的投资应关注科技领域

目前,中国对于中亚和西亚的投资侧重于能源开发和基础设施建设,下一步,中国应该在科技领域加强对中亚、西亚的投资;并且,从中亚—西亚国家的投资风险来看,中国未来在该区域的投资也应关注高科技领域。②

1. 西亚投资方面

《中东黄皮书:中东发展报告 No.21 (2018—2019)》指出,在西亚地区,传统能源国际市场行情走低,传统能源投资开发潜力已相对受限,新型能源和清洁能源成为中国—西亚直接投资合作的新产业增长点。③ 为此,中国企业可以从以下方面入手:

第一,科学评价西亚地区的安全形势。西亚地区在历史上就是大国的博

---

① 安永. 中国企业在俄罗斯投资重点关注问题 [EB/OL]. (2017-06-19) [2020-01-23]. http://www.sohu.com/a/150060202_284463.

② 管清友,张嫒,伍艳艳,等. 中亚—西亚经济走廊投资风险评价:阿联酋风险最低,伊朗风险最高 [J]. 中国经济周刊, 2015 (23): 18-20.

③ 中国在西亚直接投资发展潜力巨大 [EB/OL]. (2019-09-26) [2020-01-11]. http://world.people.com.cn/n1/2019/0926/c1002-31374804.html.

弈场,安全是中国在该地区投资的重要挑战。这就要求中国企业在西亚地区进行投资之前,有针对性地研究相关国家的安全体系,密切关注有关政治、军事、经济、社会等多方面的信息,形成投资风险评估报告和应对预案,尽可能规避各类安全风险。同时,鼓励中国企业在赴西亚地区进行投资时,通过国际保险机构办理保险业务来保全人身、资产安全。

第二,采用多元化投资策略。西亚各国的安全形势各有不同,对西亚国家的投资也应多元化,尽可能不将投资放在一个国家,避免投资风险。同时,可以与其他国家的公司发起设立合资公司,分担投资风险,这样有利于获得必要的国际支持,达到共同受益、共担风险的目的。

第三,建立中国—西亚投资合作园区。中国同西亚国家的经贸交流历史悠久,大力推动中国同西亚国家的投资合作,已成为双方的共识。中国和西亚国家都处于经济社会发展的关键时期,2016年1月13日,中国政府发布《中国对阿拉伯国家政策文件》,这是中国政府制定的首份对阿拉伯国家政策文件,明确提出了投资贸易领域的政策举措。[1] 当前,中国和西亚双方可以借助丝绸之路经济带建设的机遇,构建中国—西亚投资合作园区,创新双方经贸投资合作的新局面。中国国内面临产能过剩的企业和资金实力相对雄厚的企业,都可以加强对关于西亚各国产业园区投资环境和市场前景的调研,积极寻找园区投资机遇,争取通过龙头企业投资,[2] 发挥境外投资的带动效应,促进国内产品的出口。

2. 中亚投资方面

中亚地区是丝绸之路经济带上的重要区域。《中亚黄皮书:中亚国家发展报告(2019)》指出,在中亚国家贸易便利化和吸引外国直接投资政策的鼓

---

[1] 中国政府发布首份对阿拉伯国家政策文件 [EB/OL].(2016-01-13) [2020-01-12]. http://www.xinhuanet.com/world/2016-01/13/c_1117766467.htm.

[2] 中国在西亚直接投资发展潜力巨大 [EB/OL].(2019-09-26) [2020-01-11]. http://world.people.com.cn/n1/2019/0926/c1002-31374804.html.

励下，中国与中亚国家的贸易和投资合作保持了存在结构性差异的增长趋势。① 但是，中国与中亚五国合作多年，进出口工业制成品类型过于固定，需要先进生产技术带动产业升级，充分利用中国工业制成品技术含量高等优点，实现中国与中亚五国互利共赢。② 为此，提出如下建议：

第一，引导企业向高附加值产业投资，避免过度集中于低水平投资。③ 当前，中国对中亚国家的投资还多集中于能源、交通、化工等领域，这些领域属于中国企业的传统优势领域，但从中亚国家的发展战略来看，中国企业有必要对高科技行业予以关注。比如，乌兹别克斯坦对国外投资者在高新技术、深加工等领域的投资给予税收优惠，哈萨克斯坦将创新和航天领域作为重点发展行业，因此，中国企业要在这些国家进行投资，就有必要调整投资目标，将高科技行业作为新的增长点，这样既有利于企业的长远发展，也有利于获得当地政府的支持。

第二，加强企业的风险防控能力。中国企业在中亚投资面临着政治、社会、经济、法律等多方面的投资风险，④ 为此，赴中亚国家进行投资，一方面，要充分了解这些国家在社会、人文等方面的规矩、习俗，避免因文化冲突导致企业利益受损；另一方面，要充分掌握这些国家的政治、经济、法律等方面的法规文件，这样既有利于规避因法规制度的国别差异导致的投资风险，也有利于企业尽早制定各类风险防控的对策预案。

第三，完善中国同中亚五国政府的沟通协调机制。虽然中国与中亚国家经贸合作取得了显著的成效，但投资制度障碍导致的跨境贸易成本过高、市场开放程度较低等问题开始逐步显现出来，成为影响双边贸易与投资持续稳

---

① 中国与中亚国家经贸合作稳中有进 [EB/OL].（2019-03-05）[2020-01-20]. http://www.mofcom.gov.cn/article/difang/201903/20190302840229.shtml.

② "一带一路"倡议下中国对中亚五国的贸易战略 [EB/OL].（2018-01-13）[2020-01-15]. http://mini.eastday.com/mobile/180113135221061.html#.

③ 刘珅，张金玉."一带一路"背景下中国对中亚五国直接投资结构差异性分析 [J]. 河北经贸大学学报（综合版），2018，18（4）：41-48.

④ 陆兵. 中国企业走向中亚市场的风险和防范措施 [J]. 新疆师范大学学报（哲学社会科学版），2017，38（4）：100-112.

定发展的障碍。① 在对外直接投资过程中,需要不断深化中国与中亚国家政策协调,实现跨境产能合作。② 同时,通过双方的沟通协调,及时了解对方的关切和短板,适时调整政府相关政策,引导企业调整投资规划,降低企业的交易成本,推动投资双方共同发展。

---

① 与中亚合作有亮点有难点 [EB/OL].(2017-07-06) [2020-01-11]. http://www.ccpit.org/Contents/Channel_ 4117/2017/0706/836219/content_ 836219. htm.
② 程贵,马莹,胡海峰. 供给侧改革背景下我国对中亚国家直接投资的策略选择 [J]. 兰州财经大学学报, 2017, 33 (2): 71-76.

第五章
丝绸之路经济带建设中财税治理的改进路径与政策建议

第一节 中国企业参与丝绸之路经济带建设的税收问题分析——基于中亚五国和俄罗斯的考察

推进"一带一路"建设,是习近平总书记统筹国内、国际两个大局,立足当前、着眼长远提出的重大倡议和构想。丝绸之路经济带横跨亚欧大陆,涵盖中亚、西亚、中东欧、西欧等众多国家,各国税收体制差异较大,会给中国企业参与丝绸之路经济带建设带来诸多税收问题。

在整个丝绸之路经济带的版图上,中亚地区是关键纽带,是必经之地,是战略重心。经营中亚,涉及中国政治、经济、能源、安全等多重利益,具有极大的战略意义[1]。俄罗斯是丝绸之路经济带上的重要国家,要建设丝绸之路经济带,就必须加强与俄罗斯的合作,当前中俄关系处于历史上最好的时期。[2] 从 2000 年起,中国连续 8 年保持俄罗斯第一大贸易伙伴地位。因此,本部分研究区域限定为中亚五国和俄罗斯,具体来讲,是哈萨克斯坦、吉尔吉斯斯坦、塔吉克斯坦、乌兹别克斯坦、土库曼斯坦和俄罗斯。

---

[1] 胡鞍钢,马伟,鄢一龙."丝绸之路经济带":战略内涵、定位和实现路径 [J]. 新疆师范大学学报(哲学社会科学版),2014,35(2):1-10.

[2] 丁晓星. 丝绸之路经济带的战略性与可行性分析——兼谈推动中国与中亚国家的全面合作 [J]. 人民论坛·学术前沿,2014(4):71-78.

第五章　丝绸之路经济带建设中财税治理的改进路径与政策建议

从已有文献来看，"一带一路"建设的相关研究成果较为丰富，针对丝绸之路经济带沿线国家的税收制度研究也有一定数量，主要内容包括两个方面：一方面，对沿线国家税制存在问题的研究。Mirzokhid（2014）研究发现，法律和法规的频繁变化、税收政策缺乏透明度、税收程序不稳定等，都是影响外国企业在乌兹别克斯坦投资积极性的重要因素。① 世界银行（2017）对中亚国家经济改革的研究指出，虽然中亚五国在商业领域进行了一系列改革，但是中亚国家的平均纳税额高于OECD国家。② 杰弗里·欧文斯、张钟月（2017）通过分析丝绸之路经济带沿线国家发展中的税收难题发现，中亚国家税收征管能力薄弱，缺乏适用国际税收规则的税收征管能力，特别是税收条约和转让定价原则在实践操作中往往显得"力不从心"。③ Silvana（2017）分析了中俄两国的经贸合作状况，发现俄罗斯部分地区在2012年就计划采用税收优惠等政策以吸引来自中国的投资，但这些政策的框架体系依旧未能建立起来④。另一方面，完善沿线国家税制的建议。Barreto和Sinha（2014）分析了吉尔吉斯斯坦的税收征管制度，认为该国的税务管理系统应根据国际标准，对业务流程、信息交换水平等进行改进，通过改善税收征管方式及透明度、减少员工工作量和纳税人的遵从成本来提高效率。⑤ Ponomariov等（2017）分析了中亚国家的税收管理状况，认为完善税收立法并加强税收透明机制，可以减少中亚国家税收部门的腐败行为。⑥

对于中国企业参与丝绸之路经济带建设所面临的税收问题，已有研究主

---

① Mirzokhid R. Central Asia and Japan: Bilateral and Multilateral Relations Author Links Open Overlay Panel [J]. Journal of Eurasian Studies, 2014 (5): 77-87.

② World Bank. Economies in Central Asia Continue Reform Agenda [EB/OL]. (2017-11-01) [2019-01-28]. https://akipress.com/news: 598440/.

③ 杰弗里·欧文斯，张钟月. 新丝绸之路发展中的税收问题探究 [J]. 国际税收，2017 (4): 64-67.

④ Silvana M. Russia and China in the 21st Century. Moving Towards Cooperative Behaviour [J]. Journal of Eurasian Studies, 2017 (8): 136-150.

⑤ Barreto R, Sinha R. Implementing a Tax Administration System in the Kyrgyz Republic [J]. Social Science Electronic Publishing, 2014 (29).

⑥ Ponomariov B, Balabushko O, Kisunko G. Tax Administration Practices and Firms' Perceptions of Corruption [J]. Policy Research Working Paper Series 8122, Governance Global Practice Group, 2017 (6).

要从以下方面展开：第一，中国企业投资沿线国家面临的税收困境。李香菊、王雄飞（2017）研究发现，中亚一些国家的能源部门只负责征收资源税，对于税票、税收凭证的开具缺乏法律权威性和真实性，并对外商独资企业法人资格注册实施严格管制，使中国"走出去"企业获得完税凭证的难度增加。① 殷敏（2018）认为，中国企业在俄罗斯投资面临税收负担重、重复征税、企业所得税的不适当征收等问题。② 第二，相关税收问题的解决之策。文雷、张淑惠（2015）结合丝绸之路经济带发展的现状，提出现阶段税收协调的重点应放在中国与中亚五国的关税协调上。③ 刘源等（2016）从短期与长期税制协调路径、协调企业所得税优惠政策和加强税收情报交换等角度，提出解决中国和中亚国家产业合作进程中企业所得税障碍的建议。④ 杨杨等（2017）认为，我国"走出去"企业投资中亚五国，在税收筹划设计上应关注股息预提税和利息预提税。⑤ 王素荣、赵珊珊（2018）通过分析中亚五国税收制度认为，中国企业投资中亚五国降低税负的主要方法是争取享受东道国税收优惠和递延海外利润汇回时间。⑥

总体而言，虽然相关文献较为丰富，但多系针对沿线国家税收制度展开分析，对于中国"走出去"企业及国内涉税主体的研究较少。鉴于此，本部分分析了中国企业参与丝绸之路经济带建设的国际税收环境，探索了中国企业应对丝绸之路经济带国际涉税事件时存在的问题，最后提出具有可行性的解决策略。

---

① 李香菊，王雄飞."一带一路"战略下企业税收风险与防控研究［J］.华东经济管理，2017（5）：134-139.

② 殷敏."一带一路"倡议下中国对俄投资的法律风险及应对［J］.国际商务研究，2018（1）：69-85.

③ 文雷，张淑惠."丝绸之路经济带"的税收协调问题［J］.税务研究，2015（6）：36-40.

④ 刘源，宋丽颖，闫珂."丝绸之路经济带"背景下中国—中亚企业所得税制协调问题研究——基于产业合作视角［J］.人文杂志，2016（9）：33-39.

⑤ 杨杨，雷正，杜剑."一带一路"背景下中亚国家税制对我国"走出去"企业的影响分析［J］.新西部，2017（20）：46-49.

⑥ 王素荣，赵珊珊.中国企业投资"一带一路"中亚国家的税务筹划［J］.国际商务（对外经济贸易大学学报），2018（2）：72-85.

第五章　丝绸之路经济带建设中财税治理的改进路径与政策建议

一、中国企业参与丝绸之路经济带建设的国际税收环境分析

中国企业参与丝绸之路经济带建设必然要与沿线国家的税法体系和税务机构产生联系。因此，本部分将从沿线国家的税收法规制定及执行以及国家间的税收协定入手，分析中国企业参与丝绸之路经济带建设过程中面临的国际税收环境。

（一）沿线国家税收法规制定及执行有待规范

在中亚五国及俄罗斯，涉税法规不仅包括各类法律法规，行政命令也是税收法规体系的重要组成部分。在乌兹别克斯坦，外来投资不仅要遵守乌兹别克斯坦税收法规，还要特别关注总统令等政府文件，如《关于鼓励创建外资企业的补充措施总统令》《内阁关于进口关税制度的规定》《关于吸引外国投资者投资股份公司的补充措施总统令》等。其中《关于吸引外国投资者投资股份公司的补充措施总统令》规定，外资占比达到15%~33%的股份公司将根据外资比例享受不同的税收优惠政策。哈萨克斯坦的外资涉税事宜的处理与乌兹别克斯坦具有相似性，政府文件也是哈萨克斯坦投资法律体系的重要组成部分，如《关于哈萨克斯坦共和国海关事务的总统令》《总统关于放宽对外经济活动的命令》《哈萨克斯坦政府第633号决议》《哈萨克斯坦吸引外国直接投资的优先经济领域清单》等，其中《哈萨克斯坦政府第633号决议》和《哈萨克斯坦吸引外国直接投资的优先经济领域清单》，将教育、卫生和社会服务、休闲娱乐和文体活动等领域列入享受优惠政策的优先发展领域，可以享受10年内免缴财产税、土地税、企业所得税及增值税等的税收优惠政策。[①]

在上述六国，政府为了通过税收收入充实财政收入，往往会频繁调整法规文件，额外征税。2005年以来，《塔吉克斯坦共和国税法》进行了12次修订，每次都在增加税负。除了正常的税金，还有很多额外的摊派、赞助、捐

---

① 周金虎."一带一路"之哈萨克斯坦投资法律规则与实践（上）[EB/OL].(2015-05-25)[2018-12-14]. http://world.xinhua08.com/a/20150525/1503260.shtml.

赠等。税收制度的复杂性增加了税务机关滥用权力的可能性。[①] 2003 年，哈萨克斯坦颁布的《投资法》取代了《外国投资法》和《国家支持直接投资法》，成为该国投资法体系的核心法律文件，这一调整中最大的变化是，特惠政策中的税务和关税减免期（含延长期）由《国家支持直接投资法》中规定的最长可达 10 年缩短为《投资法》规定的 5 年。

中国企业在参与丝绸之路经济带建设过程中，除了面对沿线国家繁多的涉税法规文件之外，还要面临相关国家税收管理部门执法不规范的问题。中国是俄罗斯最主要的贸易伙伴，但中国企业在俄罗斯的投资却相对很少，在俄罗斯开办的大企业更少。[②] 这既有俄罗斯经济结构的因素，也有俄罗斯政府部门的因素。根据俄罗斯税法规定，增值税进项税额抵扣时间为在取得增值税发票后的 3 年内，然而在实际操作中，由于税务机关往往会提出各种问题或要求提供支持性材料，直接增加了企业办理退税手续的时间，企业一旦在增值税抵扣时限内无法走完税务审核程序，将无法进行增值税抵扣。[③] 复杂的抵扣程序既增加了企业办理退税程序的成本，也降低了企业对成功退税的预期。

税收协定落实不到位是中国企业投资中亚地区面临的又一大困境。目前，中国与中亚五国签订的税收协定已全部生效，但相关国家税收执法部门对相关条款执行不到位，依旧按照本国税法规定向中国企业征税，导致企业在国内无法成功退税。比如，中国某机电设备安装公司和乌兹别克斯坦一发电厂签订了总金额为 320 万美元的设备安装合同，合同期限为 8 个月。根据中乌协定，中国企业在乌兹别克斯坦从事安装服务的所得，只有在乌兹别克斯坦超过了 12 个月，才需要在乌兹别克斯坦缴纳企业所得税，但乌方的税务局依旧向中方企业按合同总金额的 10% 征收非居民企业所得税。[④] 中国某水

[①] 肖峰，王琳. EPC 工程企业中亚经营的税收筹划 [J]. 财会月刊，2015（3）：40-43.
[②] 为何中国人在俄罗斯没有什么大型企业？[EB/OL].（2018-06-16）[2019-01-16]. http://www.sohu.com/a/236161469_787336.
[③] 安永. 中国企业在俄罗斯投资重点关注问题 [EB/OL].（2017-06-19）[2018-11-23]. http://www.sohu.com/a/150060202_284463.
[④] 李文，曹佩浩，王昊奕，等. 企业境外投资要防范 5 类涉税风险 [EB/OL].（2016-06-24）[2018-12-13]. http://news.esnai.com/2016/0624/135662.shtml.

泥公司在塔吉克斯坦设立的子公司从中国国家开发银行取得了为期 7 年的 7 800 万美元贷款，被塔吉克斯坦税务部门按 12% 的税率征收了所得税。根据中塔协定，如果利息受益所有人是缔约国另一方居民，则所征税款不应超过利息总额的 8%，因此，该中方公司在塔吉克斯坦应该享受相关税收优惠待遇。

（二）税收协定的内容更新不及时，协定税率国别差异明显

"一带一路"倡议实施以来，很多中国企业加入了境外投资的队伍，但各国税制差别较大，发生国际双重征税的风险较高。2015—2017 年，中国税务部门利用税收协定下的相互磋商机制，开展双边税收磋商 211 例，为企业消除重复征税 128.78 亿元。① 税收协定是国家间为了避免和消除向同一纳税人、在同一所得的基础上重复征税，根据平等互惠原则而签订的税收协议，适用的现行税种有个人所得税和企业所得税。中国和中亚五国及俄罗斯签署的税收协定对人的范围、税种范围、协定用语的定义、缔约国一方的居民、常设机构、不动产所得、营业利润、海运和空运、关联企业、股息、利息、特许权使用费、财产收益、独立个人劳务、受雇所得、董事费、演艺人员和运动员、退休金、政府服务、学生以及消除双重征税的方法、利益限制、非歧视待遇、互相协商程序、信息交换等涉税要素进行了界定和说明。虽然税收协定能够消除两国间双重征税、防止国际逃避税和保障纳税人的非歧视待遇，为国家间的经济行为提供法律保障，但是这些协定并不完美，具体体现在以下两方面：

1. 协定内容需要完善

第一，税收饶让条款亟须完善。税收饶让条款所约定的是企业所在国对投资目的国减免的税收予以认可，通过税收饶让条款，对于丝绸之路经济带沿线国家提供的税收优惠，在抵免境外税收时，将视同中国企业已在投资目

---

① "一带一路"税收合作三年为企业消除重复征税 128 亿 [EB/OL].(2018-05-15) [2019-03-02]. http://news.sina.com.cn/c/2018-05-15/doc-ihapkuvm3947466.shtml.

的国按照无优惠的情况纳税，可允许我国企业抵免。① 税收饶让条款可以消除企业回国后面临的补税风险，间接降低企业的税收负担。但是从中国与中亚五国及俄罗斯签订的税收协定来看，上述六国均没有同中国签订双边税收饶让条款，也没有一个国家单方面给予中国税收饶让，这在一定程度上抑制了中国企业参与丝绸之路经济带建设的积极性，同时，也抑制了国外企业来华投资的积极性，阻碍了投资便利化的进程。

第二，税收协定的内容与我国所得税法的内容不同步。中国与上述六国之间的税收协定签订时间跨度较大，内容陈旧，难以适应新的国际税收形势，特别是在关于税基侵蚀和利润转移背景下的国际避税问题方面较为欠缺。其中，我国与乌兹别克斯坦的税收协定签订于1996年，与土库曼斯坦的税收协定签订于2009年；在这六国中，仅有俄罗斯在2014年同中国重新修订了税收协定。从总体上看，这些协议与中国企业所得税法的立法和修订进程②存在脱节的问题。随着中国"一带一路"倡议和"走出去"战略的深入实施，中国对外投资的规模逐渐扩大、速度加快，中国企业对税收协定的利用和完善的愿望越来越迫切，但相关征税协定的不足，制约了中国企业的"走出去"，不利于丝绸之路建设的实施。

2. 协定税率存在国别差异

税率是协定的一项重要内容，主要针对股息、利息、特许权使用费三项收入，从中国与他国签订的税收协定来看，税率并不一致，是存在一定的差别的。③ 各协定普遍规定，缔约国一方居民支付给另一方居民的上述三项任一收入，可以在该缔约国另一方征税，也可以在支付上述三项收入的公司是其居民的缔约国按照该缔约国法律征税。区别在于，当收款人是上述三项收入

---

① 李娜. 在"一带一路"框架下改革我国的国际税收制度 [J]. 国际法研究，2018（4）：91-99.

② 《中华人民共和国企业所得税法》由中华人民共和国第十届全国人民代表大会第五次会议于2007年3月16日通过。2017年2月24日由第十二届全国人民代表大会常务委员会第二十六次会议《关于修改〈中华人民共和国企业所得税法〉的决定》修正。

③ 2008年1月29日，《国家税务总局关于下发协定股息税率情况一览表的通知》发布的协定股息税率情况一览表显示，协定股息税率介于0%~15%。

的受益所有人时,中乌协定、中哈协定、中吉协定规定所征税款不应超过对应收入的10%。中塔协定、中土协定规定,在股息受益所有人是公司(合伙企业除外),并直接拥有支付股息的公司至少25%资本的情况下,应征税款不应超过股息总额的5%。当利息(特许权使用费)受益人是缔约国另一方居民时,中塔协定规定所征税款不应超过上述对应收入的8%,中土协定也规定所征税款不应超过上述对应收入的10%。中俄协定规定,股息受益所有人为中国居民公司(合伙企业除外),并直接拥有支付股息的公司至少25%资本且持股金额至少达8万欧元(或等值的其他货币)的情况下,股息预提税不应超过股息总额的5%,其他情况下不应超过股息总额的10%;中国居民企业在俄罗斯拥有的债权取得的利息收入,俄罗斯没有征税权,免征预提所得税;中国居民企业从俄罗斯取得的特许权使用费收入,俄罗斯具有有限征税权,所征预提所得税不应超过特许权使用费总额的6%(见表5-1)。

  税收协定中有关协定税率的规定,均低于各国对于非居民企业适用税率以及居民企业上述三项收入适用税率,体现了税收协定的优惠目的。但需要注意的是,中塔协定、中俄协定对于非居民企业的优惠力度相对较大,明显优于其他国家。其中中俄协定的优惠力度最大,也明显低于本国企业的纳税税率,如股息预提税优惠于俄罗斯企业所得税法规定的15%的税率,利息收入预提所得税优惠于俄罗斯企业所得税法规定的20%的税率,特许权使用费收入所征预提所得税优惠于俄罗斯企业所得税法规定的20%的税率。2008年1月29日,《国家税务总局关于下发协定股息税率情况一览表的通知》规定,税收协定的税率高于我国法律法规规定税率的,可以按国内法律法规规定的税率执行。由此,协定税率的国别差异必然会对中国企业对丝绸之路经济带沿线国家的投资选择产生影响,协定税率低的国家具有更大的吸引力,进而影响投资的规模。

表 5-1 中国与相关国家间税收协定对税率的规定

	股息（%）		利息（%）	特许权使用费（%）
	个人、公司	符合条件的公司		
国内税率				
公司	10	10	0/10	10
个人	0/5/10/20	不适用	0/20	20
协定税率				
哈萨克斯坦	10	10	10	10
吉尔吉斯斯坦	10	10	10	10
塔吉克斯坦	10	5	8	8
土库曼斯坦	10	5	10	10
乌兹别克斯坦	10	10	10	10
俄罗斯	10	5	0	6

资料来源：国家税务总局国际税务司国别投资税收指南课题组. 中国居民赴俄罗斯投资税收指南 [Z]. 北京：国家税务总局，2018；IMI. 中亚五国税制及经济特区税收优惠政策 [EB/OL].(2016-02-29) [2019-01-05]. http：//www.imi.org.cn/uncategorized/16675.

二、中国企业应对丝绸之路经济带国际涉税事件时存在的问题

目前，中国企业参与丝绸之路经济带建设的时间较短，对于各类国际涉税事件的处理还存在各种问题。本部分主要从企业对沿线国家的税收法规的熟悉程度、企业从各类税务组织获得的支持、语言服务三个方面展开分析。

（一）企业对国际税收法规不够熟悉

1. 企业对沿线国家的税收法规了解不充分

随着全球经济一体化进程的加快，各国经济的开放度和紧密度前所未有，由此使各国经济制度趋于相似。但是作为国家基本经济制度之一的税制，差异还是很明显的。因此，中国企业在对外投资时，一定要充分了解沿线国家的税制。

在现实中，由于对沿线国家税制的不了解，给中国企业造成不必要损失的案例屡有发生。中国某钻井公司在哈萨克斯坦的子公司，将钻机主体设备划分为"未列入其他组的固定资产"，每年按 15% 的比例计提折旧，而哈萨克斯坦税务部门认为钻机主体设备应划分为"不动产建筑物"，按照 10% 的比例计提折旧，要求该公司补税 3.4 亿坚戈。① 如果该企业能够熟悉并掌握哈萨克斯坦的税收规则，正确理解税收制度，也许就能够避免上述事件的发生。

2. 企业对税收协定的掌握程度不高

税收协定是中国企业参与丝绸之路经济带建设的"护身符"，能够有效地帮助企业解决国际税务争议，化解税务风险。但由于有些企业不善于运用税收协定，忽略了在一些税务事务上与沿线国家及我国的税务部门的有效沟通，造成了不必要的麻烦。② 中国某能源公司在哈萨克斯坦投资注册了子公司，将自有设备租赁给子公司使用并收取租赁费，在子公司运营期间，哈萨克斯坦税务机关根据本国税法对该子公司向境外支付的租金按照 15% 的税率代扣代缴所得税，根据中哈协定第十二条规定，③ 此项租金收入应按特许权使用费执行 10% 的税率，但直到烟台市国税局在该能源公司办理所得税汇算清缴时，对这笔税款提出了质疑，才使该公司对税收协定的重要性有了深刻的认识。④ 中国另一家公司在乌兹别克斯坦设立的子公司，在将从乌兹别克斯坦取得的 6 000 万元股息支付给国内母公司时，未申请启动中乌协定的相关优惠规定，导致企业多缴纳税款 300 万元人民币。

"中国税收居民身份证明"是我国税收居民享受我国与相关国家政府签署

---

① 李振宇，曹佩浩. 投资中亚五国：做足税收功课防范税务风险 [EB/OL]. (2018-06-09) [2018-12-20]. http://www.sohu.com/a/234734544_611489.

② 张平，孙阳. 新时期"走出去"企业税收风险：防范、问题与对策 [J]. 税务研究，2018 (6)：65-67.

③ 中哈协定第十二条：特许权使用费，一、发生于缔约国一方而支付给缔约国另一方居民的特许权使用费，可以在该缔约国另一方征税。二、这些特许权使用费也可以在其发生的缔约国，按照该缔约国的法律征税，但是，如果收款人是特许权使用费受益所有人，则所征税款不应超过特许权使用费总额的 10%。缔约国双方主管当局应协商确定实施该限制税率的方式。

④ 负相忠，张同鹏. 学会借力，"走出去"企业的税收难题都迎刃而解 [EB/OL]. (2018-05-04) [2019-01-20]. http://dy.163.com/v2/article/detail/DGURD48U0519C6E8.html.

的税收协定待遇的核心文件,是我国"走出去"企业享受相关税收协定的前提。但一些企业因为对税收协定运用规则不熟悉,忽视了该证明的申请工作,导致企业的税负增加。中国某电力建设工程公司在哈萨克斯坦承建热电厂项目,曾因未开具"中国税收居民身份证明",被哈萨克斯坦税务机关依照该国税法规定要求按照15%税率缴纳净利润税,该税率明显高于中哈协定规定的5%的净利润所得税税率。① 中国境内某公司在对乌兹别克斯坦进行投资之前,误认为"中国税收居民身份证明"的开具手续烦琐,甚至担心开具该证明会让国内税务部门掌握其投资信息,最终该企业未能享受税收协定待遇。②

(二) 企业从各类税务组织获得的支持有限

1. 税务机关的业务能力有待提高

对于参与丝绸之路经济带建设的中国企业而言,其对纳税服务的需求更具个性化,甚至希望税务机关为其量身定制服务内容,帮助其了解拟投资国家的经营环境、税收制度等相关情况,提供具有针对性、专业化水准的涉税服务。③ 但我国税务机关的业务能力还不能充分满足企业的需要。

随着"一带一路"倡议的持续推进,越来越多的丝绸之路经济带沿线国家成为中国企业的投资目标,但是不同国家的税收制度存在的差异,必然要求国内的税务机关开展有针对性的个性指导和帮扶工作。长期以来,税务机关对沿线国家的税收制度缺乏足够了解,信息发布的渠道仅限于个别讲座或网站,信息内容主要是框架性的税制介绍,还不能满足企业全面清晰了解沿线国家税收政策、税收环境、税收服务等的需求,④ 无助于企业实行合理的税

---

① 杜涛. 中国企业出海警惕"被坑税"! 税总为"一带一路"外派驻税官 [EB/OL].(2017-05-14) [2018-12-10]. http://www.eeo.com.cn/2017/0514/304607.shtml.
② 李文,曹佩浩,王昊奕,等. 企业境外投资要防范5类涉税风险 [EB/OL].(2016-06-24) [2018-12-18]. http://news.esnai.com/2016/0624/135662.shtml.
③ 乌鲁木齐市地方税务局. 加快丝绸之路经济带核心区建设的税收政策研究 [EB/OL].(2017-05-15) [2019-02-27]. http://wlmq.xj-l-tax.gov.cn/n7010/n7011/c1354980/content.html.
④ 西安市国税局国际税收课题组. "一带一路"背景下西安市企业"走出去"的税收问题研究 [EB/OL].(2017-10-20) [2019-01-17]. http://www.sohu.com/a/199030889_611489.

务筹划。面对企业的涉税服务与管理，税务机关对于国际涉税事件的预计缺乏前瞻性，一方面，对于国际税收政策法规宣传力度不够，致使相当一部分企业对相关税收政策不够熟悉。根据北京市税务局的调查统计，近80%的企业遇到的税务难题与对投资目标国的税收政策不了解有关。① 另一方面，对于相关税收协定的内容过时问题重视不够，致使国内企业享受税收协定待遇的概率较低。根据《中国贸易报》的消息，中国企业境外所得90%来自与中国签署税收协定的国家和地区，但仅有10%的企业享受过税收协定的优惠待遇，其中重要的原因是，我国与部分国家的税收协定较为陈旧。②

2. 涉税服务机构的作用有待进一步发挥

发达国家的经验表明，税务师事务所、律师事务所、会计师事务所、代理记账机构等涉税服务机构的税务咨询、筹划业务能够为本国企业的涉外投资提供有效的一对一服务，为企业处理涉税事件提供全面的信息和技术支持。美国联邦本土税务局（IRS）网站专门为涉税服务机构开辟了专用平台，促进了涉税服务机构与企业之间的联系，进一步强化了涉税服务机构与税务机关的互补关系。但是，中国涉税服务机构的作用还没有得到充分发挥。目前，中国仅有12.62%的公司由涉税服务机构完成纳税申报业务，在美国约有50%的公司委托涉税服务机构申报纳税，而在日本这一数字高达85%。③ 从中国的涉税服务业的发展来看，未来将有数千亿元的市场，但2017年中国涉税服务业的经营收入只有约170亿元。④ 中国的涉税服务市场有待进一步开发。

目前，中国企业通常采用聘用外国中介机构的方式。例如，中国国际工程企业在中亚各国的EPC项目中，没有专门的机构和人员对当地税法和税收

---

① 崔文苑．税务总局与包括"一带一路"沿线国家在内的113个国家和地区建立双边税收合作机制［EB/OL］.（2016-10-13）［2018-11-22］. http：//intl.ce.cn/specials/zxgjzh/201610/13/t20161013_16705428.shtml.
② 钱颜．忽视境外税收风险只能吃哑巴亏［EB/OL］.（2017-08-24）［2018-12-15］. http：//www.chinatradenews.com.cn/epaper/content/2017-08/24/content_47727.htm.
③ 徐向真，宋舜玲．国外纳税服务的经验及借鉴——兼谈如何充分发挥涉税专业服务机构的作用［J］. 注册税务师，2016（3）：65-67.
④ 覃韦英曌，刘书怡．数千亿元的涉税服务市场靠什么撬动［EB/OL］.（2018-06-20）［2018-12-29］. http：//www.ctaxnews.com.cn/2018-06/20/content_334686.html.

体系进行全面系统的研究，只能依赖当地的雇员和中介机构。① 但是，根据一些中资企业的实践经验，中亚国家当地的地方税务局与公司、会计师事务所对税法的理解会存在一些偏差，这就加大了企业的税务风险，企业有时甚至需要向投资目的地国的国家税务委员会申请进行申诉裁决。② 因此，依赖外国中介机构的策略也具有一定的风险。而且，"一带一路"建设过程也是发展和壮大我国企业及人才国际化的过程，不能完全依赖于外国中介。③

（三）语言服务是企业同沿线国家税务机构交流的突出短板

语言服务是中国企业在丝绸之路经济带沿线国家顺利开展工作的基础性工作之一。当前，包括俄语在内的小语种人才储备不足，致使小语种语言服务质量低下，已成为制约中国与中亚国家及俄罗斯税务交流的关键因素之一。

1. 精通俄语的翻译人才紧缺

苏联时期，俄语是政治、经济、军事、科技等领域的唯一用语，是苏联各民族的"第二母语"，也是中国同中亚五国及俄罗斯进行交往的外交语言。近年来，随着俄语教育规模的缩小，俄语已沦为小语种，能够熟练掌握并使用俄语的中方人员减少，给中国企业在该地区投资造成了不小的障碍。新疆塔城某公司在中亚已有十多年的投资历史，由于通用交流语言不过关，常常不能直接掌握相关国家的税法，导致税务风险的产生。2016 年，中国某公司在中亚某国投资工厂，由于没有配备翻译，导致对该国税收制度缺乏了解，又与当地税务部门沟通交流不够，不仅未按规定免税，而且被当地税务机关处以罚款，给日常经营带来负面影响。④

2. 中亚五国国语的使用十分欠缺

苏联解体以后，中亚五国加强了本国语言在国家社会生活中的地位，但

---

① 肖峰，王琳. EPC 工程企业中亚经营的税收筹划 [J]. 财会月刊, 2015（3）: 40-43.
② 塔吉克斯坦税收制度 [EB/OL].（2017-11-29）[2019-01-17]. http://www.qqfx.com.cn/news/90865.html.
③ 李旭红. "一带一路"需关注国际税收问题 [EB/OL].（2017-06-21）[2018-11-23]. http://www.sohu.com/a/150780546_397808.
④ 李文，曹佩浩，王昊奕，等. 企业境外投资要防范 5 类涉税风险 [EB/OL].（2016-06-24）[2018-12-22]. http://news.esnai.com/2016/0624/135662.shtml.

在我国同这些国家的交往中，无论外事活动，还是经济活动，多采用普通话—俄语模式，中亚五国的国语—普通话模式仍处于空白。随着我国与中亚国家经济交往的日益频繁，将有越来越多的涉税事务需要处理。而且，绝大多数国家的税务部门都倾向于要求企业提供使用该国官方语言的财务报表及相关税收文件。[1] 掌握并熟练运用沿线国家的国语进行交流，对于准确翻译和解读这些国家的税收制度、贸易政策等的原始文件资料以及与当地税务官员建立互信和友谊等都能起到重要的积极作用。

三、应对企业参与丝绸之路经济带建设税收问题的策略

中国企业参与丝绸之路经济带建设的税收问题既涉及沿线国家，也涉及国内相关组织机构，还涉及企业自身。这些问题的解决，离不开政府的支持，也离不开涉税服务机构的配合，更离不开企业自身的发展。为此，本部分从以下层面探讨应对税收问题的策略：

（一）国家层面

在丝绸之路经济带建设不断加速的背景下，中国税务机关需要对已签订的税收协定的滞后性进行评估，根据国内企业参与丝绸之路经济带建设的实际状况，以国际经贸合作的实际需要为基准，有计划、有重点地修订税收协定的相关内容。一是制定税收协定动态调整原则。根据协议缔约双方的政策目标、税制特征等制定兼顾双方共同关切、有利于国内"走出去"企业税收权益的税收协议条款。二是制定税收协定的解释办法。针对税收协定中变动较大或难以理解的条款，如"准备性或辅助性活动作为常设机构判定的例外条款"等，[2] 由国家税务总局牵头制定相应的解释文件，并及时、准确、到位地宣传给相关企业。

随着中国企业参与"一带一路"建设规模的扩大，中国对外投资规模也

---

[1] 吴旻雁. 国际税收合作中小语种语言服务存在的问题与对策 [J]. 税务研究，2018（8）：59-62.

[2] 兰永红. 借鉴国际经验完善我国避免双重征税协定网络 [J]. 税务研究，2018（10）：74-78.

不断刷新纪录,2015 年,中国首次成为全球第二大对外直接投资国;2016年,中国首次成为资本净输出国。在此背景下,现有的涉税服务机构显得力不从心,迫切需要从国家层面提供相关服务。一方面,建立中国企业"一带一路"税务信息咨询平台,及时搜集、发布最新的税务法律、政府文件等信息,组织权威专家解读相关政策、答疑企业面对的困惑。另一方面,建立"一带一路"投资涉税业务培训平台,提供税务、法律、会计等事务的线上、线下培训,提升企业处理沿线国家税收事务的能力。此外,积极推行预约定价工作。预约定价是不少国家调整转让定价行为和遏制国际逃税的有效手段,有助于企业有效避免双重征税,降低纳税成本。

(二) 涉税服务层面

随着中国企业参与丝绸之路经济带建设步伐的加快,企业的涉税服务需求也越来越大,税务机关必须适应新的管理要求。一是赋予税务机关从金融机构、第三方机构等获取涉税信息的权利,拓宽国际涉税信息来源,及时掌握参与丝绸之路经济带建设的企业经营状况,主动与相关国家税务机关进行沟通,化解潜在的税收风险,从而规避税务机关在跨国涉税事件处理中的事后服务和被动局面。二是强化国际涉税管理部门的职能,从登记备案制度、申报管理、凭证管理等角度,规范管理国际涉税事务。设立国际税收稽查员岗位,加大对参与丝绸之路经济带建设企业的税务稽查力度,及时发现涉税事务中的不规范行为,降低税收风险。三是税务机关可利用完善税收协定政策、企业境外投资相关制度的方式,规范"走出去"企业与丝绸之路经济带沿线国家合作的制度环境,加大税务风险的防控力度。① 四是完善《涉税专业服务监管办法(试行)》(国家税务总局公告 2017 年第 13 号),将涉税服务机构的境外业务纳入监管,从外部角度激励涉税服务机构提高国际税务事宜处理能力的积极性。

提升国际税务事宜处理能力是涉税服务机构适应丝绸之路经济带建设的

---

① 石熠. 中国企业与"一带一路"沿线国家合作面临的税务风险与应对措施 [J]. 对外经贸实务,2018 (7): 32-35.

必然要求。从发达经济体的实践来看，各类涉税服务机构不仅工作人员具有丰富的知识和经验，而且在全球重要的经济体分布有大量的分支网点，能够确保为企业的涉税问题提供精准服务。从中国涉税服务机构的发展状况来看，一是积极拓展海外业务，加强工作人员的业务培训，使其熟悉各国税收法律文件，提升他们对涉外事务的处理能力，这也是目前国内涉税服务机构亟须加强的素质。由本国涉税服务机构为本国企业的境外投资提供涉税服务是西方发达国家的常用手段，中国涉税服务机构也必须积极布局境外分支网点，维护参与丝绸之路经济带建设的中国企业利益。如日本政府在驻外机构设立了半官方的税务中介机构，承担企业与投资国政府的沟通职能，维护了日本企业的合法利益。二是主动与税务机关及参与丝绸之路经济带建设的企业加强联系，关注政府税收政策的动向，了解企业的税务需求及存在问题，以海外网点建设为契机，经常性地发布各类调查报告和境外涉税事项动态，为企业提供多方位的信息和技术支持。

（三）企业层面

随着"一带一路"倡议的持续推进，越来越多的企业将加入丝绸之路经济带建设的队伍，这对很多长期以国内业务为主的中国企业的经营管理能力提出了很大的挑战。因此，只有不断适应企业的内外部环境的变化，才能有效地规避涉外税收风险。

在外部环境方面，一是积极主动学习丝绸之路沿线国家的税收法律法规和政府文件，熟悉相关国家的风俗文化和处事方式。全面评估国内外税收法规、税收协定等的变化影响，及时优化组织架构和投资结构，提高防御税收风险的能力。二是积极主动加强与税务机关和涉税服务机构的联系，注重贸促会等非政府组织的作用，以涉税服务为契机，牵头成立以企业为中心，税务机关、涉税服务机构、研究机构、其他非政府组织共同参与的丝绸之路经济带税务研究中心，从理论、政策、实践等角度为企业应对丝绸之路经济带建设中的涉税问题提供决策咨询。

在企业内部环境方面，以强化企业管理为抓手，打造适应丝绸之路经济带建设要求的管理团队。一是整合税务、法律等拥有不同知识背景的专业人员，建立独立的对外投资涉税事务部门，掌握国际税务规则的变化，强化税务风险管理，及时处理各类涉外税收问题。二是组织各级管理人员学习国内外税收法律法规，定期或不定期组织学习相关国家的税务法规政策，及时掌握相关税收制度的变化动态，积极通过相关环节的决策管理降低引发涉税问题的概率。三是在对现有涉税人员进行外语培训的同时，加强与专业高校合作，实施"专业+外语"的订单人才培养模式，逐步消除企业"走出去"业务中的语言障碍。

第二节 基于财政信用服务视角的"一带一路"建设分析[①]

资金融通是"一带一路"建设的重要支撑。"一带一路"倡议提出以来，我国从政策和资金两个方面持续发力，支持国家开发银行、中国进出口银行和中国出口信用保险公司等金融机构，通过设立境外股权投资基金、境外人民币专项贷款、多双边产能合作专项贷款等方式，促进"五通"顺利实施。但"一带一路"建设所需资金规模巨大，单靠政府投资无法满足需要；同时，社会资本不活跃也是全球基础设施建设市场的共同难题。因此，突破资金瓶颈是推进"一带一路"倡议的关键所在。

财政是国家治理的基础和重要支柱，财政管理的一个最佳境界，就是使贯彻国家治理意图的财政资金分配产生乘数效应和放大效应，带动社会、民间的资金共同实现国家治理的战略意图（贾康、龙小燕，2016）。[②] 财政管理的基本手段主要包括国家预算、税收、财政投资、财政补贴、财政信用

[①] 郭江，马蔡琛. 基于财政信用服务视角的"一带一路"建设研究[J]. 青海社会科学，2019(3)：41-47.

[②] 贾康，龙小燕. "财政全域国家治理"理论的构建[EB/OL].(2016-02-23)[2017-07-17]. http://www.cfen.com.cn/dzb/dzb/page_7/201602/t20160223_1763173.html.

等,其中,财政信用是政府参与金融活动的重要途径。

财政信用又称国家信用或政府信用,是政府促进经济发展的最有效工具之一,其对社会资本具有很强的动员能力(Zecchini and Ventura,2006)。① 运用财政信用,可以弥补市场经济的不足,使经济运行在一定程度上依据政府的意图,实现社会目标(许薇,1996)。② 与商业贷款相比,政府信用比贷款担保更加有效(Bourlès and Cozarenco,2013)。③ 在银行业信贷资产质量相对不高的背景下,财政信用已成为审慎经营国家银行的关键因素(Zhou,2003)。④ 财政信用可以有效地支持宏观经济调整(Chen 等,2017)。⑤ 为此,中国的财政政策逐步从增加支出转为增支、减税和财政信用并举,建立更加积极的财政政策体系(闫坤、张鹏,2017)。⑥ 在"一带一路"创新投融资机制设计中,利用财政信用,以较低利率撬动更多社会资金投入"一带一路"建设,能够为沿线项目开发、国家建设和经济发展提供长期稳定且成本较低的信贷资金支持(景婉博,2017)。⑦ 同时,财政信用用于大规模建设,不仅能为持久的建设项目提供无债务资金,伴随的通货膨胀风险也相对较小(Bolton,2011)。⑧ 需要注意的是,国内外研究者对于财政信用在"一带一路"建设投融资过程中的作用研究还较少,因此,对于财政信用参与"一带一路"建设的研究至关重要。

---

① Zecchini S,Ventura M. Public Credit Guarantees and SME Finance [Z]. Isae Working Papers,2006(73):11-53.

② 许薇. 我国财政信用的特征与作用初探 [J]. 经济问题探索,1996(1):31-33.

③ Bourlès R,Cozarenco A. State Intervention and the (Micro) Credit Market in Developed Countries:Loan Guarantee and Business Development Services [Z]. Amse Working Papers,2013(4):1-13.

④ Zhou H W. The State Credit Worthiness Should Fade out of the State Bank [J]. Modern Economic Science,2003(1):33-38.

⑤ Chen S,Ratnovski L,Tsai P H. Credit and Fiscal Multipliers in China [J]. Social Science Electronic Publishing,2017,17(273):1.

⑥ 闫坤,张鹏. 2016 年我国宏观经济与财政政策分析报告——"民粹主义"下的世界经济失衡与中国"L"形 1.0 运行特征 [J]. 经济研究参考,2017(9):3-24.

⑦ 景婉博. 以"大国财政"理念助推"一带一路"建设 [J]. 财政监督,2017(15):5-15.

⑧ Bolton K R. State Credit and Reconstruction:The First New Zealand Labour Government [J]. International Journal of Social Economics,2011(38):39-49.

一、财政信用参与"一带一路"建设的必然性

(一)满足巨额的资金需求需要发挥财政信用的筹资作用

"一带一路"沿线国家之间文化、经济、社会体制、开放程度等方面的差异很大。近年来,"一带一路"沿线国家积极推动基础设施建设,但资金和建设经验有限,对基础设施的建设和升级改造的资金需求较为迫切。

中国作为"一带一路"建设的首倡国,近年来,不断加大对"一带一路"建设的资金支持力度。在 2017 年"一带一路"国际合作高峰论坛上,中国政府提出将向丝路基金新增资金 1 000 亿元人民币,鼓励金融机构开展人民币海外基金业务,规模预计约 3 000 亿元人民币;中国国家开发银行、进出口银行将分别提供 2 500 亿元和 1 300 亿元等值人民币专项贷款,用于支持"一带一路"基础设施建设、产能、金融合作。① 但是,这与"一带一路"建设需要的资金规模差距仍较大。据测算,"一带一路"全部覆盖区域中的基础设施投资缺口每年将会超过 6 000 亿美元,但以开发性为主的主要国际金融机构的资本金总规模不过 5 134 亿美元。② 所以,填补巨额资金缺口是"一带一路"建设的关键。

财政信用是政府向社会举债的经济行为,其信用对象是政府发行的公债。③ 运用财政信用,可以弥补项目建设期内的资金需求缺口。"一带一路"基础设施的融资方式,应该是长期公债方式。④ 财政信用的筹资职能契合了"一带一路"建设融资的要求,可以运用公债这种财政信用的主要载体,从国内外筹资。波兰、俄罗斯等"一带一路"沿线国家已在中国债券市场成功发行人民币债券(熊猫债),以满足本国建设的资金需求。

---

① 习近平. 中国将向丝路基金新增资金 1 000 亿元人民币 [EB/OL]. (2017-05-14) [2017-07-16]. http://www.xinhuanet.com/world/2017-05/14/c_129604265.htm.
② 殷勇. 如何解决每年"一带一路"基建 6 000 亿美元投资缺口 [EB/OL]. (2017-08-12) [2017-08-16]. https://www.thepaper.cn/news Detail_ forward_ 1760865.
③ 刘爱文. 消耗性财政信用转向与内在信用货币危机探讨 [J]. 经济学家, 2018 (4):27-33.
④ 樊纲. "一带一路"融资可以考虑长期公债 [EB/OL]. (2017-09-28) [2017-10-11]. http://www.sohu.com/a/195157061_774663.

（二）中国企业"走出去"需要发挥财政信用的引导作用

作为世界第二大经济体，中国"走出去"战略的全面实施为中国企业在全球市场寻求发展提供了全新机遇，也为中国企业参与"一带一路"建设提供了机会。全球化智库（CCG）发布的《2016—2017年中国企业对外投资十大趋势》报告显示，2016年，中国企业在"一带一路"沿线国家的投资主要以能源和基建为主，大规模投资较多。[①] 然而，由于大型基础设施投融资项目存在的特殊风险，"一带一路"建设中的市场性融资通常难以大范围奏效，企业在跨境投资时面临较大的融资困境。一方面，银行放贷意愿低。基础设施等项目的资金回收周期长、投资风险大，国内商业银行放款意愿偏低，外资银行提供的贷款规模也很有限。2015年，中国企业利用外资银行提供信贷支持的比例仅为25%。[②] 另一方面，企业融资渠道窄、成本高。国内商业银行通常只提供1年期贷款，最长不超过5年，而不少海外投资项目（尤其是基础建设类项目）周期基本都在10年以上。所以，能与海外大项目匹配的贷款大多来自政策性银行，如国家开发银行等，此类银行的中期贷款一般为10年，长期可达30年。

财政信用的一项重要职能就是引导各方面资金投向需要重点支持的领域，逐渐缓解大型基础设施建设对普通商业银行贷款的过度依赖，克服市场经济困难。当前，中国政府主导设立的丝路基金就是发挥财政信用的引导作用，通过债权、贷款、股权、基金等多元化投融资方式，为"一带一路"沿线国家基础设施建设提供重要融资服务的平台。在该平台框架内，一方面，可以吸引和撬动更多国际资本，为"一带一路"沿线国家的基础设施建设提供更为丰富的金融产品；另一方面，可以充分利用域外国家的主权信用等级，提升区域内沿线国家的国家信用，放大金融杠杆，扩大实际可利用的

[①] 2016—2017年中国企业对外投资十大趋势［EB/OL］.（2017-07-14）［2017-09-28］. http：//www.sohu.com/a/157223082_463946.

[②] 刘立峰. 中国对外投资面临的困难及政策调整［EB/OL］.（2017-08-21）［2017-09-10］. https：//www.sohu.com/a/166072909_115495.

资金规模。①

（三）国内区域经济协调发展需要发挥财政信用的调控作用

地区发展不平衡是中国的基本国情之一，特别是"一带一路"沿线的西部地区，与沿海地区的经济发展差距非常明显。根据《中国丝绸之路城市群发展报告2017》的数据，2013年，丝绸之路城市群22个地级市和自治州的地区生产总值为22 476.2亿元，仅占同期长三角地区的23.76%、珠三角地区的42.36%和京津冀地区的39.80%；三大城市群进出口总额分别占全国总量的29.30%、25.18%和14.53%，同期的丝绸之路城市群进出口总额仅占全国总量的1.12%。②《西部蓝皮书：中国西部发展报告（2017）》也显示，民营经济发展滞后成为西部地区经济转型的主要障碍之一，区域内私营企业单位数仅占全国私营企业单位总数的16.38%，与私营企业单位数全国占比65.67%的东部地区相去甚远。③

"一带一路"倡议的提出，使西部地区成为中国开拓新兴市场的前沿阵地。④ 促进西部地区的发展，亟须解决的就是资金问题。无论是建设商贸物流枢纽、重要的产业和人文交流基地，还是打造内陆型改革开放新高地等，都需要大量的资金支持。从目前西部地区经济建设的资金来源看，还是以财政投资为主，其他社会资本的投入量偏少。如何吸引各类社会资本特别是民间资本踊跃参与西部建设，是进一步推动西部大开发工作的关键问题之一。

财政信用可以调节社会资金结构和流向。财政对通过信用方式筹集的资金有较为充分的自主权，可以从国家政策和地方经济发展战略出发，灵活地

---

① 韩保江，项松林."一带一路"倡议的政治经济学分析[J]. 经济研究参考，2017（10）：7-33.

② 《中国丝绸之路城市群发展报告2017》在上海交大发布[EB/OL].（2017-06-06）[2017-09-23]. http：//news.cnr.cn/native/city/20170606/t20170606_523788544.shtml.

③ 西部蓝皮书：中国西部发展报告（2017）[EB/OL].（2017-09-18）[2017-10-13]. https：//www.sohu.com/a/192715445_186085.

④ 安树伟."一带一路"对我国区域经济发展的影响及格局重塑[J]. 经济问题，2015（4）：1-4.

发挥引导和控制作用,进行资金的优化组合,支持国家或地方的重点建设项目。[1] 面对"一带一路"建设这一有利机遇,西部地区可以借助财政信用的调节作用,依托区域比较优势,通过投资基金和公债等方式吸引社会资本,增强与珠三角、长三角等地区的连接,加大西部开发力度,实现国内区域均衡发展,形成东西协同共进的改革开放新格局。

二、财政信用参与"一带一路"建设的风险

(一)投资收益预期不确定

财政信用参与"一带一路"建设的投资收益风险主要来自两个方面:一是基础设施建设投资份额大、周期长;二是参与投资的企业经营管理能力存在不足。

1. 基础设施建设投资份额大、周期长,加大了投资收益的不确定性

推动"一带一路"建设,实现经济的发展,是"一带一路"沿线各国合作发展的共识。在中国与"一带一路"沿线国家的经济合作方面,能源、金属、交通、房地产等是投资的热点行业(见表 5-2)。根据我国商务部公布的数据,[2] 2016 年,中国企业对"一带一路"沿线国家直接投资达 153.4 亿美元;投资分布在制造业、采矿业等多个行业领域,承接承包工程新签合同额 1 260 亿元,占当年中国对外承包工程新签合同额的 51.6%。

表 5-2　2005—2016 年中国对"一带一路"沿线国家直接投资总额行业分布

行业	投资额(百万美元)
能源	118 390
金属	21 430
交通	15 560

---

[1] 张宝健. 论财政信用的地位作用和发展方向 [J]. 财经论丛(浙江财经学院学报),1993(2):44-47.
[2] 中国对外投资合作发展报告 [R/OL]. [2018-01-20]. http://fec.mofcom.gov.cn/article/tzhzcj/tzhz/upload/zgdwtzhzfzbg2017.pdf.

续表

行业	投资额（百万美元）
房地产	12 300
科技	9 140
农业	7 440
金融	5 440
娱乐	5 400
化工	2 220

资料来源：管清友，张瑜，杨晓."一带一路"投资格局全解析：区域、行业、国别[EB/OL].(2017-05-17)[2017-08-10].http://www.sohu.com/a/141267784_656008.

在中国对"一带一路"沿线国家投资取得巨大成功的同时，投资收益不确定性的风险也引起了广泛的关注。基础设施建设领域具有投资收益周期长、收益率低的特点，大量的资金集中于交通基础设施的关键通道、关键节点和重点工程、能源基础设施以及通信干线网络的建设上，在大量占用投资资金的同时，超长的投资收益期以及投资目的国政局变动等，也会给投资的收益预期造成不确定性影响。

2. 中国"走出去"的企业经营管理能力存在不足，增加了投资收益的不确定性

现阶段，中国参与"一带一路"基础设施建设的主体由国有企业构成，运用财政信用筹集和调节的资金很大部分也会以国有企业为平台发挥效用。《中央企业海外社会责任研究报告（2017）》显示，[①] 共有47家央企参与、参股、投资或与"一带一路"沿线国家和地区的企业合作共建了1 576个项目。但是，国有企业在面对业务国际化时，存在业务能力不足的问题。

一是企业经营管控能力较为薄弱。审计署对20家中央企业2015年度财务收支的审计结果显示，部分企业的投资经营存在风险管控比较薄弱的问

---

① 社科院发布《中央企业海外社会责任研究报告（2017）》[EB/OL].(2018-05-26)[2018-06-10].http://finance.people.com.cn/n1/2018/0526/c1004-30015491.html.

题,在抽查的155项境外业务中,有61项形成风险384.91亿元。① 二是企业在面对国际业务时,人才的培养、开发准备不足,熟悉国际经济、法律、合同、习俗等要求的综合性国际化企业管理人才十分欠缺。三是企业"国际化"战略不完善,同质化竞争激烈。《中国企业海外可持续发展报告2015》显示,② 中国企业普遍认为海外经营的主要竞争对手依次为:中国企业、其他国家跨国公司和当地企业。一些同行业的央企互相压价,甚至不惜牺牲利润,把精力大多放在了如何成功拿到项目上,最终导致市场竞争秩序混乱,直接引致企业对外投资收益大幅下降,制约了企业"走出去"战略的可持续性。

基础设施是"一带一路"建设的重点方向,是财政信用资金发挥作用的主要领域;企业是基础设施建设的主体,是财政信用资金发挥作用的主要载体。基础设施建设的特点和中国企业经营管理能力的状况,决定了当前时期财政信用参与"一带一路"建设的投资风险处于较高水平,预期收益的不确定性也较高。

(二)"一带一路"沿线国家信用风险较为突出

"一带一路"沿线国家的信用风险涵盖了主权国家经济、政治、债务等多方面的风险。当前,"一带一路"沿线国家的信用风险表现在以下方面:

一是国家信用风险特点突出。中诚信国际的研究认为,③ "一带一路"沿线国家的信用风险主要表现在以下五个方面:①部分国家经济结构单一,对外部市场的依赖性强;②部分国家财政赤字较高,财政风险较大;③部分国家对外资依赖度高,且货币贬值压力大;④部分国家经济增长乏力,债务负担重;⑤"一带一路"沿线国家地缘政治风险和事件敏感性突出。

---

① 审计署审计20家央企海外投资 华能现103亿亏损[EB/OL].(2017-06-26)[2017-09-10]. http://finance.ifeng.com/a/20170626/15484799_0.shtml.
② 中国企业走出去面临四大挑战[EB/OL].(2015-11-18)[2017-07-20]. http://www.ccpit.org/Contents/Channel_3432/2015/1118/503469/content_503469.htm.
③ "一带一路"沿线国家面临五大主权信用风险[EB/OL].(2015-05-27)[2017-07-16]. http://finance.eastmoney.com/news/1348,201505275110-51553.html.

二是"一带一路"沿线国家的信用风险整体处于高企状态。在"一带一路"沿线国家中,信用风险处于中高等级的国家约占2/3,低风险国家仅有匈牙利等23个国家,"一带一路"沿线国家的信用风险普遍偏高。①

三是"一带一路"沿线国家的信用风险差异性大。《"一带一路"沿线国家主权信用分析报告(2016)》②显示,"一带一路"沿线国家的主权信用评级结果横跨了20个级别范围,既有新加坡这种拥有最高主权信用等级的国家,也有阿富汗、黎巴嫩这类高风险国家,体现出各国的主权信用等级存在明显差异。虽然"一带一路"沿线大多数国家的主权信用等级趋于稳定,但个别国家由于政治、经济等方面的原因,主权信用等级的预期展望被评为负面。

"一带一路"沿线国家的信用风险,导致中国对外投资时需要分别考虑每个国家的实际情况,根据各国信用风险的级别制定不同的投资策略。这意味着,中国对外投资将要付出高额的交易成本,以防范和化解主权国家信用风险。

(三)"一带一路"沿线国家投资环境较为复杂

"一带一路"沿线涵盖亚太、欧亚、中东、非洲、南太平洋地区等,由于国家政策、法律体系等的差异,各国对外来资本投资的态度不尽相同。自2016年1月至2017年3月,在对"一带一路"沿线国家进行对外投资过程中,针对中国企业或可能对中国企业产生影响的贸易救济调查高达215起。从争议解决看,有31%的企业在"走出去"过程中曾遭遇仲裁程序或处罚,涉案标的在500万元以下以及1亿元以上的最多,诉讼和仲裁的结果以和解、调解居多。③烦琐的调查、争议,导致国内资本实施境外投资前,需要支付很大的成本去了解当地的投资环境,协调各种社会关系,无疑加大了对

---

① 胡俊超,王丹丹."一带一路"沿线国家国别风险研究[J].经济问题,2016(5):1-6.
② 东方金诚国际信用评估有限公司."一带一路"沿线国家主权信用分析报告(2016)[J].东方信用,2017(1):17-30.
③ 2017年中国企业在"一带一路"背景下的对外投资情况分析[EB/OL].(2017-05-04)[2017-09-23]. http://www.chyxx.com/industry/201705/519297.html.

外投资的交易成本。

"一带一路"沿线国家分布着世界上最主要的能源等自然资源的产区,也是世界大国之间进行博弈的战略要冲。复杂的民族、宗教问题,以及大国的干预,加剧了地区的动荡不安,给本地区的政治稳定带来不确定性风险,进而加大了外来资本的投资风险。田泽(2016)将中东地区21个国家的投资环境分为了三类(见表5-3),论证了中东丝绸之路经济带沿线国家之投资环境的复杂性。

表5-3 中东21国投资环境评价

投资环境类别	国家类型
投资环境Ⅰ类国家	高收入,社会较稳定,基础设施健全。包括沙特阿拉伯、土耳其、卡塔尔、阿联酋、巴林、科威特和阿曼7国
投资环境Ⅱ类国家	中高等收入国家,政局不稳定,政治风险高,基础设施不完善。包括阿尔及利亚、以色列、伊朗、利比亚、摩洛哥、约旦、伊拉克7国
投资环境Ⅲ类国家	经济落后,政局动荡,冲突频繁,政治风险突出,基础设施落后。包括也门、埃及、突尼斯、叙利亚、苏丹、塞浦路斯、黎巴嫩7国

资料来源:田泽.建设"丝路经济带"背景下中国对中东国家投资环境评价研究[J].现代经济探讨,2016(1):45-49.

政府的腐败程度也会对投资活动造成干扰。"一带一路"沿线国家资源禀赋导致的寻租空间及各种腐败问题,成为制约中国企业投资规模扩大的重要因素。[①] 中国的基础设施投资对"一带一路"沿线国家的经济发展存在着明显的东道国腐败控制门槛,只有越过相应的门槛值,才能显著提高其经济发展水平。[②]

"一带一路"沿线国家复杂的投资环境难免会增加中国对外投资的交易成本,既降低了投资效率,也降低了投资回报率,直接导致包括财政信用资金投资在内的各类对外投资的风险提高。

[①] 刘娟.东道国制度环境、投资导向与中国跨国企业OFDI研究——基于"一带一路"沿线国家数据的Heckman模型分析[J].外国经济与管理,2018(4):56-68.

[②] 姜慧.东道国腐败控制指标对我国基础设施投资的东道国经济效应影响——基于"一带一路"沿线国家的实证研究[J].当代经济管理,2017(12):72-75.

三、财政信用参与"一带一路"建设的对策建议

(一)充分发挥财政信用的融资功能

发挥政府的统筹协调作用,引导各类社会力量投入到"一带一路"建设中来,是推进"一带一路"建设的重要措施。财政信用作为政府参与宏观经济调控的重要手段,是政府筹集资金、引导各类社会资金投资方向的重要工具。因此,财政信用必须坚定不移地服务"一带一路"建设,为"一带一路"建设提供融资支持。①财政信用要充分发挥国家财政在"一带一路"建设中的筹资、调控等作用,积极支持重大项目建设,满足"一带一路"沿线国家和地区基础设施、资源开发、产业合作和金融合作等项目的融资需要。②财政信用要积极与亚洲基础设施投资银行、金砖国家开发银行等金融机构合作,有效开展跨国财政信用合作,支持中央政府在境内外发行公债,引导社会资金投向需要重点支持的项目和地区,为"一带一路"建设的深入推进提供重要支撑。③财政信用要发挥投融资的"先锋"作用,主动投向收益见效缓慢、风险较大,但又是"一带一路"建设必需的项目上去,从而避免因为收益不确定导致的企业投资积极性不高等问题。④财政信用要兼顾国际国内两个方向,在满足对外投融资需求的同时,也要将国内"一带一路"沿线的西部地区作为重要的投融资目标,既要满足西部地区适应"一带一路"建设对于港口、交通等对外开放基础设施建设的资金需要,也要满足西部地区追赶超越发展的资金需求,为最终实现东西部地区协调发展提供支持。

(二)完善财政信用管理制度

推进"一带一路"建设要求国内各区域充分发挥比较优势,实行更加积极的开放战略,打造对外开放的门户和基地。财政信用应该积极适应新的形势,充分发挥支持国家重点工程建设、优化地区产业布局、调整国民收入分配格局的作用,积极制定扶持国内"一带一路"沿线地区发展的投融资政策,谋划投资的重点对象。

第一,促进财政部门观念的转变。在金融改革不断深入的同时,财政改

革也需要进一步跟进。一方面,逐步健全财政信用资金的债务管理机制,加强风险监测预警体系建设,有效防范违法违规举债行为,强化资金约束,确保用得好、还得上、可持续。另一方面,加强宣传教育,提高财政部门对财政信用的认识,树立财政资金的市场观念、价值观念,促进财政信用在"一带一路"建设中发挥更大的作用。此外,明确财政信用也是信用体系重要组成部分的理念,大力发展包括财政信用在内的国家信用体系,这不仅是完善我国信用体系的需要,也是促进银行体系改革的需要,是提高财政资金分配效益的需要。

第二,运用"穿透式监管",规范财政信用资金使用规则。穿透式监管能够将资金来源、中间环节与最终投向穿透连接起来,按照"实质重于形式"的原则甄别业务和行为的性质,根据产品功能、业务性质和法律属性明确监管主体和适用规则。① 财政信用参与"一带一路"建设的路径是运用财政信用筹资,并以企业为平台发挥效用。但一些企业在错误的理解下打着"一带一路"的旗号规划大规模基础设施投资项目,靠政府背书来操纵资本,② 加剧了财政金融风险。因此,将"穿透式监管"引入财政信用资金监管是必要的。①及时、科学地评估投资目的国的投资环境,摸清财政信用资金使用过程中的风险存量,控制风险增量,切实加强资金的投向管理。②重点检查财政信用资金的使用流向,及时纠正企业和项目在资金使用上存在的问题,保证资金按计划精准使用。③从经济效益、社会效益等角度,强化财政信用资金的绩效评价,督促企业不断提高自身的经营管控能力,确保"一带一路"建设顺利推进。

第三,规范财政信用的运用主体。运用财政信用进行投融资活动是各级政府的常用手段。"一带一路"建设实施以来,除了国家层面的"丝路基金"之外,广东、福建等地方政府也酝酿了各种"丝路基金",这对推进"一带一路"建设具有一定的积极意义。但地方版"丝路基金"与国家版"丝路基

---

① 苟文均. 穿透式监管与资产管理 [J]. 中国金融, 2017 (8): 17-20.
② 范高伟. 项目库建设与"一带一路""走出去"战略 [J]. 东北财经大学学报, 2017 (1): 12-18.

金"在投资方向上存在较大的相似性,国家版"丝路基金"重点投向基础设施建设、能源资源、优势产能"走出去"和国际产能合作、金融合作等四大领域,而这些也是地方版"丝路基金"投资方向的重点,比如,广东丝路基金将投资方向定为重大基础设施等,福建省福州市筹建的海上丝绸之路基金主要投向互联互通、农业物流等行业。因此,需要规范财政信用的运用主体,避免重复投资和内部竞争。2018年,国家发展改革委等六部门联合印发的《关于引导对外投融资基金健康发展的意见》,就包括地方政府不得以财政性资金在境外出资设立对外投融资基金的规定。可参考该意见进一步严格限制地方政府运用财政信用参与境外投资,确保财政信用使用的规范性,尽可能降低投资风险。

(三) 加强投融资管理体系建设

资金融通是"一带一路"建设的重要保障和支撑。投融资管理体系是防范"一带一路"建设过程中投融资风险的重要保障,为保证"一带一路"建设投融资的可持续性提供了有力支持。

第一,建立投融资的负面清单管理制度。"一带一路"沿线国家众多,每个国家的投资环境差异较大,虽然中国与相关国家通过签署双边投资协定进行投资保护,但相关协定是立足于投资目的国角度拟定的,不利于保护中国的对外投资权益。[①] 2018年,国家发展改革委和商务部联合发布的《外商投资准入特别管理措施(负面清单)(2018年版)》是中国进一步促进对外开放的重大举措,可以此为借鉴,针对"一带一路"沿线每一个国家的具体发展情况,分别制定具有针对性的项目投融资前的风险评估和调查手册,并在双边投资协定修改、完善谈判中制定具有针对性的投融资负面清单,保护包括财政信用资金在内的所有中国对外投资的合法权益。

第二,构建投融资监管合作和危机协调应对机制。"一带一路"沿线国家间的投融资行为极大地推动了国家间的资金流动,但如何预警、防范和应对

---

① 孙南申.'一带一路'背景下对外投资风险规避的保障机制[J]. 东方法学, 2018 (1): 22-29.

大规模资金流动给经济发展造成的干扰，成为各国金融监管机构必须面对的挑战。

第三，目前"一带一路"沿线部分国家较高的赤字率、负债率以及基础设施投资的收益不确定性也有可能引发投融资风险。因此，探索构建投融资监管合作和危机协调应对机制具有一定的必要性和现实意义。①通过"一带一路"沿线各国金融监管部门之间的交流合作，形成并签署双边投融资监管协议，为协调双边投融资监管行为提供法律支持。②通过建立"一带一路"沿线国家间的金融风险预警系统，加强各国金融部门、征信评级机构间的合作与交流，形成跨国资金流动危机处理合作机制和投融资争端解决机制。

第六章
丝绸之路经济带建设中税收风险的防范及策略建议

第一节 丝绸之路经济带沿线各国税收政策的国际协调进展与风险防范①

一、丝绸之路经济带沿线各国税收制度的特点

考虑到丝绸之路经济带的内涵特征与空间范围,本部分选取 27 个沿线代表性国家作为研究对象,具体包括中国、俄罗斯、哈萨克斯坦、乌兹别克斯坦、土库曼斯坦、吉尔吉斯斯坦、塔吉克斯坦、波兰、罗马尼亚、塞尔维亚、匈牙利、捷克、立陶宛、拉脱维亚、克罗地亚、斯洛伐克、爱沙尼亚、阿尔巴尼亚、斯洛文尼亚、保加利亚、埃及、约旦、以色列、沙特阿拉伯、科威特、阿联酋、土耳其。

(一)不同收入水平国家的税种结构差异明显

在主体税种的选择上,不同收入水平的国家各有侧重。对于高收入国家而言,大部分国家的社会保障缴款比例较高,占税收收入的比重平均接近 40%;货物和劳务税同样占有较高份额,且在以色列、匈牙利等国占有主导地位。对于中等收入国家而言,货物和劳务税所占份额明显较高。中低收入国家的国际贸易与出口税的比例明显高于高收入、中高收入国家(见表 6-1)。

---

① 马蔡琛,桂梓椋. 丝绸之路经济带沿线各国税收政策的国际协调[J]. 湖南财政经济学院学报,2019,35(5):5-16.

表 6-1 部分丝绸之路经济带沿线国家的税种结构特征[1] 单位:%

地区	国家	收入水平[2]	社会保障缴款[3]	货物和劳务税[4]	国际贸易与出口税[5]	收入、利润与资本利得税[6]	其他税[7]
核心区	中国	中上收入	32.54	42.37	3.13	21.92	0.05
	俄罗斯	中上收入	30.96	28.06	19.12	2.75	0.00
	哈萨克斯坦	中上收入	4.48	19.40	20.66	34.80	0.00
	吉尔吉斯斯坦	中低收入	22.83	44.26	9.11	14.68	0.00
	乌兹别克斯坦	中低收入	22.34	32.38	14.06	17.17	0.00
中东欧	阿尔巴尼亚	中上收入	20.04	57.90	3.08	15.81	0.08
	爱沙尼亚	高收入	34.31	42.08	0.00	23.61	0.00
	保加利亚	中上收入	28.00	53.10	0.06	18.70	0.00
	波兰	高收入	46.08	39.44	0.00	13.70	0.77
	捷克	高收入	49.75	34.38	0.00	15.79	0.08
	克罗地亚	中上收入	36.29	51.40	1.68	8.60	0.35
	拉脱维亚	高收入	34.97	53.54	0.04	11.31	0.09
	立陶宛	高收入	41.67	39.28	0.00	18.84	0.21
	罗马尼亚	中上收入	29.98	46.51	0.00	22.89	0.61
	塞尔维亚	中上收入	37.50	48.45	3.01	8.02	0.02
	斯洛伐克	高收入	44.22	33.51	0.00	22.27	0.00
	斯洛文尼亚	高收入	44.16	43.73	0.00	11.88	0.23
	匈牙利	高收入	35.82	43.60	0.00	18.46	2.13
中东	阿联酋	高收入	82.79	12.23	2.49	0.00	2.05
	土耳其	中上收入	33.52	43.34	1.33	18.43	2.05
	以色列	高收入	19.68	40.22	0.84	34.37	4.05
	约旦	中上收入	19.73	52.36	6.29	15.16	0.18

注:约旦、塞尔维亚、克罗地亚缺失近年数据,采用2013年数据计算;俄罗斯缺失近年数据,采用2015年数据计算;其他国家采用2016年数据计算;土库曼斯坦、塔吉克斯坦、沙特阿拉伯、科威特缺失数据;埃及缺少社会保障缴款数据,阿联酋缺失收入、利润与资本利得税数据。

资料来源:根据World Development Indicators数据库中相关指标整理。

[1] 按照IMF的分类方法,一个国家的税收大致可以分为六类:a. 所得、利润与资本利得税;b. 工薪税;c. 财产税;d. 货物和劳务税;e. 关税;f. 其他税。

[2] 世界银行采用以下分类标准对国家经济水平进行定义:低收入经济体定义为使用世界银行阿特拉斯法计算的人均国民总收入为1 005美元或更少的国家;中低收入经济体的人均国民总收入在1 006美元和3 955美元之间;中上等收入经济体的人均国民总收入在3 956美元和12 235美元之间;高收入经济体的人均国民总收入为12 236美元或更高。

[3] 社会保障缴款(Social Contributions)包括雇员、雇主和自雇人士的社会保障缴款,以及其他来源无法确定的缴款,还包括政府实施的社会保险计划的实际或估算捐款。

[4] 货物和劳务税(Taxes on Goods and Services)包括一般销售和营业额或增值税、商品的选择性消费、服务的选择性税收、商品或财产使用税、矿物开采和生产税以及财政垄断利润。

[5] 国际贸易与出口税(Taxes on International Trade)包括进口关税、出口关税、出口或进口垄断利润、汇兑利润和交换税。

[6] 收入、利润与资本利得税(Taxes on Income, Profits and Capital Gains)按个人的实际或假定净收入,公司和企业的利润以及土地、证券和其他资产的资本收益(无论是否已实现)征收。

[7] 其他税(Other Taxes)包括雇主工资或劳务税、财产税以及不能分配给其他类别的税收,如迟缴或不缴纳税款的罚款。

（二）间接税多设定单一比例税率，但免税及零税率范围差异较大

从丝绸之路经济带沿线国家征收增值税、货物和劳务税、消费税的情况看，大多数国家征收的是增值税，如拉脱维亚、波兰等；少部分国家征收货物和劳务税（Goods and Services Tax，GST）与消费税，如约旦。特别地，科威特截至2019年1月尚未征收增值税。① 从税率来看，平均名义税率约为15%，基本较为接近，且均实行单一比例税率。单一税率能够体现增值税税负中性、便于计征的优点，并且在理论上最有利于消除双重征税。②

但优惠税率、免税及零税率范围的设置差异较大，比如，以色列增值税法不包含任何豁免注册的条款。在阿尔巴尼亚进行货物出口、国际运输、从事与海事活动有关的服务、向阿尔巴尼亚中央银行供应黄金、提供与国外零用品或服务相关的中介服务均可免征增值税。③ 阿联酋自2018年1月开始征收增值税以来，对食品、健康、教育、石油产品、社会服务、自行车、金融服务和（住宅）房地产行业免征增值税。④ 在捷克，基本婴幼儿营养食品、特定药品、书籍、磨坊产品和其他适合无麸质饮食的产品，享受10%的优惠增值税税率；基本食品、特定医药产品、报纸、特殊医疗设备、供暖、社会住房，享受15%的优惠增值税税率。⑤ 在俄罗斯，10%的优惠税率适用于基本食品、儿童用品、医疗用品和纯种牛；零税率适用于特定商品和服务，包括向外交官提供的服务、与2018年FIFA世界杯相关的商业活动以及从俄罗斯领土提取的原始碳氢化合物的销售。⑥

---

① Trading Economics. Kuwait Personal Income Tax Rate [EB/OL]. (2019-01-10) [2019-02-20]. https://tradingeconomics.com/kuwait/personal-income-tax-rate.
② 何杨，王文静. 增值税税率结构的国际比较与优化 [J]. 税务研究，2016（3）：90-94.
③ Ernst Young. Worldwide VAT, GST and Sales Tax Guide 2018 [EB/OL]. (2018-01-01) [2019-02-09]. http://www.ey.com/gl/en/services/tax/worldwide-vat-gst-sales-tax-guidesc.
④ The Official Portal of the UAE Government. VAT [EB/OL]. (2019-01-07) [2019-02-09]. https://government.ae/en/information-and-services/finance-and-investment/taxation/valueaddedtaxvat.
⑤ 捷克国家投资局. 税收制度 [EB/OL]. (2019-01) [2019-02-18]. https://www.czechinvest.org/cn/Doing-business-in-the-Czech-Republic/Taxation_cn.
⑥ Santander Trade Portal. Russia: Tax System [EB/OL]. (2019-01) [2019-02-18]. https://en.portal.santandertrade.com/establish-overseas/russia/tax-system.

（三）公司所得税税率及特定行业优惠差异较大

丝绸之路经济带沿线国家的公司所得税大多选择比例税率，但税率差异较大，其中税率最低的乌兹别克斯坦仅为7.5%，而阿联酋对于计税收入在5 000 000迪拉姆以上的石油勘探生产公司设置的税率高达55%。①

此外，由于不同国家的具体国情不同，所鼓励发展的行业也有差异，因而产生了较大的行业优惠差异。比如，2017年5月3日，乌兹别克斯坦签发总统令，设立7个自由经济区，区内企业培育药用植物原料和对原料进行加工，可以享受免征公司所得税等优惠政策。② 土耳其公司在国外进行的建筑和维修活动之利润可以免征公司所得税。③ 但共同点是大部分国家对于企业的研发投入都制定了相应的税收优惠，具体分为两种类型：一是直接从税基中扣除。例如，匈牙利公司、匈牙利艺术与科学学院及其研究机构、公共研究中心和国家直接或间接拥有的研究中心合作开展的某些研发活动，可以享受研发费用的三倍扣除，扣除限额为5 000万福林（约合1 200 000元人民币）。④ 立陶宛规定，如果投资研发公司的科学研发活动与产生（或将产生）经济利益的实体的预期活动相关，则允许对研发费用进行三倍扣除；2018年1月该国又引入了新的税收激励措施，在三倍扣除基础上，还可以就专利发明的商业开发所产生的利润，享受原适用公司所得税税率减5%的优惠。⑤ 斯洛文尼亚符合规定的研发活动，可以从税基中扣减研发活动开支的100%，未使用的税收减免部分可以在五个财政年度结转。⑥ 二是津贴奖励。比如，斯洛伐克有权在2014年至2020年期间得到结构基金（Structural Funds）和凝聚力基金

---

① Santander Trade Portal. United Arab Emirates：Tax System［EB/OL］.（2019-01）［2019-02-18］. https：//en. portal. santandertrade. com/establish-overseas/united-arab-emirates/tax-system.

②④　Ernst Young. Worldwide Corporate Tax Guide 2018［EB/OL］.（2018-12）［2019-02-18］. https：//www. ey. com/Publication/vwLUAssets/EY_ Worldwide_ Corporate_ Tax_ Guide_ 2018/%24File/EY-2018-worldwide-corporate-tax-guide. pdf.

③　Investment In Turkey［EB/OL］.（2019-01-09）［2019-02-20］. http：//www. invest. gov. tr/zh-CN/investmentguide/investorsguide/Pages/Incentives. aspx.

⑤　PWC. Lithuania Corporate Tax credits and incentives［EB/OL］.（2018-12-23）［2019-02-20］. http：//taxsummaries. pwc. com/ID/Lithuania-Corporate-Tax-credits-and-incentives.

⑥　KPMG. EMEA R&D incentives［EB/OL］.（2017-03）［2018-12-20］. https：//assets. kpmg/content/dam/kpmg/xx/pdf/2017/03/emea-rd-incentives-guide-2017. pdf.

(Cohesion Fund)的支持,大部分资金将由公共机构(例如城市、非营利性公司)提取,而只有一小部分将用于企业。公司可获得的奖励主要集中在旅游业、研发(R&D)和员工培训等方面。①

二、丝绸之路经济带沿线各国税收政策协调的进展

(一)丝绸之路经济带沿线国家间的税收协调进展

1. 关税协调初具成效

关税的协调主要通过签订贸易协定来推进,主要有自由贸易区与关税同盟两种形式。Lake 等(2016)通过研究地理特征对于自贸区和关税联盟形成的影响指出,因为高昂运输成本的影响,小型的近距离国家之间通常会采用关税联盟的形式进行关税协调,而远距离的国家更适合采用自由贸易协定的方式进行关税协调。因为与关税联盟不同,自由贸易协定允许国家形成重叠的自由贸易区域,并且可以独享优惠。②

第一,在关税同盟的建立方面,最为典型的是俄哈白关税同盟。2007年,白俄罗斯、哈萨克斯坦和俄罗斯签署了建立三国关税同盟的协议,于2010年1月成立了白俄罗斯、哈萨克斯坦和俄罗斯海关联盟(现称"欧亚海关联盟")。2012年1月,三国建立了欧亚经济空间,确保单一的商品、服务、资本和劳动力市场的有效运转,并建立连贯一致的工业、交通、能源和农业政策。

第二,在自贸协定网络及自贸区建设方面,通过多个自由贸易区的建立,逐步实现了关税削减。比如,中欧自由贸易区(Central European Free

---

① Ernst Young. Worldwide Corporate Tax Guide 2018 [EB/OL]. (2018-12) [2019-02-18]. https://www.ey.com/Publication/vwLUAssets/EY_ Worldwide_ Corporate_ Tax_ Guide_ 2018/%24File/EY-2018-worldwide-corporate-tax-guide.pdf.

② Lake J, Yildiz H M. On the Different Geographic Characteristics of Free Trade Agreements and Customs Unions [J]. Journal of International Economics, 2016 (103): 213-233.

Trade Agreement，CEFTA)① 为了实现多边贸易自由化，取消了现有的自由贸易协定网络，由"CEFTA 2006 协议"取代，协议包含有关工业和农产品贸易自由化、技术性贸易壁垒等新贸易问题的特殊规定。② 通过中巴经济走廊，土库曼斯坦、哈萨克斯坦和乌兹别克斯坦可以通过管道和公路出口液体货物，并可能撼动俄罗斯在黑海的垄断地位。③《独联体自由贸易区协议》于 2011 年 10 月 18 日签订，2012 年 9 月 20 日生效，首批签署国包括俄罗斯、白俄罗斯、乌克兰、哈萨克斯坦、摩尔多瓦、亚美尼亚、吉尔吉斯斯坦和塔吉克斯坦 8 个国家。乌兹别克斯坦于 2013 年 5 月 31 日签署了加入独联体自由贸易区的备忘录，规定协定缔约方与乌兹别克斯坦国家间相互贸易不征收进口关税。④

2. 增值税协调层次不高

而在增值税的国际协调方面，从目前各国增值税税率的变动来看，大部分丝绸之路经济带沿线国家的增值税税率呈小幅度上涨。比如，波兰 2011 年由 22%上升至 23%；克罗地亚 2012 年由 23%上升至 25%；匈牙利 2012 年由 25%上升至 27%；立陶宛 2010 年由 19%上升至 21%；塞尔维亚 2012 年由 18%上升至 20%；俄罗斯 2019 年由 18%上升至 20%。也有少部分国家的增值税税率小幅度下降，比如，罗马尼亚 2016 年由 24%下降至 20%，2017 年又下降至 19%。⑤ 总体来说，增值税税率呈趋同态势，但增值税的协调仍停留在税率趋同的初级阶段。

3. 税收协定网络需要进一步完善

税收协定一般是指国与国之间签订的避免对所得和资本双重征税和防止

---

① 中欧自由贸易区目前的成员是阿尔巴尼亚、波斯尼亚和黑塞哥维那、北马其顿、摩尔多瓦、黑山、塞尔维亚和科索沃。

② Ranchev G. Tax Harmonization Aspects of See Regional Integration Processes [J]. MEST Journal, 2016 (6): 161-169.

③ Avais M M A, Shaikh M S, Mahesar H A, et al. China-Pak Economic Corridor: Social Analysis For Pakistan [J]. The Government-Annual Research Journal of Political Science, 2016, 5 (5).

④ 驻亚美尼亚经商参处. 亚美尼亚批准了《独联体自由贸易区协定》[EB/OL].(2016-06-24) [2018-12-20]. http://www.ccgp.gov.cn/gjdt/201606/t20160624_6949383.htm.

⑤ Trading Economics. Sales Tax Rate - VAT [EB/OL]. (2019-01) [2019-02-03]. https://tradingeconomics.com/sales-tax-rate.

偷逃税的协定，其中双边税收协定是当前采用的主要形式。① 最初，税收协定是为避免双重征税而签署的，20世纪80年代以来税收协定进一步发展出了两项新功能，主要适用于个体纳税人：一是通过由居住国收取预扣税（Withholding Tax）来防止双重不征税。二是通过让来源国向居住国提供其居民的收入信息，从而强制实行基于居民的个体征税。② 此外，税收协定的作用还包括减少国际避税和逃税，从而保护国内税基。③

鉴于丝绸之路经济带沿线国家大部分属于发展中国家，而签署双边投资条约可以保留现有的外国直接投资（Foreign Direct Investment）存量，并吸引新的外国投资者，因而不断完善税收协定网络是非常必要的。从丝绸之路经济带沿线国家与其他国家签署的税收协定来看，除了少部分国家签署了超过80份税收协定之外，大部分国家已签署超过50份税收协定，也有少数国家（如约旦、阿尔巴尼亚）仅签署30多份税收协定，总的来说，税收协定网络还有待进一步完善（见表6-2）。

表6-2　部分丝绸之路经济带沿线国家与其他国家签署税收协定的情况

国家	签署数量（份）	国家	签署数量（份）	国家	签署数量（份）
哈萨克斯坦	50	土耳其	83	拉脱维亚	59
乌兹别克斯坦	52	波兰	83	克罗地亚	60
埃及	57	罗马尼亚	88	斯洛伐克	67
约旦	35	俄罗斯	80	爱沙尼亚	56
以色列	54	塞尔维亚	56	阿尔巴尼亚	39
沙特阿拉伯	41	匈牙利	27	斯洛文尼亚	56
科威特	59	捷克	88	保加利亚	68
阿联酋	94	立陶宛	53	中国	107

资料来源：根据 EY-Worldwide Corporate Tax Guide 2018 及各国税务局官网数据整理。

---

① 潘春阳，袁从帅. 税收协定与中国对外直接投资——来自"一带一路"沿线国家的经验证据[J]. 国际税收，2018（10）：72-76.

② Aviyonah R S, Halabi O. Double or Nothing: A Tax Treaty for the 21st Century [J]. University of Michigan Law & Economic Research Paper, 2012 (12): 9.

③ Baker P L. An Analysis of Double Taxation treaties and their Effect on Foreign Direct Investment [J]. International Journal of the Economics of Business, 2014 (3): 341-377.

（二）中国与丝绸之路经济带沿线国家的税收协调进展

1. 双边征税协定条约亟待更新

截至 2020 年 4 月底，丝绸之路经济带沿线国家中除约旦外，均与我国签订了税收协定，其中，乌兹别克斯坦、土库曼斯坦、吉尔吉斯斯坦等国还与我国签署了国际运输收入专项税收协议。① 综合来看，我国与丝绸之路经济带沿线国家的税收协定网络较为健全，已初步构筑了较完善的国际税收协调渠道，但在协定的签署时间方面，条约普遍面临着较为老旧或尚不完善的问题。比如，我国与丝绸之路经济带沿线国家签订税收协定的时间大多集中于 20 世纪八九十年代至 21 世纪初，且近年来未有相关修订。2005 年以来，与我国第一次签订税收协定的丝绸之路经济带沿线国家有沙特阿拉伯（2006 年 1 月）、捷克（2009 年 8 月）、土库曼斯坦（2009 年 12 月）、塔吉克斯坦（2008 年 8 月）等。近年来，我国仅与俄罗斯（2014 年 10 月）、罗马尼亚（2016 年 7 月）重新签署了税收协定。②因此，大量税收条约可能已经难以适应当前的国际税收协调需要。

2. 相互协商程序未能完全解决重复征税问题

中国企业利用税收协定与对方税务机关沟通协商，或启动相互协商程序由税务机关协商解决，是主要的税务争议解决办法。国家税务局先后出台了《国家税务总局关于发布〈税收协定相互协商程序实施办法〉的公告》（国家税务总局公告 2013 年第 56 号）和《国家税务总局关于发布〈特别纳税调查调整及相互协商程序管理办法〉的公告》（国家税务总局公告 2017 年第 6 号）等文件，奠定了良好的法律基础。在 2017 年结案的 21 例相互协商程序案件中，双边税务机关达成一致并完全消除双重征税影响的案件有 10 例，部分消除双重征税影响的案件有 3 例，获得单边税务机关减免的案件有 4 例，相互协商程序解决重复征税问题效果良好。

经济合作与发展组织（OECD）统计数据显示，截至 2017 年底，中国新

---

①② 中国国家税务总局. 我国签订的避免双重征税协定一览表［EB/OL］.（2017-10-01）［2018-12-24］. http：//www.chinatax.gov.cn/n810341/n810770/index.html.

增的相互协商案例为41例,德国、比利时、英国、法国等国家的新增案件分别多达582例、502例、344例、336例。相对而言,我国启动的相互协商程序案件较少,运用范围有待扩大。而从2017年度开展的相互协商程序案件情况来看,152例案件中仅有21例案件结案,案件处理效率有待进一步提升。①

三、丝绸之路经济带沿线各国税收政策协调的主要挑战

(一) 各国不均衡发展与税制差异的客观阻碍

丝绸之路经济带沿线国家的经济发展水平差异较大,既有诸如塔吉克斯坦等人均GDP不足1 000美元的经济欠发达国家,也有诸如阿联酋等人均GDP高达40 000美元的高收入国家。②从主体税种的选择来看,不同经济水平的国家差异明显,即使是同一税种,其征收范围、税率、税收优惠政策的设置也是千差万别。从税种的设置来看,不同收入水平国家的税种结构差异明显。间接税多设定单一比例税率,但免税及零税率范围差异较大,甚至个别国家目前尚未开征增值税,公司所得税税率及特定行业优惠差异也较大。从税收服务质量来看,各国的税收征管效率有较大差异。例如,完成一次公司所得税审查,在捷克需要5.3周,在斯洛文尼亚需要53周,在约旦需要62.7周,之间竟然达到了10倍的差距。③

(二) 跨国税收争议难以解决

丝绸之路经济带沿线国家总体上可以分为大陆法系、英美法系和伊斯兰法系,不同法系的国家有其特有的法律层级、法律适用规则、法律审判模式,这会给投资者带来较多的涉税风险。我国"走出去"企业如果不能重视自身经营业务的涉税事项,对投资国的税收协定、税收制度及税收征管制度

---

① 德勤中国.经合组织最新发布相互协商程序(MAP)案件统计数据[R].德勤税务评论,2018:284.
② World Bank. World Bank Data [DB/OL]. (2018-11-01) [2019-01-22]. https://data.worldbank.org/indicator/NY.GDP.PCAP.CD.
③ PWC. Paying Taxes Report 2018 [EB/OL]. (2018-01-01) [2019-02-06]. https://www.pwc.com/gx/en/services/tax/publications/paying-taxes-2018.html.

了解不够,可能会被当地税务机关定性为逃避税收,被处以高额的滞纳金或罚款,还可能因自动放弃利用税收协定获取税收优惠这一"隐性利润",而承担无谓的高昂成本。例如,中国联通红筹公司应该在西班牙享受按限制税率10%缴纳所得税的优惠待遇,2009年到2011年共计多缴纳了多笔税款,经过与西班牙税务机关沟通后收到多笔退税款,累计1 062万欧元(约合9 828万元人民币)。① 又如,华新水泥股份有限公司旗下的亚湾公司2013年和2014年的利息,根据我国与塔吉克斯坦签订的税收协定可以享受免税待遇,经国税局、大使馆与塔吉克斯坦税务机关多次沟通后,成功免除了高达500万元的所得税。② 随着"一带一路"倡议的持续推进,跨国经贸日益增长,税收争议也随之变得更加多见。

丝绸之路经济带沿线国家的法制化水平参差不齐,比如,就各国的税收征管效率而言,正常纳税耗时最长的国家和耗时最短的国家的差距达到了40倍左右。③ 某些国家可能会面临东道国税务机关的违规和不透明执法。实际税收争议解决中,如果仅由主管机关口头协商,没有强制规定的调解程序,调解过程不规范、不透明,将会损害"走出去"企业的税收利益。假如东道国的税务争议处理程序过于复杂、处理时间过长,也会影响企业的运营效率。

(三) 数字经济高速发展对税收政策协调的影响

近年来,全球经济的数字化趋势明显,加快了世界范围的产业和经济结构调整,成为经济增长的重要推动力。2017年,全球网络零售交易额达到2.304万亿美元(约合15.67万亿元人民币),同比增长24.8%,我国网上零售额达到7.18万亿元,同比增长了32.2%;④ 2018年,我国网上零售额突破

---

① 刘光明. 近亿元多缴税款如何从西班牙退回中国 [N]. 中国税务报, 2011-08-29.
② 朱彦. 便民办税春风吹暖"走出去"之路 湖北企业境外维权税务尽心相助 [N]. 中国税务报, 2015-03-23 (A01).
③ PWC. Paying Taxes Report 2018 [EB/OL]. (2018-01-01) [2019-02-06]. https://www.pwc.com/gx/en/services/tax/publications/paying-taxes-2018.html.
④ 电子商务和信息化司. 中国电子商务报告 (2017) [R]. 商务部, 2018.

9万亿元，同比增长23.9%。① 数字经济发展推动了更多的跨境商品交易，但丝绸之路经济带沿线各国的信息化发展水平和网络销售渗透水平参差不齐，而跨境电子商务会涉及数据收集、互联网金融、互联网物流等领域，且具有利益分布多次重叠、消费碎片化的特点，这给相关税收法规的确定造成了一定困扰。

此外，随着数字经济模式的发展，收入来源更加多样化，各国所得税法主张的基于传统居民税收管辖权和所得来源地税收管辖权的国际税收协调模式也受到了严重冲击，主权国家的税收能力在一定程度上被削弱。电子商务是当前跨国交易的重要途径，当销售流程和产品不可见或短暂可见时，很难确定在哪里开展经营活动以及向哪里征税。② 这将导致双方国家税收机关都难以认定"营业场所"所在地，也就难以有效行使税收管辖权。

（四）BEPS行动计划背景下的国际逃避税风险

随着BEPS行动计划③的推广和新经济形态的丰富，国际税收规则不断变化，跨国公司也在不断研究新的避税方式，其形式越发隐蔽，手段更加丰富。目前，各国差异明显的税制、参差不齐的税收征管能力水平以及为吸引外来投资引发的税收竞争等，都为跨国企业的避税行为提供了土壤。国际货币基金组织的专家曾估计，全球跨国公司的税收基础侵蚀和转移（BEPS）造成的税收损失约为6 000亿美元。④ 丝绸之路经济带沿线国家对于反避税也持坚决态度，并采取了一系列措施推进反避税工作，但一些国家制定的反避税条款

---

① 国家统计局. 2018年1—12月社会消费品零售总额增长9.0% ［EB/OL］.（2019-01-21）［2019-02-04］. http：//www.stats.gov.cn/tjsj/zxfb/201901/t20190121_ 1645784.html.

② BEPS Action Plan at 10. In endorsing the BEPS Action Plan in July 2013, EU Tax Commissioner Algirdas Šemeta -European Common Memo ［EB/OL］.（2013-06-20）［2019-02-11］. http：//europa.eu/rapid/press-release_ MEMO-13-711_ en.htm.

③ BEPS行动计划是2013年由OECD和G20主导的全球性反对税基侵蚀与利润转移的国际税收协调机制，其基本目的是在全球范围内推动建立国际财税新秩序和新规则，包括15项行动计划，主要包含三方面内容：第一，保持跨境交易相关国内法规的协调一致；第二，突出强调实质经营活动并提高税收透明度；第三，提高税收确定性。

④ Crivelli E, De Mooij R, Keen M. Base Erosion, Profit Shifting and Developing Countries ［J］. FinanzArchiv: Public Finance Analysis, 2016, 72（3）: 268-301.

仍不够完善。例如，科威特税法中并没有明确的转移定价条款，仅有简单的关联方交易规则。而且，跨国公司的税收构架往往庞大而复杂，一些重要的重组和交易行为难以在信息披露中体现。如何在设置吸引外来投资的税收优惠措施和控制不合理商业避税模式的滋生之间取得平衡，仍旧是亟待研究的重要课题。

四、税收政策国际协调的政策建议

（一）完善和规范税收协定网络

1. 更新并完善现有的税收协定网络

对于已有的税收协定，许多国家已然进行了完善和调整。比如，捷克从2000年开始，陆续与菲律宾、乌兹别克斯坦、斯洛伐克、挪威、科威特、塔吉克斯坦等国签订了税收协定，修改了与比利时、拉脱维亚、土耳其、法国、波兰和丹麦的协定。① 斯洛伐克自2000年之后与埃及、新加坡、墨西哥、越南等国签署了13个协定，最近的一次是2012年与科威特签订协定。② 罗马尼亚2000年之后签署了23个新的协定，包括澳大利亚、卡塔尔、沙特阿拉伯和印度等，最近一次是2013年与乌拉圭签署协定；2016年，罗马尼亚修改并更新了与保加利亚和挪威的协定。③

我国目前税收协定的时间网络较为健全，但与丝绸之路经济带沿线国家签订税收协定的时间大多集中于20世纪八九十年代至21世纪初，且近年未能够及时修订，因而亟须吸收国际税收实践的最新成果来加以完善。可以考虑依照"双轮驱动"的思路推进现有税收协定网络的更新：第一，应当抓紧

---

① PWC. Czech Republic Individual-Foreign Tax Relief and Tax Treaties [EB/OL].(2019-01-01) [2019-02-11]. http：//taxsummaries.pwc.com/ID/Czech-Republic-Individual-Foreign-tax-relief-and-tax-treaties.

② Ministry of Finance of the Slovak Republic. Slovak Republic Double Tax Treaties [EB/OL]. (2019-01-14) [2019-02-19]. https：//www.finance.gov.sk/en/taxes-customs-accounting/direct-taxes/income-tax/international-taxation/double-tax-treaties/.

③ Dumiter F, Jimon S. Double Taxation Conventions in Central and Eastern European Countries [J]. Journal of legal studies, 2016, 18 (32)：1-12.

时机根据经贸关系与尚未签订税收协定的国家签署税收协定；第二，应当积极对较为老旧的条约进行重新修订。

2. 规范税收协定的条文解释

在修订现有的税收协定时，应当注意以下问题：

第一，适时修订协定相关条款。目前，我国与有些国家的税收协定中尚未引入税收饶让条款，或仍然为单边税收饶让，这将导致我国"走出去"企业不能正常享受到对方国家的税收优惠，因此，应当适时引入饶让抵免条款。此外，还应引入税收豁免权以及强制仲裁等规定，维护国家税收主权与企业税收利益。

第二，规范税收协定条文解释。规范税收协定、税收法律、法规及规范性文件中对同一概念的解释，减少相互交叉、重叠及产生歧义的条款，制定易于理解、便于遵从的征管规范。①

第三，及时将 BEPS 行动计划的要求纳入税收协定。在 BEPS 行动计划中，第 2 项（消除混合错配安排的影响）、第 6 项（防止协定优惠不当授予）、第 7 项（防止人为规避构成常设机构）、第 14 项（使争议解决机制更有效）和第 15 项（制定用于修订双边税收协定的多边协议）均与税收协定相关。在进行税收协定更新时，应当注意相应调整协定的国内法解读，防止税收协定条款的滥用，进一步打造更加健康的国际税收环境。

（二）建立税收争议解决机制

1. 设置专门机构来处置国际税收争议

在国际税收协调中税收争议的解决，除依据国际税收协定外，税收司法机构也扮演着举足轻重的角色。由于这些国际税收争端的相关利益主体主要为跨国纳税人，往往会涉及多个国家的税收权益，从而影响国与国之间的经贸关系，因此，国际税收争议的解决更加需要司法机构的保障，需要更加专业的司法审判人才，还需要和海关等机构有效合作。

---

① 李海燕，兰永红. 海上丝绸之路沿线国家税务风险防控的国际借鉴研究［J］. 国际税收，2017（4）：70-74.

目前，我国负责处理国际税收争议的机构是国家税务总局，主要通过启动与相关国家税务机关的协商谈判程序进行处理。面对"一带一路"倡议背景下的复杂法律环境，应当成立专门负责解决境内外国际税收争议的机构，建立及时有效解决棘手税收争议问题的沟通处理渠道。① 具体到操作层面，包括以下两点：第一，可以建立巡回税务法庭制度，借鉴美国、加拿大、德国的做法，结合区域经济发展状况及经济结构等特点，设立跨行政区划的司法辖区，设置固定地点由法官进行巡回，并在每年的固定时间进行法官集会交流。② 第二，可以建立专门的税务人才培养基地，提升涉外税务人员技能及素质，培养能够应对国际税收争议的税务领军人才，选拔具备国际化视野的税务法官和税务律师，保障"走出去"企业的合法经济利益。

2. 引入强制仲裁条款

目前，中国跨国企业的税收争议解决办法主要是相互协商程序。强制仲裁是一种新的税收争议解决办法，作为相互协商程序的补充，已经得到不少国家的认可（比如英国、美国、德国）。③ 其优点在于，提供了比国家法院更为中立的平台，通常比司法程序更加机密，其裁决比法院判决更容易执行。要注重依托国际和中国的现有司法、仲裁和调解机构，充分吸收整合国际国内的法律服务资源，构建诉讼、调解、仲裁有效衔接的多元化涉税纠纷解决机制。④

具体操作中，可以参考《OECD 税收协定范本》以及 BEPS 第 14 项行动计划⑤的标准，在目前签订的税收协定中，补充税收争议的相互协商反馈时

---

① 张富强. 论强国战略下"一带一路"国际税收争议解决机制的完善 [J]. 法学杂志，2018（8）：2+7.
② 马蔡琛，桂梓椋. 税务法庭建设的国际经验与启示 [J]. 税收经济研究，2018（2）：64-70.
③ Norton P M. China's Belt and Road Initiative: Challenges for Arbitration in Asia U [J]. Pacific Asian Law Review, 2018（13）：72.
④ 顾华详. "一带一路"共建与比较法学研究 [J]. 湖南财政经济学院学报，2018（4）：23-40.
⑤ BEPS 第 14 项计划"使争议解决机制更加有效"中包括：a. 提高相互协商程序效果和效率的"最低标准""最佳实践""强制仲裁"三个层次的主要措施；b. 对确保措施有效性的同行审议（Peer Review）结果进行公示；c. 同行审议的标准和方法。

间,再将现有的相互协调程序作为强制仲裁的前置程序。在此基础上,明确规定强制仲裁的提起条件及流程、适用范围、执行规则,并由纳税人自行决定是否接受仲裁结果。

(三) 探索应对跨境商品交易的税收管理新模式

1. 积极推动全球税收情报交换制度的建立

目前,有两种国际商定的税务信息交换标准:"基于请求的税收信息交换"(Exchange of Information on Request, EOIR)(例如双边专项税收情报交换)和"税收信息自动交换"(Automatic Exchanger of Information, AEOI)(例如公用报告标准 CRS)。2017 年 6 月,OECD 正式公布了全球税务论坛各国税收情报交换之合规问题的最后结果。OECD 所设定的评级标准一共有四级,分别是"合规"(Compliant)、"大体合规"(Largely Compliant)、"部分合规"(Partially Compliant)和"不合规"(Non-compliant)。[①] 政府之间的税收情报交换通常通过三种不同的方式实现,即根据要求交换信息、自发的信息交流和自动交换信息。通过对丝绸之路经济带沿线国家税收协调情况的分析可以发现,很多国家签署的税收协定虽然规定了税收信息交换条款,但在实际操作中税收信息的交换并未得到有效执行,比如,土耳其的税收情报交换仅为部分合规。

我国自 2017 年起开始执行《多边税收征管互助公约》,2018 年起开始实施《金融账户涉税信息自动交换多边主管当局间协议》,[②] 但目前尚未在税收协定中就如何进行税收情报的交换做出明确规定。针对这一问题,首先,在与丝绸之路经济带沿线国家的现有税收协定中,应当专门就税收信息交换的内容、时间、方法进行说明,逐步完善专项情报交换、自动情报交换、行业范围情报交换等规定。其次,建立专门的情报信息收集处理系统,对税务机

[①] OECD. Brief on the State of Play on the International Tax Transparency Standards September 2017 [EB/OL].(2017-09) [2019-01-13]. http://www.oecd.org/tax/exchange-of-tax-information/brief-and-FAQ-on-progress-on-tax-transparency.pdf.

[②] 江苏省国际税收研究会. 国际税收征管协作中的问题和对策 [J]. 国际税收,2017 (1):68-71.

关或相关部门收集到的税收情报进行规范化、信息化、标准化,在保证税收信息来源可靠的前提下,提高税收情报使用的效率。最后,将双边协定拓展为多边税收信息交换协定,从而建立起维护国家税收权益的多维度税收协定体系。

2. 应用并推广电子税收技术

正处于密集创新和高速增长阶段的数字经济和热议的"互联网+税务"话题,对于现有税收征管模式提出了新的要求。在跨境税收中,不同的国家数字化程度不同,跨境贸易相关信息的完善程度也存在差异,直接导致纳税主体的确定存在问题。高效的数字税收系统可以提高政府对公民(G2C)服务的效率。此外,税收活动的数字化还会有效提升政府治理的现代化水平,因为有关税收遵从的所有信息都是可见的,并可供管理者查看。① 目前,有些丝绸之路经济带沿线国家已然开始了电子税收(E-taxation)的相关实践。比如,哈萨克斯坦自 2015 年起开始实行电子税收计划(the E-Taxation Project),致力于简化交易中的涉税程序,并且实现了在线税务登记、电子签名等功能,并可以通过电子税收平台在线与哈萨克斯坦国内收入服务系统(Kazakh Internal Revenue Service)实现交互共享。②

同时,税收数据电子化的推进,通过减少文件备案后的更正时间、在线填写税务文件、在线税务登记和退税以及在线税收支付等功能性战略,也将有效提升国际税收征管效率。我国应当在"金税三期"的基础上,进一步推广电子税收技术,完善风险管理信息系统,努力获取可靠的情报信息进行验证,从而实现税收情报数据收集系统的进一步优化。

---

① Saha P, Nath A K, Salehi-Sangari E. Evaluation of Government E-Tax Websites: An Information Quality and System Quality Approach [J]. Transforming Government People Process & Policy, 2012, 6 (3): 300-321 (22).

② Kassen M. E-government in Kazakhstan: A Case Study of Multidimensional Phenomena [M]. New York: Routledge, 2016: 60-61.

第二节　有力、有效防范丝绸之路经济带税收风险①

一、税收风险防范助力丝绸之路经济带发展的作用机理

丝绸之路经济带空间范围广阔，制度环境复杂，在丝绸之路经济带的建设和发展中，税收风险是必然存在的，准确识别并进行有效防范是十分必要的。综合来看，税收风险防范对丝绸之路经济带发展的推动作用主要体现在以下几个方面：

首先，税收风险防范是维护竞争秩序的安全锁。自古以来，税收竞争便是贸易发展逃避不开的难题。税收竞争发展至今，逐渐演变成为对资本和经营活动采取减税措施，诸如一些不恰当的税收优惠措施，以提高生产要素的流入。② 这些恶性税收竞争手段会扭曲贸易和投资模式，侵蚀国家税基，并将部分税收负担转移至劳动力和消费等流动性较低的税基上，从而不利于就业，破坏税收的公平性。③ 丝绸之路经济带作为一个刚刚起步的新型经济区域，沿线各国间的投资往来、经济合作日益频繁，税收的竞争也在所难免，但有效的税收风险防范能够通过多边或单边协定等措施，推动各国间的税收协调，从而维护竞争秩序，避免恶性税收竞争带来的危害。

其次，税收风险防范是经贸合作的保护伞。丝绸之路经济带的本质是新的经济发展区域，其中经贸合作是非常重要的一环，而区域性经济合作多始于自由贸易，其面临最大的障碍便是关税和非关税壁垒，因此，区域性经济合作与税收风险是相伴而生的。2014 年，我国外交部针对非洲某国开展的经

---

① 马蔡琛，苗珊. 有力有效防范丝绸之路经济带的税收风险 [J]. 理论探索，2019 (2)：79-85.
② 吴建，程莹. 国际税收协调路径探讨——基于区域性反有害税收竞争实践 [J]. 现代财经（天津财经大学学报），2011 (10)：16-23.
③ OECD. Harmful Tax Competition: An Emerging Global Issue [R]. 1998.

贸领域调研报告显示，在"走出去"企业所面临的问题中，与税收相关的占60%。此外，某直辖市国税局对辖区内 50 家境外投资企业开展的专项调查显示，43%的企业在进行境外投资和经营时，面临较大的涉税争议、税收歧视等税收问题。① 随着丝绸之路经济带沿线各国交流合作的推进，商品、资本、技术、劳动力等经济要素的跨国流动日益频繁，税收分配关系变得错综复杂，税收风险成为丝绸之路经济带发展过程中不可忽视的重要问题。如何减少关税和非关税贸易壁垒，如何避免由税制差异、税收管辖权等因素导致的重复征税，如何防止跨国企业滥用税收优惠等措施，越来越成为推动丝绸之路经济带进一步发展的关键问题，而有效的税收风险防范能够保护各国间的经贸往来，进而推动丝绸之路经济带繁荣发展。

最后，税收风险防范是提升竞争力的助推器。丝绸之路经济带沿线国家多为发展中国家，尽管具有较大的发展潜力，但当前竞争力较弱，营商环境参差不齐。依据世界经济论坛公布的 2017—2018 年度全球竞争力指数（Global Competitiveness Index），丝绸之路经济带沿线国家中仅有 3 个国家排在前 50 名，分别为中国（第 27 位）、俄罗斯（第 38 位）和印度（第 40 位），②其余大部分国家排名均较为靠后。在世界银行 2018 年颁布的对世界 190 个经济体经商便利度的评估中，俄罗斯（第 35 位）、哈萨克斯坦（第 36 位）、亚美尼亚（第 47 位）的经商环境较为理想，而伊朗（第 124 位）、阿富汗（第 183 位）、巴基斯坦（第 147 位）、塔吉克斯坦（第 123 位）等国的经商便利度排在 100 位之后，经商环境不够理想。③ 税收作为国家的重要组成部分，势必会影响竞争力和经商环境。但目前来看，丝绸之路经济带沿线各国大多税制不够健全，特别是在国际税收治理方面，仍处于起步阶段。因此，加强税

---

① 陈有湘，董强. 构建"一带一路"战略下的国际税收风险应对机制 [J]. 税收经济研究，2015（6）：49-55.

② World Economic Forum. Global Competitiveness Index 2017-2018 [EB/OL]. [2018-04-10]. http：//reports. weforum. org/global-competitiveness-index-2017-2018/competitiveness-rankings/#series=GCI.

③ World Bank. Doing Business 2018 Reforming to Create Jobs [EB/OL]. [2018-04-10]. http：//www. doingbusiness. org/~/media/WBG/DoingBusiness/Documents/Annual-Reports/English/DB2018-Full-Report. pdf.

收风险防范能够有效推动各国税制的完善，进而提升各国竞争力。

二、丝绸之路经济带的税收风险及其来源

就单个国家而言，准确识别并防范税收风险，可以避免税收流失和恶性竞争，同时倒逼国内的税制改革和征管能力的提升，促使其加快建立与国际接轨的税收制度。就区域发展而言，丝绸之路经济带沿线各国在资源、产业等方面均具有较强的互补性，具有广阔的合作空间，识别并防范税收风险有利于为各国的经贸往来降低成本，进而推动该区域内资源、资本、劳动力等生产要素的自由流动，以优化资源配置，提高该区域的整体竞争力。随着丝绸之路经济带倡议的落地实施，如何识别并防范税收风险是当前亟待解决的难题。

（一）丝绸之路经济带的税收风险

1. 税制差异明显

丝绸之路经济带沿线国家众多，税法的规定千差万别。从法律体系方面来看，大多数国家采用大陆法系，也有部分国家采用英美法系（比如印度、巴基斯坦）。从税收管辖权方面来看，大多数国家同时使用居民管辖权和地域管辖权，即同时对本国居民的全球所得和非居民来源于本国的所得征税。从税种来看，各国之间仍存在一定的差异，例如，除俄罗斯外，丝绸之路经济带的其他国家增值税制度的运行多不依赖于出口退税，逐渐偏离了国际法规的规定。[①]

考虑到沿线各国的合作以跨境投资居多，而公司所得税是影响国际投资的重要因素之一，因此，公司所得税是各国企业"走出去"和"引进来"最为关注的问题，与丝绸之路经济带的发展息息相关，但各国对其规定却差异颇大，为跨境投资带来了许多困扰。

从纳税标准和应税所得的角度来看（见表6-3），丝绸之路经济带沿线国

---

① 杰弗里·欧文斯，张钟月. 新丝绸之路发展中的税收问题探究 [J]. 国际税收，2017（4）：64-67.

家对纳税人的判断标准和对应税所得的处理方式不尽相同。大部分国家在区分居民纳税人和非居民纳税人时,采用一种标准(即公司注册登记地,如俄罗斯、蒙古国等)或两种标准(即公司注册登记地或管理控制地,如巴基斯坦、吉尔吉斯斯坦等)。当然,也存在一些拥有特殊规定的国家,如哈萨克斯坦采用三种标准对居民纳税人进行判定,即公司注册登记地或管理控制地或实际经营地,而阿富汗则并未公布区分居民纳税人和非居民纳税人的判断标准。在考察应税所得的处理方式时我们发现,各国在对经营所得和其他所得征税时区别不大,但对股息所得和资本所得的纳税处理却采取了不同的方式。对于股息所得,丝绸之路经济带沿线的大部分国家选择了特殊的征收方式,即不征税(如哈萨克斯坦)和区别征税(如印度),仅有少数国家选择按照正常所得征税(如阿富汗、蒙古国)。相反,在对资本利得征税的处理上,大多数国家选择了按正常所得征税(如俄罗斯、哈萨克斯坦等),仅有少数国家(如印度、巴基斯坦、摩尔多瓦),选择了区别征税。

表6-3　部分丝绸之路经济带国家公司所得税纳税人判断标准及应税所得处理方式

纳税人判断标准	
判断标准	代表国家
公司注册登记地	白俄罗斯、俄罗斯、蒙古国、乌克兰、乌兹别克斯坦
公司注册登记地或管理控制地	巴基斯坦、吉尔吉斯斯坦、土库曼斯坦、印度
公司注册登记地或管理控制地或实际经营地	哈萨克斯坦

应税所得的处理方式		
所得类别	处理方式	代表国家
股息所得	不征税	哈萨克斯坦、吉尔吉斯斯坦、乌克兰、乌兹别克斯坦
	按正常所得征税	阿富汗、蒙古国
	区别征税	巴基斯坦、白俄罗斯、俄罗斯、摩尔多瓦、土库曼斯坦、亚美尼亚、印度

续表

应税所得的处理方式		
资本利得	不征税	—
	按正常所得征税	阿富汗、白俄罗斯、俄罗斯、哈萨克斯坦、吉尔吉斯斯坦、土库曼斯坦、乌克兰、乌兹别克斯坦、亚美尼亚
	区别征税	巴基斯坦、摩尔多瓦、印度

资料来源：刘鹏."一带一路"沿线国家的公司税制比较［J］.上海经济研究，2016（1）：52-60.

从税率的角度来看（见表6-4），除蒙古国采用累进税率外，其他国家均采用比例税率。各国的税率水平差异较大，高者如巴基斯坦，可以达到31%或35%；低者如乌兹别克斯坦，仅为7.5%，但大多数国家的税率水平处于10%~20%。总的来说，丝绸之路经济带沿线的大部分国家的公司所得税税率均低于我国，仅印度和巴基斯坦的税率明显高于我国。特别地，印度对外国公司及其分支机构征收更高的所得税，高出10%（国内公司税率为30%，外国公司及其分支机构税率为40%），这在全球范围内都是很少见的。此外，部分国家征收了分支机构利润汇出税，即分支机构扣除在当地缴纳的公司所得税后，在将利润汇出时还要再缴纳一次税款，如哈萨克斯坦、乌兹别克斯坦、巴基斯坦、蒙古国，这无疑增加了境外承包、境外劳务的税负。预提税（Withholding Tax）是针对跨国资本流动征收的直接税。除印度之外，各国均征收股息预提税，且税率大多集中于10%~15%。但大多数国家与中国协定的股息预提税税率或低于本国规定或与本国规定持平，这得益于中国与各国的双边或多边税收协定，为我国企业"走出去"创造了良好的条件。

表6-4 部分丝绸之路经济带沿线国家公司所得税税率情况一览表

国家	标准税率（%）	分支机构利润汇出税率（%）	股息预提税税率（%）	协定股息税率（%）
俄罗斯	15.5~20[①]	0	0/13/15[②]	5/10[①]
哈萨克斯坦	20	15	15	10
乌兹别克斯坦	7.5	10	10	10
土库曼斯坦	8/20/2[③]	—	15	5/10[①]

续表

国家	标准税率（%）	分支机构利润汇出税率（%）	股息预提税税率（%）	协定股息税率（%）
吉尔吉斯斯坦	10/5/0[④]	—	10	10
印度	30[⑤]	0	0	10
巴基斯坦	31/35[⑥]	12.5	12.5	10
阿富汗	20	—	20	—
蒙古国	10/25[⑦]	20	20	5
白俄罗斯	18/25[⑧]	—	12	10
亚美尼亚	20	—	10	5/10[⑫]
乌克兰	18	0	15	5/10[⑬]
摩尔多瓦	12	0	6[⑨]	5/10[⑭]

注：①教育和药品公司税率为0。②支付给其他俄罗斯公司或居民的股息预提税税率为13%，支付给外国公司的股息预提税税率为15%。③非政府居民企业的所得税税率为8%，其他居民企业的税率为20%，个人独资企业的所得税税率为2%。④标准税率为10%，租赁企业为5%，金矿开采，精选、精炼合金和黄金行业的企业享受0的优惠税率。⑤国内公司税率30%，外国企业及其分支机构税率40%，考虑到附加税费和地方税，有效税率分别为国内公司33.99%，外国企业43.26%。⑥银行为35%，其余为31%。⑦采用累进税率，每年应纳税所得在30亿图格里克（MNT）以内的部分税率为10%，超过的部分税率为25%。⑧18%为标准税率，银行、保险公司利润的税率为25%。⑨2008—2011年度为15%。⑩~⑭如果受益所有人是直接拥有分配股息公司至少25%资本的公司（合伙企业除外，俄罗斯还额外规定持股金额至少达8万欧元或等值的其他货币），所征税款不应超过股息总额的5%，其他情况下不得超过股息总额的10%。

资料来源：Ernst Young. Worldwide Corporate Tax Guide 2017 [R]. http://www.ey.com/Publication/vwLUAssets/Worldwide_Corporate_Tax_Guide_2017/\$FILE/Worldwide%20Corporate%20Tax%20Guide%202017.pdf, 2017；中国注册税务师同心服务团."一带一路"发展战略涉税问题概览[M]. 北京：中国税务出版社，2015；国家税务总局官方网站资料。

通过上述分析不难发现，丝绸之路经济带沿线国家间的税制差异较大，税制协调性差，特别是在公司所得税方面。加之语言障碍，各国很难及时全面地掌握彼此的税收政策和征管规定，很容易出现境外亏损无法弥补、境外优惠无法饶让、协定待遇无法落实、境外税收执法不公等问题，大大增加了丝绸之路经济带的税收风险。

2. 税收协定体系不健全

税收协定是调节国家间税收分配的重要手段。截至2018年2月，我国的税收协定网络已经涵盖54个"一带一路"国家。2016年，为外国投资者在中国减免税收 280 亿元，为中国金融机构减免境外税收 278 亿元。除此之外，2015 年以来共进行了 130 例双边税收协商，为"走出去"和"引进来"企业消除重复征税 113 亿元。① 目前，在丝绸之路经济带范围内，我国的税收协定网络不断完善，已经与丝绸之路经济带核心区和扩展区的其他国家签订税收协定。需要注意的是，这些税收协定中的诸多内容已经相对滞后，难以满足丝绸之路经济带的最新发展需求。具体表现为：

首先是税收饶让条款的缺失。我国虽与丝绸之路经济带沿线的大多数国家签订了税收协定（见表 6-5），但仅印度和巴基斯坦适用税收饶让条款，其余国家均无互相认定的饶让条款。我国的公司所得税税率高于丝绸之路经济带沿线的大多数国家，我国企业"走出去"能否享受对方国家的税收优惠很大程度上取决于税收饶让条款，这一条款的缺失增加了企业对外投资的隐性成本和税收风险。

表 6-5　中国与丝绸之路经济带部分国家签订税收饶让条款一览表

国家	是否有饶让
俄罗斯	×
哈萨克斯坦	×
吉尔吉斯斯坦	×
塔吉克斯坦	×
土库曼斯坦	×
乌兹别克斯坦	×
印度	√
巴基斯坦	√
伊朗	×
蒙古国	×
白俄罗斯	×
亚美尼亚	×

---

① 商务部. 图解税收服务"一带一路" [EB/OL]. [2018-02-09]. http://www.chinatax.gov.cn/n810219/n810744/n1671176/index.html.

续表

国家	是否有饶让
乌克兰	×
摩尔多瓦	×

资料来源：根据国家税务总局官方网站资料整理而得。

其次是税收情报交换制度的落后。虽然税收协定中也涉及了税收情报交换制度，但大多条文简单，形同虚设。特别地，《多边税收征管互助公约》规定了三种税收征管互助的方式，即税收情报交换、税收追缴协助和文书送达协助，而目前丝绸之路经济带沿线国家中，仅中国、乌克兰、俄罗斯、摩尔多瓦、哈萨克斯坦、印度六个国家签署了这一公约。[①]

目前来看，我国已经签订的诸多税收协定覆盖了丝绸之路经济带沿线的绝大多数国家，但仍然缺乏区域性的多边税收协定，为该区域内税收风险的出现埋下了隐患。

3. 新型反避税需求

在全球化进程的推动下，世界经济活动深度融合，企业生产经营活动不再局限于某一地区，而是将生产链在全球范围内进行整合。这种边界的模糊给了跨国企业越来越多的机会实施激进的税收筹划策略以使其税负最小化，各国面临越发严峻的税基侵蚀与利润转移（Base Erosion and Profit Shifting）风险。为此，G20领导人达成共识，呼吁在全球范围内建立公平和现代化的国际税收体系，并委托OECD于2015年发布了《关于税基侵蚀和利润转移的行动计划》（BEPS）的最终版本。这项行动计划虽然源于发达国家，但丝绸之路经济带沿线发展中国家众多，税收征管能力较弱，可能面临更大的BEPS风险。

首先，从国家层面来看，近年来，我国对丝绸之路经济带沿线国家直接投资不断增长，转让定价规则的差异将会为公司避税行为提供空间，产生新型税收风险。世界范围内大型跨国公司由无形资产引致的利润分配不当导致

---

① 陈虎. "一带一路"沿线国家税收情报交换制度刍议 [J]. 税务研究，2016（7）：94-98.

的税基侵蚀,是发达国家和发展中国家共同面对的严峻挑战。例如,美国苹果公司通过分拆知识产权将利润转移至税率更低的爱尔兰,从而实现税负的规避。① 为此,BEPS 行动计划倡导各国实施转让定价国别报告,即要求全球合并收入超过 7.5 亿欧元的跨国公司,由母公司向所在国税务机关报告转让定价相关信息,OECD 还在其网站建立了双边税收情报自动交换系统,实现签署国税务机关之间的信息共享。目前已有 66 个国家和地区签署了《转让定价国别报告多边主管当局间协议》,而其中丝绸之路经济带沿线国家中仅有中国、俄罗斯、印度和巴基斯坦四国签署了该协议,② 其他国家则由于立法缺失、征管水平落后等因素,缺乏信息共享的能力。

其次,从企业层面来看,对投资目标国税收制度的不熟悉,可能给企业带来额外风险或损失。一项针对北京市部分"走出去"企业的调查显示,缺乏专业税务人员、忽视境外分支机构税收管理和国际税收风险防控是企业普遍存在的问题。③ 近年来,在 BEPS 行动计划的推动下,越来越多的丝绸之路经济带沿线国家制定了防止税基侵蚀与利润转移的政策,重点关注企业滥用税收协定优惠、不当转移定价等问题,并规范了强制披露义务。例如,中俄税收协定待遇优于两国国内税法待遇,但同时也规定了利益限制条款以防止税收协定优惠的不当授予;④ 哈萨克斯坦虽未正式签署转移定价国别报告协议,但国内已颁布实施《转移定价法》,明确了针对在哈外国石油公司所开展业务的相关条款。⑤ 由于丝绸之路经济带沿线国家税收制度差异较大,若企业未能提前规划,则可能引致东道国税务机构的反避税调查,这样不仅会在短期内造成经济损失,还会损害企业的社会声誉,对企业的长期投资活动造成

---

① 励贺林. 无形资产转让定价规则发展趋势及对我国应对 BEPS 的启示 [J]. 税务研究,2014 (8):69-73.

② 国家税务总局. 转让定价国别报告 [EB/OL]. [2018-04-19]. http://www.chinatax.gov.cn/n810219/n810744/n2959156/index.html.

③ 孔丹阳,王宝杰. 服务"一带一路"战略从树立税收风险理念开始 [J]. 国际税收,2016 (4):65-68.

④ 国家税务总局国际税务司国别投资税收指南课题组. 中国居民赴俄罗斯投资税收指南 [Z]. 北京:国家税务总局,2018.

⑤ 国家税务总局国际税务司国别投资税收指南课题组. 中国居民赴哈萨克斯坦投资税收指南 [Z]. 北京:国家税务总局,2019.

不利影响。

最后，值得注意的是，随着经济的发展、信息化水平的提升和各国间投资活动的繁荣，一些新型的经济活动方式逐渐兴起（如数字经济），这些新兴的经济活动方式往往处于税法的真空地带，为国际税收征管带来了挑战。特别是数字经济时代下，如何分配跨境活动产生收入的征税权利问题引起了世界各国的关注。① 目前来看，以欧盟为代表的发达国家正在致力于对数字经济进行合理的征税。② 最新发布的《"一带一路"大数据报告（2018）》首次公布了数字丝路畅通度指数，指出中国与"一带一路"国家的数字丝路畅通度为45.55，总体呈现出国别差异大（最高分85.22、最低分13.2）和部分国家、地区的潜力大（如立陶宛）这样两个特征。③ 这表明，现阶段数字经济对于丝绸之路经济带的发展越发重要，如何对其征税也是各国亟须协商解决的问题。

（二）税收风险的来源

综合来看，丝绸之路经济带的税收风险主要来源于两个方面：一是税收征管能力薄弱；二是对税收风险缺乏足够的重视。

一方面，从税收征管能力的角度来看，缺乏适应国际税收规则的税收征管能力，一直是丝绸之路经济带建设所面临的重要挑战。刘蓉等（2017）从税收负担、征管效率和行政廉洁程度考察了"一带一路"沿线各国的税收征管竞争力，发现印度、乌克兰、塔吉克斯坦等国的税收征管竞争力较弱。④ 在税收征管实践中，受不同的纳税人居民身份标准、不同的抵免制度等因素的影响，较易出现重复征税行为，导致企业税收成本增加。此外，部分国家缺

---

① OECD. Tax Challenges Arising from Digitalisation—Interim Report 2018 [R]. 2018.
② European Commission. Digital Taxation：Commission Proposes New Measures to Ensure that all Companies Pay Fair Tax in the EU [EB/OL].（2018-03-21）[2019-01-11]. https：//ec. europa. eu/malta/news/digital-taxation-commission-proposes-new-measures-ensure-all-companies-pay-fair-tax-eu_ en.
③ 中国"一带一路"网.《"一带一路"大数据报告（2018）》发布：俄罗斯合作度最高　粤鲁沪参与度最高 [EB/OL].（2018-09-19）[2019-01-11]. https：//www. yidaiyilu. gov. cn/xwzx/gnxw/66751. htm.
④ 刘蓉，王鑫，毛锐."一带一路"沿线国家税收征管竞争力比较 [J]. 税务研究，2017（2）：3-8.

乏防范税基侵蚀和利润转移的政策和措施，也会导致税收的流失。国际货币基金组织的数据显示，中亚国家平均税收收入不到GDP的25%。①究其原因，在于较高的地缘政治风险和较低的经济发展水平。据统计，"一带一路"沿线的48个样本国家中，新型政治风险较高的国家占比48%。②较强的税收征管能力始终是以稳定的政治环境为依托的，在高风险的政治环境中，强有力的税收征管自然很难实现。

另一方面，从对税收风险的重视程度来看，企业和涉税服务部门均对税收风险缺乏足够的重视。调查显示，我国"走出去"的企业有82.5%不了解中美税收协定，只有2.5%的企业在面临税收争议或税收歧视时，能够利用互相磋商程序解决税务纠纷。此外，只有15%、12.5%和7.5%的企业分别对OECD转让定价指南、美国《海外账户税收遵从法案》（FATCA）和税基侵蚀与利润转移（BEPS）行动计划、税收情报自动交换等国际税收热点有所了解。③涉税服务部门在建立"走出去"企业税收平台、加强对"走出去"企业的国际水平培训及发布年度风险分析报告等方面存在欠缺，也一定程度上反映出其不够重视国际税收风险。

三、丝绸之路经济带税收风险防范的路径选择

（一）优化开放友好型税收制度，保障企业"走出去"

第一，完善国内税制，激励企业"走出去"。随着丝绸之路经济带合作范围的进一步扩大，全方位的税收协调势在必行，因此，有必要对包括货物劳务税、所得税、关税在内的直接税与间接税进行调整和完善，前瞻性地做好税收协调的准备性工作。同时，要加大税收激励，提升企业对外投资的积极

---

① 杰弗里·欧文斯，张钟月. 新丝绸之路发展中的税收问题探究 [J]. 国际税收，2017（4）：64-67.
② 李香菊，王雄飞. "一带一路"战略下企业税收风险与防控研究 [J]. 华东经济管理，2017（5）：134-139.
③ 孔丹阳，王宝杰. 服务"一带一路"战略从树立税收风险理念开始 [J]. 国际税收，2016（4）：65-68.

性，激励企业"走出去"。① 例如，可允许企业将因从金融机构借款支付的利息作为进项税额抵扣；对金融机构向企业境外投资提供融资、担保取得的收入免征所得税；允许境外承包工程等项目的境外培训费用据实税前列支；等等。

第二，改革税收抵免制度，扩大综合抵免的范围。我国的税制结构，特别是企业所得税税率，与丝绸之路经济带沿线国家差异较大，可以考虑将我国现行的"分国不分项"的抵免制度，改为不分国别的综合限额抵免制度。其优势在于，综合限额抵免能够使企业在不同国家的投资盈亏相抵，同时也可以简化计算，提高征管效率。② 目前来看，我国的石油企业已经试行了"不分国、不分项限额抵免法"和"综合限额抵免法"的选择制，在将来这一做法也有可能推广至全部"走出去"企业。③ 此外，还应注意放宽境外抵免的持股、层级、抵补限制和抵免有效凭证的限制，扩大税收减免范围，推动资本输出。可借鉴美国、日本等资本输出大国，在特定的区域和行业，免除"走出去"企业在对方国家所得的企业所得税纳税义务。

第三，完善配套制度，保障企业"走出去"。借鉴国际经验，可考虑建立海外投资风险准备金制度，即允许企业对境外投资按照一定比例计提准备金（税前），从而有利于提高企业境外投资的抗风险能力。④ 此外，完善境外亏损负担机制也是非常必要的，可以考虑允许向以后年度结转，或抵顶以前年度的利润等方法。为促进对外投资，可考虑引入境外投资延迟纳税机制，如美国允许企业将所得暂时存于国外，在汇回时予以征税，从而提高对外投资企业的抗风险能力和国际竞争力。

（二）完善合作机制，推动税收协调

第一，双边合作机制。以税收协定为代表的双边机制，在丝绸之路经济

---

① 文雷，张淑惠. 丝绸之路经济带的税收协调问题 [J]. 税务研究，2015（6）：36-40.
② 熊鹭. 对外投资税制国际比较与借鉴 [J]. 金融与经济，2012（7）：31-34.
③ 霍志远，杨雷东. 我国"走出去"企业税收风险管控的思考 [J]. 税务研究，2016（11）：68-70.
④ 陈展，徐海荣，兰永红，等. 税收服务"一带一路"战略的有关问题探析 [J]. 税务研究，2016（3）：34-37.

带防范税收风险的过程中,具有举足轻重的地位。因此,我国应加快税收协定的签订进程,争取做到税收协定的全覆盖。同时,应对已经签订的税收协定依据当前的发展状况和需求进行修改完善。一方面,在税收协定的签订和修改过程中,侧重于增加税收饶让条款,可借鉴从资本输出国角度思考的OECD范本。特别地,可考虑逐步扩大避免双重征税的免税法的适用范围。例如,我国在与俄罗斯就 1994 年签署的税收协定进行修改时,就逐步引入了免税法,从而进一步释放了企业的投资热情。[①] 另一方面,建立税收情报自动交换制度。税收情报自动交换制度具有获得逃税信息、威慑逃税行为及实现税收公平等重要作用,能够对跨境逃避税实现有效打击,因此在世界范围内得到普遍关注。OECD 在 2004 年对税收协定范本的第 26 条(即涉及情报交换的规定)进行了修改,扩大了情报交换的实施范围,减少了对国际税收情报的交换限制,丰富了税收情报的交换方式。2006 年,进一步发布了《为税收目的实施情报交换条款手册》,详细介绍了六种税收情报交换方式。因此,我国要推动建立税收自动交换制度,同时也要注重提高税收情报的质量,推动丝绸之路经济带沿线各国使用"统一报告标准"(CRS)来实施税收情报交换。

第二,多边或区域合作机制。在丝绸之路经济带的多边背景下,多边或区域的税收合作机制亦变得尤为重要,既要保证各国的税收利益,又要增强多边的税收征管效率。目前来看,与欧盟、北美自由贸易区等较为成熟的区域经济组织相比,丝绸之路经济带沿线国家制度的复杂性、差异性等因素,均对区域税收合作机制提出了挑战。但从未来的发展来看,建立一个较为统一的区域税收协调平台仍是今后区域税收合作的重要努力方向。

(三)建立税收信息平台,提高税收征管能力

税收征管能力不高是丝绸之路经济带税收风险产生的一个主要原因。特别地,在大数据时代背景下,大数据、人工智能、物联网、云计算等信息化条件为税务部门及时且准确地寻找税收风险创造了条件。但与此同时,涉税

---

① 曾文革,白玉. 论"一带一路"战略下我国对外投资的税收制度安排[J]. 江西社会科学,2017(5):13-24.

数据质量低、更新速度慢、数据接口标准不统一、相关专业人才欠缺等也对税收风险管理提出了挑战。① 在此背景下，可从以下三方面入手，提升税收征管能力，既为"走出去"企业提供优质的税收服务，又保障我国的合法税收权益：

首先，加强税收信息化建设。税务部门可通过整理各国税收政策、税收优惠、税收征管实例等信息，构建国际税收政策信息资讯库。及时搜集涉及各国政治经济发展状况及法律变更的信息，并发布各国投资税务风险评估报告，适时发出投资风险预警。完善税务部门网站建设，建立用户友好型涉税服务网站，为企业提供更全面及时的税务信息，保障企业"走出去"。

其次，加强税收服务相关制度的建设。一些"走出去"企业可能缺乏对税收协定、所得税抵免等国际税收规则的了解，税务部门可通过网络课堂、税企座谈、宣传手册等方式，通过多种渠道对"走出去"企业进行培训，对境外投资政策进行解读，对在境外投资时会面临的税收问题及其解决方式进行普及。此外，企业在"走出去"时，还可能会因为制度、民族、文化、信仰等差异而遇到新的税收问题，这就需要在主要投资国的驻外使馆派驻税务参赞，解决具体的涉税事宜。

最后，组建国家税收智库。一些新兴的经济活动方式往往处于税法的真空地带，从而为国际避税提供了可能，这就需要建立由学术研究者、税收征管人员、企业代表、涉税中介服务机构等相关人员组成的国家税收智库，及时针对处于税收真空地带经济活动的征管问题进行研究和讨论，并提出有效的解决方法与制度预案。

---

① 姚键，王周飞，陈爱明. 基于大数据背景的税收风险管理 [J]. 税务研究，2015（11）：64-66.

参考文献

[1] Alexeevab M, Chernyavski A. A Tale of Two Crises: Federal Transfers and Regional Economies in Russia in 2009 and 2014—2015 [J]. Economic Systems, 2018 (2): 175-185.

[2] Asher M G, Rajan R S. Globalization and Tax Systems: Implications for Developing Countries with Particular Reference to Southeast Asia [J]. Asean Economic Bulletin, 2001, 18 (1): 119-139.

[3] Assel S. Latest IMF report highlights need for reform in Central Asia and Caucasus [EB/OL]. (2018-11-15) [2020-1-20]. The Astana Times, https://astanatimes.com/2018/11/latest-imf-report-highlights-need-for-reform-in-central-asia-and-caucasus/.

[4] Avais M M A, Shaikh M S, Mahesar H A, et al. China-Pak Economic Corridor: Social Analysis for Pakistan [J]. The Government-Annual Research Journal of Political Science, 2016, 5 (5).

[5] Aviyonah R S, Halabi O. Double or Nothing: A Tax Treaty for the 21st Century [J]. University of Michigan Law & Economy Research Paper, 2012 (12): 009.

[6] Baker P L. An Analysis of Double Taxation Treaties and Their Effect on Foreign Direct Investment [J]. International Journal of the Economics of Business, 2014 (3): 341-377.

[7] Baldwin R E, Krugman P. Agglomeration, Integration and Tax Harmonisation [J]. European Economic Review, 2004, 48 (1): 1-23.

[8] Barbone L, Islam R, Sanchez L A. The Great Crisis and Fiscal Institutions in Eastern and Central Europe and Central Asia [R]. The World Bank, 2010.

[9] Barreto R, Sinha R. Implementing a Tax Administration System in the Kyrgyz Republic [J]. Social Science Electronic Publishing, 2015.

[10] Batsaikhan U, Dabrowski M. Central Asia—Twenty-five Years after the Breakup of the USSR [J]. Russian Journal of Economics, 2017 (3): 296-320.

[11] Beckwith C I. Empires of the Silk Road: A History of Central Eurasia from the Bronze Age to the Present [M]. Princeton: Princeton University Press, 2009.

[12] Belov A V. Tax Revenues, public investments and economic growth rates: evidence from Russia [J]. Journal of Tax Reform, 2018 (01).

[13] Bénassy-Quéré A, Trannoy A, Wolff G. Tax Harmonization in Europe: Moving forward [J]. Notes du Conseild'Analyseéconomique, 2014 (4): 1-12.

[14] Bolton K R. State Credit and Reconstruction: The First New Zealand Labour Government [J]. International Journal of Social Economics, 2011 (38): 39-49.

[15] Borck R. Fiscal Competition, Capital-Skill Complementarity, and the Composition of Public Spending [J]. Finanzarchiv Public Finance Analysis, 2005, 61 (4): 488-499.

[16] Bourlès R, Cozarenco A. State Intervention and the (Micro) Credit Market in Developed Countries: Loan Guarantee and Business Development Services [J]. Amse Working Papers, 2013 (04): 1-13.

[17] Chen S, Ratnovski L, Tsai PH. Credit and Fiscal Multipliers in China [J]. Social Science Electronic Publishing, 2017, 17 (273): 1.

[18] Crivelli E, De Mooij R, Keen M. Base Erosion, Profit Shifting and

Developing Countries [J]. FinanzArchiv: Public Finance Analysis, 2016, 72 (03): 268-301.

[19] Diakité M, Brun J-F, Diarra S, Tanimoune A N. The Effects of Tax Coordination on the Tax Revenue Mobilization in West African Economic and Monetary Union (WAEMU) [J]. Études et Documents, n°12, CERDI, 2017.

[20] Dumiter F, Jimon S. Double Taxation Conventions in Central and Eastern European Countries [J]. Journal of Legal Studies, 2016, 18 (32): 1-12.

[21] Eggert W, Kolmar M. The Taxation of Financial Capital under Asymmetric Information and the Tax-competition Paradox [J]. Scandinavian Journal of Economics, 2004, 106 (1): 83-106.

[22] Ernest & Young. Worldwide VAT, GST and Sales Tax Guide 2018 [EB/OL].(2018-01-01)[2019-02-09]. Ernest & Young, http://www.ey.com/gl/en/services/tax/worldwide-vat-gst-sales-tax-guidesc.

[23] Ernest & Young. Worldwide Corporate Tax Guide 2018 [EB/OL].(2018-12)[2019-02-18]. Ernest & Young, https://www.ey.com/Publication/vwLUAssets/EY_Worldwide_Corporate_Tax_Guide_2018/%24File/EY-2018-worldwide-corporate-tax-guide.pdf.

[24] European Commission. EU Tax Commissioner Algirdas Šemeta - European Common Memo [EB/OL].(2013-06-20)[2019-02-11]. European Commission, http://europa.eu/rapid/press-release_MEMO-13-711_en.htm.

[25] European Commission. Digital Taxation: Commission Proposes New Measures to Ensure that all Companies Pay Fair Tax in the EU [EB/OL].(2018-03-21)[2019-01-11]. European Commission, https://ec.europa.eu/malta/news/digital-taxation-commission-proposes-new-measures-ensure-all-companies-pay-fair-tax-eu_en.

[26] Freedman J. Tax and Brexit [J]. Oxford Review of Economic Policy, 2017, 33 (suppl_ 1): S79-S90.

[27] Frey B S, Eichenberger R. To Harmonize or to Compete? That's not the Question [J]. Journal of Public Economics, 1996, 60 (3): 335-349.

[28] Gahvari F, Karimi S M. Export Constraint and Domestic Fiscal Reform: Lessons from 2011 Subsidy Reform in Iran [J]. The Quarterly Review of Economics and Finance, 2016 (5): 40-57.

[29] González C H. Armonización Tributaria Del Mercosur: Ensayos Sobre Los aspectos Tributarios en el Proceso de Integración [J]. Ediciones Académicas, Buenos Aires, 1996.

[30] Goridko N P, Nizhegorodtsev R M. Public Losses – Private Gains: Some Institutional Filters for Russian Economy [J]. IFAC-PapersOnLine, 2018 (51): 868-875.

[31] Gray C, Lane T M, Varoudakis A. Fiscal Policy and Economic Growth: Lessons for Eastern Europe and Central Asia [R]. The World Bank, 2007.

[32] Green D J, Bauer A. The Costs of Transition in Central Asia [J]. Journal of Asian Economics, 1998 (2): 345-364.

[33] Hammill M, Pedrosa-Garcia J A. Reforming Tax Systems: Key Policy Considerations from South and South-West Asia. //Mishra A, Arunachalam V, Patnaik D. Current Issues in the Economy and Finance of India [M]. Cham: Springer, 2018.

[34] IMF. Regional Economic Outlook: Middle East and Central Asia Update [R]. 2019.

[35] Karagöza K, Keskin R. Impact of Fiscal Policy on the Macroeconomic Aggregates in Turkey: Evidence from BVAR Model [J]. Procedia Economics and Finance, 2016 (38): 408-420.

[36] Kassen M. E-government in Kazakhstan: A Case Study of Multidimensional

Phenomena [M]. New York: Routledge, 2016.

[37] Keen M, Kanbur R. Jeux Sans Frontières: Tax Competition and Tax Coordination When Countries Differ in Size [J]. American Economic Review, 1993, 83 (4): 877-892.

[38] Keen M, Konrad K A. The Theory of International Tax Competition and Coordination [A] //Auerbach A J, Chetty R, Feldstein M, et al. Handbook of Public Economics [M]. Amsterdam: Elsevier, 2013: 257-328.

[39] Keen M, Marchand M. Fiscal Competition and the Pattern of Public Spending [J]. Core Discussion Papers Rp, 1997, 66 (1): 33-53.

[40] KPMG. EMEA R&D incentives [EB/OL]. (2017-03) [2018-12-20]. KPMG International, https://assets.kpmg/content/dam/kpmg/xx/pdf/2017/03/emea-rd-incentives-guide-2017.pdf.

[41] Kudrinab A, Sokolov I. Fiscal Maneuver and Restructuring of the Russian Economy [J]. Russian Journal of Economics, 2017 (3): 221-239.

[42] Lake J, Yildiz H M. On the Different Geographic Characteristics of Free Trade Agreements and Customs Unions [J]. Journal of International Economics, 2016 (103): 213-233.

[43] Larking A, Slemrod J, Shackelford D. Public Disclosure of Corporate Tax Return Information: Accounting, Economics, and Legal Perspectives [M]. IBFD International Tax Glossary, 2005.

[44] Leschenko N, Troschke M. Fiscal Decentralization in Centralized States: The Case of Central Asia [M]. München: Arbeitenaus dem Osteuropa-Institut, 2006.

[45] Leschenko N, Troschke M. Fiscal Decentralization in Centralized States: Central Asian Patterns [M]. New York: Routledge, 2007: 103-138.

[46] Liu Z, Pappa E. Gains from International Monetary Policy Coordination: Does it Pay to Be Different? [J]. Journal of Economic Dynamics &

Control, 2008, 32 (7): 2085-2117.

[47] Malle S. Russia and China in the 21st Century. Moving Towards Cooperative Behaviour [J]. Journal of Eurasian Studies, 2017 (8): 136-150.

[48] Marceau N, Mongrain S. Almost Efficient Tax Competition [M]. Unpublished Manuscript, Université du Québec, Montréal, 2004.

[49] Ministry of Finance of the Slovak Republic. Slovak Republic Double Tax Treaties [EB/OL].(2019-01-14)[2019-02-19]. Ministry of Finance of the Slovak Republic, https://www.finance.gov.sk/en/taxes-customs-accounting/direct-taxes/income-tax/international-taxation/double-tax-treaties/.

[50] Musgrave P B. Fiscal Coordination and Competition in an International Setting [M]. Santa Cruz: University of California, 1989.

[51] Neaime S. Twin Deficits and the Sustainability of Public Debt and Exchange Rate Policies in Lebanon [J]. Research in International Business and Finance, 2015 (1): 127-143.

[52] Norton P M. China's Belt and Road Initiative: Challenges for Arbitration in Asia [J]. Pacific Asian Legal Review, 2018 (13): 72.

[53] OECD. Brief on the State of Play on the International Tax Transparency Standards September 2017 [EB/OL]. (2017-09)[2019-01-13]. OECD, http://www.oecd.org/tax/exchange-of-tax-information/brief-and-FAQ-on-progress-on-tax-transparency.pdf.

[54] OECD. Harmful Tax Competition: An Emerging Global Issue [R]. OECD, 1998.

[55] OECD. OECD Economic Surveys: Israel 2018 [M]. Paris: OECD Publishing, 2018.

[56] OECD. Tax Challenges Arising from Digitalisation—Interim Report 2018 [R]. OECD, 2018.

[57] Oxenstierna S. Russia's Defense Spending and the Economic Decline [J]. Journal of Eurasian Studies, 2016 (1): 60-70.

[58] Ponomariov B, Balabushko O, Kisunko G. Tax Administration Practices and Firms' Perceptions of Corruption [R]. Policy Research Working Paper Series 8122, Governance Global Practice Group, 2017-06.

[59] Presidency of the Republic of Turkey. Investment In Turkey [EB/OL]. (2019-01-09)[2019-02-20]. Presidency of the Republic of Turkey, http://www.invest.gov.tr/zh-CN/investmentguide/investorsguide/Pages/Incentives.aspx.

[60] PWC. Czech Republic Individual - Foreign tax relief and tax treaties [EB/OL].(2019-01)[2019-02-11]. Worldwide Tax Summaries Online, http://taxsummaries.pwc.com/ID/Czech-Republic-Individual-Foreign-tax-relief-and-tax-treaties

[61] PWC. Lithuania Corporate Tax credits and incentives [EB/OL].(2018-12-23)[2019-02-20]. Worldwide Tax Summaries Online, http://taxsummaries.pwc.com/ID/Lithuania-Corporate-Tax-credits-and-incentives.

[62] PWC. Paying Taxes Report 2018 [EB/OL].(2018-01-01)[2019-02-06]. Worldwide Tax Summaries Online, https://www.pwc.com/gx/en/services/tax/publications/paying-taxes-2018.html.

[63] Rakhimovab M. Central Asia and Japan: Bilateral and Multilateral Relations Author Links Open Overlay Panel [J]. Journal of Eurasian Studies, 2014 (5): 77-87.

[64] Ranchev G. Tax Harmonization Aspects of See Regional Integration Processes [J]. MEST Journal, 2016 (6): 161-169.

[65] Saha P, Nath A K, Salehi-Sangari E. Evaluation of Government E-tax Websites: An Information Quality and System Quality Approach [J]. Trans-

forming Government People Process & Policy, 2012, 6 (3): 300-321.

[66] Santander Trade Portal. Russia: Tax System [EB/OL]. (2019-01-10) [2019-02-18]. Santander Trade, https://en.portal.santandertrade.com/establish-overseas/russia/tax-system.

[67] Santander Trade Portal. United Arab Emirates: Tax System [EB/OL]. (2019-01-12) [2019-02-18]. Santander Trade, https://en.portal.santandertrade.com/establish-overseas/united-arab-emirates/tax-system.

[68] Sørensen P B. International Tax Coordination: Regionalism Versus Globalism [J]. Journal of Public Economics, 2001, 88 (6): 1187-1214.

[69] Swaroop V, Jha S, Rajkumar A S. Fiscal Effects of Foreign Aid in a Federal System of Governance: The Case of India [J]. Journal of Public Economics, 2000, 77 (3): 307-330.

[70] The Official Portal of the UAE Government. VAT [EB/OL]. (2019-01-07) [2019-02-09]. The UAE Government, https://government.ae/en/information-and-services/finance-and-investment/taxation/valueaddedtaxvat.

[71] Trading Economics. Kuwait Personal Income Tax Rate [EB/OL]. (2019-01-10) [2019-02-20]. Trading Economics, https://tradingeconomics.com/kuwait/personal-income-tax-rate.

[72] Trading Economics. Sales Tax Rate - VAT [EB/OL]. (2019-01-12) [2019-02-03]. Trading Economics, https://tradingeconomics.com/sales-tax-rate.

[73] Viner J. The Customs Union Issue [M]. New York: Carnegie Endowment for International Peace, 1950.

[74] Vinokurov E. Eurasian Economic Union: Current state and preliminary results [J]. Russian Journal of Economics, 2017 (3): 54-70.

[75] Vlad C, Ibadula B, Brezeanu P. Tax Harmonization in Fiscal Competitiveness Context [J]. Finance: Challenges of the Future, 2018, 1 (20): 45-52.

[76] Vladimir V K, et al. Regulatory and Legal Support for the Budget Transparency at the Regional Level in Russia [J]. Financial Journal, 2018 (05).

[77] Voyvodaa E, Yeldan E. Managing Turkish Debt: An OLG Investigation of the IMF's Fiscal Programming Model for Turkey [J]. Journal of Policy Modeling, 2005 (6): 743-765.

[78] Wilson J D. A Theory of Interregional Tax Competition [J]. Journal of Urban Economics, 1986, 19 (3): 296-315.

[79] World Bank. World Bank Data [DB/OL]. (2018-11) [2019-01-22]. World Bank, https://data.worldbank.org/indicator/NY.GDP.PCAP.CD.

[80] World Bank. Doing Business 2018 Reforming to Create Jobs [EB/OL]. [2018-04-10]. World Bank, http://www.doingbusiness.org/~/media/WBG/DoingBusiness/Documents/Annual-Reports/English/DB2018-Full-Report.pdf.

[81] World Bank. Economies in Central Asia continue reform agenda [EB/OL]. (2017-11-01) [2019-01-28]. AKI Press, https://akipress.com/news:598440/.

[82] World Bank. Russia: Fiscal Costs of Structural Reforms [R/OL]. World Bank, https://openknowledge.worldbank.org/handle/10986/8540. 2005-4.

[83] World Economic Forum. Global Competitiveness Index 2017-2018 [EB/OL]. [2018-04-10]. World Economic Forum, http://reports.weforum.org/global-competitiveness-index-2017-2018/competitiveness-rankings/#series=GCI.

[84] Xu D. A Step Forward for Tax Dispute Resolution between China and ASEAN Countries under the Belt and Road Initiative [J]. Singapore Management University School of Accountancy Research Paper, 2019 (01).

[85] Yushkov A. Fiscal Decentralization and Regional Economic Growth: Theory, Empirics, and the Russian Experience [J]. Russian Journal of Economics, 2015 (1): 404-418.

［86］ Zecchini S, Ventura M. Public Credit Guarantees and SME Finance ［J］. Isae Working Papers, 2006 (73): 11-53.

［87］ Zhou H W. The State Credit Worthiness Should Fade out of the State Bank ［J］. Modern Economic Science, 2003 (01): 33-38.

［88］ Zodrow G R, Mieszkowski P. Pigou, Tiebout, Property Taxation, and the Underprovision of Local Public Goods ［J］. Journal of Urban Economics, 1986, 19 (3): 356-370.

［89］白永秀,王颂吉,何昊,等.丝路驼铃——丝绸之路经济带［M］.重庆:重庆大学出版社,2018.

［90］白永秀,王颂吉.丝绸之路经济带的纵深背景与地缘战略［J］.改革,2014(3):64-73.

［91］蔡昌.动荡时期的创新与冲突——魏晋南北朝的赋税制度变迁［J］.中国财政,2015(11):76-77.

［92］产业信息网.2017年中国企业在"一带一路"背景下的对外投资情况分析［EB/OL］.(2017-05-04)[2017-09-23].产业信息网,http://www.chyxx.com/industry/201705/519297.html.

［93］常红,杨牧.中国在西亚直接投资发展潜力巨大［EB/OL］.(2019-09-26)[2020-01-11].人民网,http://world.people.com.cn/n1/2019/0926/c1002-31374804.html.

［94］陈虎."一带一路"沿线国家税收情报交换制度刍议［J］.税务研究,2016(7):94-98.

［95］陈明光.六朝财政史［M］.北京:中国财政经济出版社,1997.

［96］陈有湘,董强.构建"一带一路"战略下的国际税收风险应对机制［J］.税收经济研究,2015(6):49-55.

［97］陈展,徐海荣,兰永红,等.税收服务"一带一路"战略的有关问题探析［J］.税务研究,2016(3):34-37.

［98］程贵,马莹,胡海峰.供给侧改革背景下我国对中亚国家直接投资的策

略选择［J］. 兰州财经大学学报, 2017, 33（2）: 71-76.

［99］程辉."走出去"企业税收筹划问题及思路［J］. 税收征纳, 2016（4）: 33-35.

［100］崔文苑. 税务总局与包括"一带一路"沿线国家在内113个国家和地区建立双边税收合作机制［EB/OL］.（2016-10-13）［2018-11-22］. 中国经济网, http://intl.ce.cn/specials/zxgjzh/201610/13/t20161013_16705428.shtml.

［101］崔晓静. 中国与"一带一路"国家税收协定优惠安排与适用争议研究［J］. 中国法学, 2017（2）: 196-216.

［102］笪曦. 习近平: 和平合作、开放包容、互学互鉴、互利共赢的丝路精神, 是人类文明的宝贵遗产［EB/OL］.（2017-05-14）［2019-09-18］. 上观新闻, https://www.jfdaily.com/news/detail?id=53093.

［103］大道至简. PPP路漫漫, 中东北非上下而求索［EB/OL］.（2019-02-22）［2019-12-29］. 豆瓣网, https://www.douban.com/note/707768788/.

［104］大卫·布莱尔. 外籍专家:"一带一路"倡议为各国协调经济政策创造可能［EB/OL］.（2019-05-02）［2019-11-28］. 中国一带一路网, https://www.yidaiyilu.gov.cn/ghsl/hwksl/88806.htm.

［105］德勤中国. 经合组织最新发布相互协商程序（MAP）案件统计数据［R］. 德勤税务评论, 2018: 284.

［106］邓悦, 詹添丞. 地方财政支出与区域经济发展关系的实证分析——以地市级城市面板数据为例［J］. 江西财经大学学报, 2013（3）: 18-24.

［107］邸玉娜, 刘艺萌, 张凡."一带一路"背景下中国对俄罗斯直接投资的机遇与挑战［J］. 时代经贸, 2018（2）: 43-44.

［108］电子商务和信息化司. 中国电子商务报告（2017）［R］. 商务部, 2018.

［109］丁文. 中国古代茶叶经济与丝绸之路［J］. 楚雄师范学院学报, 2015, 30（05）: 9-11.

[110] 丁晓星. 丝绸之路经济带的战略性与可行性分析——兼谈推动中国与中亚国家的全面合作 [J]. 人民论坛·学术前沿, 2014 (04): 71-78.

[111] 东方金诚国际信用评估有限公司."一带一路"沿线国家主权信用分析报告 (2016) [J]. 东方信用, 2017 (1): 17-30.

[112] 东方资讯."一带一路"倡议下, 中国对中亚五国的贸易战略 [EB/OL].(2018-01-13)[2020-01-15]. 东方资讯, http://mini.eastday.com/mobile/180113135221061.html#.

[113] 董锁成, 黄永斌, 李泽红, 等. 丝绸之路经济带经济发展格局与区域经济一体化模式 [J]. 资源科学, 2014, 36 (12): 2451-2458.

[114] 董小娇. 习近平: 中国将向丝路基金新增资金1000亿元人民币 [EB/OL].(2017-05-14)[2017-07-16]. 新华网, http://www.xinhuanet.com/world/ 2017-05/14/c_ 129604265.htm.

[115] 杜涛. 中国企业出海警惕"被坑税"! 税总为"一带一路"外派驻税官 [EB/OL].(2017-05-14)[2018-12-10]. 经济观察网, http://www.eeo.com.cn/2017/0514/304607.shtml.

[116] 杜涛. 税总局三年为"走出去"和"引进来"企业消除重复征税128.78亿元 [EB/OL].(2018-05-15)[2019-03-02]. 经济观察网, https://baijiahao.baidu.com/s?id=1600521434910575410&wfr=spider&for-pc.

[117] 段炼, 赵德海. 俄罗斯税收对经济的影响研究 [J]. 哈尔滨工业大学学报 (社会科学版), 2012, 14 (1): 126-131.

[118] 多多诺夫, 穆扎帕罗娃, 穆罕穆德扎诺娃, 等. 中亚: 从外围到中心 [J]. 俄罗斯研究, 2014 (2): 53-70.

[119] 俄罗斯旅游中文网. 俄罗斯的外商直接投资项目数量再次位列欧洲前十 [EB/OL].(2019-06-06)[2019-11-23]. 俄罗斯旅游中文网, https://www.russia-online.cn/News/000_ 1_ 34583.shtml.

[120] 樊纲."一带一路"融资可以考虑长期公债 [EB/OL].(2017-09-28)

[2017-10-11]. 搜狐网，http：//www.sohu.com/a/195157061_ 774663.

[121] 范高伟. 项目库建设与"一带一路""走出去"战略 [J]. 东北财经大学学报，2017（1）：12-18.

[122] 方留章，黄胜科. 武夷山市志 [M]. 北京：中国统计出版社，1994.

[123] 方一婷. 论"一带一路"发展过程与历史意义 [A]. //浙江中华文化学院课题组、杭州师范大学国别研究中心.《"一带一路"文明互鉴的浙江研究》学术研讨会论文集 [C]. 杭州：浙江省长三角城乡社区发展研究院，2019：35-42.

[124] 冯宗宪. 中国向欧亚大陆延伸的战略动脉——丝绸之路经济带的区域、线路划分和功能详解 [J]. 人民论坛·学术前沿，2014（4）：79-85.

[125] 付军锋，王国秀，郭栋梁，等. 共和国外贸60年60词 [J]. 中国海关，2009（10）：12-25.

[126] 高际香. 从普京第四任期经济政策着力点看中俄经济合作方向 [J]. 西伯利亚研究，2018，45（4）：33-36.

[127] 高敏. 秦汉史论集 [M]. 郑州：中州书画社，1982.

[128] 高敏. 魏晋南北朝的杂税之制 [J]. 中国社会经济史研究，1990（03）：1-12.

[129] 高志刚，刘伟. 俄白哈关税同盟对中国与哈萨克斯坦经贸合作的影响 [J]. 新疆大学学报（哲学·人文社会科学版），2016（03）：84-92.

[130] 苟文均. 穿透式监管与资产管理 [J]. 中国金融，2017（8）：17-20.

[131] 顾华详. "一带一路"共建与比较法学研究 [J]. 湖南财政经济学院学报，2018（4）：23-40.

[132] 顾丽华. 琼粤在古代"海上丝绸之路"中的地位和作用——一个全球史视角的考察 [A]. //海南省社会科学界联合会，广东省社会科学界联合会. 海上丝绸之路建设与琼粤两省合作发展——第三届中国（海南·广东）改革创新论坛论文集 [C]. 海口：海南社会科学界联合会，2014：7.

［133］顾一娴.要让财政资金发挥出"四两拨千斤"的乘数效应［EB/OD］.（2015-02-27）［2019-12-13］.中国城市发展网，http：//www.chinacity.org.cn/cshb/cssy/221933.html.

［134］管清友，张瑜，杨晓."一带一路"投资格局全解析：区域、行业、国别［EB/OL］.（2017-05-17）［2017-08-10］.搜狐网，http：//www.sohu.com/a/141267784_656008.

［135］管清友，张媛，伍艳艳，等.中亚—西亚经济走廊投资风险评价：阿联酋风险最低，伊朗风险最高［J］.中国经济周刊，2015（23）：18-20.

［136］郭成伟.大元通制条格［M］.北京：法律出版社，2000.

［137］郭江，马蔡琛.基于财政信用服务视角的"一带一路"建设研究［J］.青海社会科学，2019（3）：41-47.

［138］郭连成.俄罗斯财税政策及其影响［J］.俄罗斯东欧中亚研究，2013（5）：25-33.

［139］国家税务总局.转让定价国别报告［EB/OL］.［2018-04-19］.http：//www.chinatax.gov.cn/n810219/n810744/n2959156/index.html.

［140］国家税务总局.中华人民共和国和土耳其共和国关于对所得避免双重征税和防止偷漏税的协定［R/OL］.国家税务总局，http：//heilongjiang.chinatax.gov.cn/tax/ww/upload/img/2013/10/21/300622140322.pdf.

［141］国家税务总局.中华人民共和国政府和巴基斯坦伊斯兰共和国政府关于对所得避免双重征税和防止偷漏税的协定［R/OL］.国家税务总局，http：//www.chinatax.gov.cn/n810341/n810770/c1153236/5027012/files/1cf275b3cfae4b8aab018c486b28a327.pdf.

［142］国家税务总局.中华人民共和国政府和俄罗斯联邦政府对所得避免双重征税和防止偷漏税的协定［R/OL］.国家税务总局，http：//www.chinatax.gov.cn/n810341/n810770/c1153873/5027076/files/540a22cbc74049b2a760561b3cd95df7.pdf.

[143] 国家税务总局. 中华人民共和国政府和哈萨克斯坦共和国政府关于对所得避免双重征税和防止偷漏税的协定[R/OL]. 国家税务总局, http://www.chinatax.gov.cn/n810341/n810770/c1152954/5026987/files/ea053d621a e2409fbed9c8709024dd6c.pdf.

[144] 国家税务总局国际税务司国别投资税收指南课题组. 中国居民赴立陶宛投资税收指南[R]. 北京：国家税务总局，2019.

[145] 国家税务总局国际税务司国别投资税收指南课题组. 中国居民赴巴基斯坦投资税收指南[R]. 北京：国家税务总局，2019.

[146] 国家税务总局国际税务司国别投资税收指南课题组. 中国居民赴波兰投资税收指南[R]. 北京：国家税务总局，2019.

[147] 国家税务总局国际税务司国别投资税收指南课题组. 中国居民赴俄罗斯投资税收指南[R]. 北京：国家税务总局，2018.

[148] 国家税务总局国际税务司国别投资税收指南课题组. 中国居民赴哈萨克斯坦投资税收指南[R]. 北京：国家税务总局，2019.

[149] 国家税务总局国际税务司国别投资税收指南课题组. 中国居民赴吉尔吉斯共和国投资税收指南[R]. 北京：国家税务总局，2019.

[150] 国家税务总局国际税务司国别投资税收指南课题组. 中国居民赴蒙古国投资税收指南[R]. 北京：国家税务总局，2019.

[151] 国家税务总局国际税务司国别投资税收指南课题组. 中国居民赴沙特阿拉伯王国投资税收指南[R]. 北京：国家税务总局，2018.

[152] 国家税务总局国际税务司国别投资税收指南课题组. 中国居民赴塔吉克斯坦投资税收指南[R]. 北京：国家税务总局，2019.

[153] 国家税务总局国际税务司国别投资税收指南课题组. 中国居民赴土耳其投资税收指南[R]. 北京：国家税务总局，2019.

[154] 国家税务总局国际税务司国别投资税收指南课题组. 中国居民赴叙利亚投资税收国别指南[R]. 北京：国家税务总局，2019.

[155] 国家税务总局国际税务司国别投资税收指南课题组. 中国居民赴亚美

尼亚共和国投资税收指南［R］. 北京：国家税务总局，2019.

［156］国家税务总局国际税务司国别投资税收指南课题组. 中国居民赴印度投资税收指南［R］. 北京：国家税务总局，2019.

［157］国家统计局. 2018年1—12月社会消费品零售总额增长9.0%［EB/OL］.（2019－01－21）［2019－02－04］. 国家统计局，http：//www. stats. gov. cn/tjsj/zxfb/201901/t20190121_ 1645784. html.

［158］国务院新闻办公室. 习近平：共同建设"丝绸之路经济带"［EB/OL］.（2013－09－07）［2020－01－15］. 国务院新闻办公室，http：//www. scio. gov. cn/ztk/wh/slxy/gcyl1/Document/1442459/1442459. htm.

［159］韩保江，项松林."一带一路"倡议的政治经济学分析［J］. 经济研究参考，2017（10）：7-33.

［160］韩永辉，邹建华."一带一路"背景下的中国与西亚国家贸易合作现状和前景展望［J］. 国际贸易，2014（8）：21-28.

［161］何国卫. 论中国古代"海上丝绸之路"的技术基础［J］. 南海学刊，2015，1（03）：8-13.

［162］何茂春，张冀兵. 新丝绸之路经济带的国家战略分析——中国的历史机遇、潜在挑战与应对策略［J］. 人民论坛·学术前沿，2013（23）：6-13.

［163］何杨，王文静. 增值税税率结构的国际比较与优化［J］. 税务研究，2016（3）：90-94.

［164］和讯名家. 2019年俄罗斯人口再现负增长经济低迷国民收入降低成主要原因［EB/OL］.（2019-06-12）［2019-12-20］. 和讯网，https：//news. hexun. com/2019-06-12/197490865. html.

［165］和讯名家. 俄罗斯受西方经济制裁以来已经损失8000亿［EB/OL］.（2019-08-22）［2019-12-29］. 和讯网，https：//news. hexun. com/2019-08-22/198295919. html.

［166］胡鞍钢，马伟，鄢一龙."丝绸之路经济带"：战略内涵、定位和实现路

径［J］.新疆师范大学学报（哲学社会科学版），2014，35（2）：1-10.

［167］胡俊超，王丹丹."一带一路"沿线国家国别风险研究［J］.经济问题，2016（5）：1-6.

［168］胡正塬.中亚、西亚经济发展分析与展望［A］//国际经济分析与展望（2017—2018）［C］.北京：中国国际经济交流中心，2018：130-150.

［169］环球印象.塔吉克斯坦税收制度［EB/OL］.(2017-11-29)［2019-01-17］.环球印象，http：//www.zcqtz.com/news/90865.html.

［170］黄培昭，景玥.中东地区国家多举措应对经济挑战［EB/OL］.(2019-03-20)［2019-12-29］.人民网，http：//finance.people.com.cn/n1/2019/0320/c1004-30984784.html.

［171］黄仁宇.十六世纪明代中国之财政税收［M］.上海：三联书店，2001.

［172］黄天华.中国财政制度史（第一卷）［M］.上海：格致出版社，2018.

［173］黄晓燕，秦放鸣.中国—中亚—西亚经济走廊建设：基础、挑战与路径［J］.改革与战略，2018，34（2）：68-73.

［174］霍志远，杨雷东.我国"走出去"企业税收风险管控的思考［J］.税务研究，2016（11）：68-70.

［175］纪祥，郭晓琼.中亚国家在俄罗斯的劳务移民问题［EB/OL］.(2017-02-22)［2019-12-28］.搜狐网，http：//www.sohu.com/a/126992038_618422.

［176］季心禾.美英俄三国财政制度演进逻辑及启示［J］.市场周刊（理论研究），2018（5）：94-97.

［177］贾康，龙小燕."财政全域国家治理"理论的构建［EB/OL］.(2016-02-23)［2017-07-17］.中国财经报网，http：//www.cfen.com.cn/dzb/dzb/page_7/201602/t20160223_1763173.html.

［178］江苏省国际税收研究会.国际税收征管协作中的问题和对策［J］.国

际税收,2017(1):68-71.

[179] 姜慧.东道国腐败控制指标对我国基础设施投资的东道国经济效应影响——基于"一带一路"沿线国家的实证研究[J].当代经济管理,2017(12):72-75.

[180] 蒋丽萍.古代浙东地区海上丝绸之路文化遗产调研[J].中国民族博览,2018(11):94-96.

[181] 杰弗里·欧文斯,张钟月.新丝绸之路发展中的税收问题探究[J].国际税收,2017(4):64-67.

[182] 捷克国家投资局.税收制度[EB/OL].(2019-01)[2019-02-18].捷克国家投资局,https://www.czechinvest.org/cn/Doing-business-in-the-Czech-Republic/Taxation_cn.

[183] 靳东升.税收国际化趋势[M].北京:经济科学出版社,2003.

[184] 景婉博.以"大国财政"理念助推"一带一路"建设[J].财政监督,2017(15):5-15.

[185] 孔丹阳,王宝杰.服务"一带一路"战略从树立税收风险理念开始[J].国际税收,2016(4):65-68.

[186] 兰永红.借鉴国际经验完善我国避免双重征税协定网络[J].税务研究,2018(10):74-78.

[187] 雷婕,丁超,童伟.中亚地区财政经济形势分析[J].欧亚经济,2016(4):25-41.

[188] 雷曼誉.习近平:丝路精神是人类文明的宝贵遗产[EB/OL].(2017-05-14)[2019-02-11].新华网,http://www.xinhuanet.com/world/2017-05/14/c_129604221.htm.

[189] 黎江虹,黄家强.中国税收征管法修订新动向:理念跃迁、制度创新与技术革命[J].广西大学学报(哲学社会科学版),2016(1):118-124.

[190] 李博.明代商税思想初探[J].中州学刊,2012(02):142-147.

[191] 李国强. 古代丝绸之路的历史价值及对共建"一带一路"的启示[J]. 大陆桥视野, 2019 (02): 32-38.

[192] 李海燕, 兰永红. 海上丝绸之路沿线国家税务风险防控的国际借鉴研究[J]. 国际税收, 2017 (4): 70-74.

[193] 李锦绣. 唐代财政史稿（上卷）[M]. 北京: 北京大学出版社, 1995.

[194] 李敬臣. 中巴签署自由贸易协定分两阶段对全部货物产品降税[EB/OL].(2006-11-25)[2019-10-25]. 新浪网, http://news.sina.com.cn/w/2006-11-25/090010593120s.shtml.

[195] 李凯. 浅论明代的钞关与商税[J]. 黑龙江史志, 2010 (23): 17-19.

[196] 李扣庆, 佟成生, 葛玉御, 等. 会计基础设施助推"一带一路"——"一带一路"沿线国家税制与税负差异（五）[J]. 中国注册会计师, 2018 (10): 123-125.

[197] 李明伟. 丝绸之路贸易研究[M]. 乌鲁木齐: 新疆人民出版社, 2011.

[198] 李明伟. 丝绸之路研究百年历史回顾[J]. 西北民族研究, 2005 (2): 90-106.

[199] 李娜. 在"一带一路"框架下改革我国的国际税收制度[J]. 国际法研究, 2018 (4): 91-99.

[200] 李淑霞. 俄罗斯财政分权与软预算约束[J]. 国外社会科学, 2012 (2): 117-124.

[201] 李焘. 续资治通鉴长编[M]. 上海: 上海古籍出版社, 1986.

[202] 李玮. 丝绸之路经济带发展报告（2014）[M]. 北京: 社会科学文献出版社, 2014: 106-115.

[203] 李文, 曹佩浩, 王昊奕, 等. 企业境外投资要防范5类涉税风险[EB/OL].(2016-06-24)[2018-12-18]. 中国会计视野, http://news.esnai.com/2016/0624/135662.shtml.

[204] 李香菊, 王雄飞."一带一路"战略的国际税收协调研究——基于中亚和东南亚国家的比较分析[J]. 经济体制改革, 2017 (4): 162-168.

[205] 李香菊,王雄飞."一带一路"战略下企业税收风险与防控研究[J].华东经济管理,2017(5):134-139.

[206] 李旭红,何瑞."一带一路"倡议背景下关税减免制度的国际协调研究[J].国际税收,2019(12):28-33.

[207] 李旭红."一带一路"需关注国际税收问题[EB/OL].(2017-06-21)[2018-11-23].搜狐网,http://www.sohu.com/a/150780546_397808.

[208] 李洋.俄罗斯2018—2020年中期财政预算、影响因素分析及各方争论焦点[J].俄罗斯研究,2018(2):101-129.

[209] 李洋.俄罗斯的现实经济困境及深层原因探讨[J].俄罗斯研究,2017(3):24-48.

[210] 李肇.唐国史补因话录[M].上海:上海古籍出版社,1979.

[211] 李振宇,曹佩浩.投资中亚五国:做足税收功课防范税务风险[EB/OL].(2018-06-09)[2018-12-20].搜狐网,http://www.sohu.com/a/234734544_611489.

[212] 李中海.俄罗斯经济发展阶段及宏观经济政策调整前景[J].俄罗斯学刊,2013,3(6):45-51.

[213] 励贺林.无形资产转让定价规则发展趋势及对我国应对BEPS的启示[J].税务研究,2014(8):69-73.

[214] 历史新知网.俄罗斯纵横世界几百年,为何经济一直都很差?主要原因有三点[EB/OL].(2018-07-28)[2019-12-22].历史新知网,https://www.lishixinzhi.com/shijielishi/297920.html.

[215] 廖益新.国际税收协定适用于合伙企业及其所得课税的问题——以中国执行双边税收协定为视角[J].上海财经大学学报,2010(4):21-28.

[216] 刘爱文.消耗性财政信用转向与内在信用货币危机探讨[J].经济学家,2018(4):27-33.

[217] 刘光明.近亿元多缴税款如何从西班牙退回中国[N].中国税务

报，2011-08-29.

[218] 刘华芹.借鉴上合经验建设"丝绸之路经济带"[J].经济，2013（12）：75-77.

[219] 刘华芹.徘徊在十字路口的中亚国家经济[J].欧亚经济，2016（4）：2-9.

[220] 刘娟.东道国制度环境、投资导向与中国跨国企业OFDI研究——基于"一带一路"沿线国家数据的Heckman模型分析[J].外国经济与管理，2018（4）：56-68.

[221] 刘坤.《以色列发展报告（2017）》在京发布科技创新引领以色列国家经济发展[EB/OL].(2017-09-09)[2019-12-22].国际在线，http：//news.cri.cn/20170909/c3c36563-fcab-5c00-eec8-691d4426367d.html.

[222] 刘立峰.中国对外投资面临的困难及政策调整[EB/OL].(2017-08-21)[2017-09-10].搜狐网，https：//www.sohu.com/a/166072909_115495.

[223] 刘琳.《颐卦》另解[J].现代语文（学术综合版），2014（12）：128-129.

[224] 刘鹏."一带一路"国家个人所得税制度辨析[J].经济体制改革，2017（2）：140-145.

[225] 刘鹏."一带一路"沿线国家的公司税制比较[J].上海经济研究，2016（01）：52-60.

[226] 刘蓉，王鑫，毛锐."一带一路"沿线国家税收征管竞争力比较[J].税务研究，2017（2）：3-8.

[227] 刘珅，张金玉."一带一路"背景下中国对中亚五国直接投资结构差异性分析[J].河北经贸大学学报（综合版），2018，18（4）：41-48.

[228] 刘源，宋丽颖，闫珂."丝绸之路经济带"背景下中国—中亚企业所得税制协调问题研究——基于产业合作视角[J].人文杂志，2016（9）：

33-39.

[229] 刘振艳."一带一路"建设中的税收支持政策研究[J].对外经贸,2016(9):158-160.

[230] 陆兵.中国企业走向中亚市场的风险和防范措施[J].新疆师范大学学报(哲学社会科学版),2017,38(4):100-112.

[231] 吕思勉.吕著中国通史[M].上海:华东师范大学出版社,1992.

[232] 律图网.消费税暂行条例2020实施细节有哪些?[EB/OL].(2020-05-29)[2020-09-12].律图网,http://www.64365.com/zs/889770.aspx.

[233] 绿草原孤狼啸月.攻灭北匈奴,勒石塞北,改变世界历史的东汉专权外戚——窦宪[EB/OL].(2017-11-16)[2019-07-15].搜狐网,https://www.sohu.com/a/204630036_100035647.

[234] 马蔡琛,桂梓椋.税务法庭建设的国际经验与启示[J].税收经济研究,2018(2):64-70.

[235] 马蔡琛,桂梓椋.丝绸之路经济带沿线各国税收政策的国际协调[J].湖南财政经济学院学报,2019,35(5):5-16.

[236] 马蔡琛,苗珊.有力有效防范丝绸之路经济带的税收风险[J].理论探索,2019(2):79-85.

[237] 马人英.汉代财政史[M].北京:中国财政经济出版社,1983.

[238] 马静.浅析古代丝绸之路的发展与贡献[J].汉字文化,2018(09):98-99.

[239] 马乌,陈余.俄罗斯经济:稳定导向的反危机政策与后危机走势[J].俄罗斯东欧中亚研究,2018(3):1-19.

[240] 毛磊,石光荣,郝侠君.中西500年比较[M].北京:中国工人出版社,1989.

[241] 穆虹.推进"一带一路"建设[EB/OL].(2015-12-11)[2019-12-30].人民网,http://opinion.people.com.cn/n/2015/1211/c1003-27913424.html.

[242] 倪玉平. 试论清代财政体系的近代转型 [J]. 中国经济史研究, 2018 (04): 29-40.

[243] 潘春阳, 袁从帅. 税收协定与中国对外直接投资——来自"一带一路"沿线国家的经验证据 [J]. 国际税收, 2018 (10): 72-76.

[244] 庞大鹏. 俄罗斯的"突破性发展": 内涵、实践与前景 [J]. 当代世界, 2019 (9): 49-54.

[245] 皮书说. 西部蓝皮书: 中国西部发展报告 (2017) [EB/OL].(2017-09-18) [2017-10-13]. 搜狐网, https://www.sohu.com/a/192715445_186085.

[246] 钱颜. 忽视境外税收风险只能吃哑巴亏 [EB/OL].(2017-08-24) [2018-12-15]. 中国贸易新闻网, http://www.chinatradenews.com.cn/epaper/content/2017-08/24/content_47727.htm.

[247] 全球化智库. 2016-2017年中国企业对外投资十大趋势 [EB/OL].(2017-07-14) [2017-09-28]. 搜狐网, http://www.sohu.com/a/157223082_463946.

[248] 秦宏. 试论丝绸之路经济带的纵深背景与地缘战略 [J]. 现代经济信息, 2017 (1): 18.

[249] 任保平, 马莉莉, 师博, 等. 丝绸之路经济带的合作机制与内陆型改革开放 [M]. 北京: 中国经济出版社, 2016.

[250] 商务部. 图解税收服务"一带一路" [EB/OL]. [2018-02-09]. 国家税务总局, http://www.chinatax.gov.cn/n810219/n810744/n1671176/index.html.

[251] 商务部. 中国与中亚国家经贸合作稳中有进 [EB/OL].(2019-03-05) [2020-01-20]. 中华人民共和国商务部, http://www.mofcom.gov.cn/article/difang/201903/20190302840229.shtml.

[252] 申俊涵, 陈黎明. 助力"一带一路": 3000亿"丝路基金"寻踪 [EB/OL].(2017-05-20) [2019-12-22]. 搜狐网, http://www.

sohu.com/a/141982050_115443.

[253] 沈莹玮."一带一路"背景下二连浩特市税收服务问题研究[D].呼和浩特：内蒙古大学，2018.

[254] 石熠.中国企业与"一带一路"沿线国家合作面临的税务风险与应对措施[J].对外经贸实务，2018（7）：32-35.

[255] 手机搜狐网.社科院报告：中亚国家走上合作共赢之路[EB/OL].(2019-01-22)[2019-12-13].搜狐网，http://www.sohu.com/a/291058213_118392.

[256] 宋晨希.中国首次"西天取经"：汉明帝派使者出使西域取佛经[EB/OL].(2014-07-03)[2019-07-22].凤凰网，https://fo.ifeng.com/news/detail_2014_07_03/37148018_0.shtml.

[257] [阿拉伯]苏莱曼.苏莱曼东游记[M].北京：华文出版社，2015.

[258] 孙南申."一带一路"背景下对外投资风险规避的保障机制[J].东方法学，2018（1）：22-29.

[259] 孙文学，齐海鹏.中国财政史[M].大连：东北财经大学出版社，2008.

[260] 孙文学.中国关税史[M].北京：中国财政经济出版社，2003.

[261] 孙烨，吴浩洋.丝绸之路经济带的基础设施资金需求与投融资经济决策[J].经济问题探索，2017（03）：92-97.

[262] 孙翊刚，董庆铮.中国赋税史[M].北京：中国财政经济出版社，1987.

[263] 孙翊刚.中国赋税史[M].北京：中国税务出版社，2003.

[264] 覃韦英曌，刘书怡.数千亿元的涉税服务市场靠什么撬动[EB/OL].(2018-06-20)[2018-12-29].中国税网，http://www.ctaxnews.com.cn/2018-06/20/content_334686.html.

[265] [英]汤因比，[日]池田大作.展望二十一世纪：汤因比与池田大作对话录[M].苟春生，等，译.北京：国际文化出版公司，1985.

[266] 唐嘉弘. 中国古代典章制度大辞典[M]. 郑州：中州古籍出版社，1998.

[267] 田泽. 建设"丝路经济带"背景下中国对中东国家投资环境评价研究[J]. 现代经济探讨，2016（1）：45-49.

[268] 童伟，马胜楠. 俄罗斯政府稳定运营的财税基础：规模与结构[J]. 欧亚经济，2019（1）：65-76.

[269] 汪圣铎. 两宋财政史[M]. 北京：中华书局，1995.

[270] 王超. 中国古代丝绸之路的概念、特点及其对"一带一路"建设的启示[J]. 华北电力大学学报（社会科学版），2019（01）：107-116.

[271] 王枫云，陈亚楠. 古代丝绸之路（中国段）沿线城镇兴衰的内在机理及其启示[J]. 西南民族大学学报（人文社科版），2018，39（09）：206-213.

[272] 王观. 发挥丝路基金作用 服务一带一路建设（一带一路·高端访谈）——访丝路基金监事会主席杨泽军[EB/OL].(2017-05-10)[2019-12-20]. 人民网，http://world.people.com.cn/n1/2017/0510/c1002-29264397.html.

[273] 王海燕. 金融危机前后中亚国家经济形势对比与前景分析[J]. 新疆师范大学学报（哲学社会科学版），2013，34（4）：42-51.

[274] 王慧."一带一路"战略的国际税法思考——以完善我国区域税收协调政策为切入点[J]. 法制博览，2017（15）：191-192.

[275] 王钦若. 册府元龟·卷九八五[M]. 北京：中华书局，1989.

[276] 王琴. 弘扬宪法精神 坚守法律底线[EB/OL].(2019-12-07)[2020-03-12]. 搜狐网，https://www.sohu.com/a/358902909_729088.

[277] 王素荣，王雪飞，付博."一带一路"沿线国家预提所得税政策与纳税筹划[J]. 财务与会计，2016（16）：24-27.

[278] 王素荣，赵珊珊. 中国企业投资"一带一路"中亚国家的税务筹划[J]. 国际商务（对外经济贸易大学学报），2018（2）：72-85.

[279] 王文静，韩子宇. 完善中国受控外国企业法规的研究——基于国内典

型案例的视角［J］.国际税收，2018（6）：47-52.

[280] 王文静，赖泓宇."一带一路"战略的国际税收协调［J］.国际税收，2016（4）：52-57.

[281] 王文静，王怡璞，赵利芳."一带一路"沿线国家近期税制改革动态比较研究［J］.国际税收，2017（5）：28-33.

[282] 王文清，姚巧燕."一带一路"沿线国家税收制度改革对我国的启示——以印度尼西亚、印度、俄罗斯为例［J］.国际税收，2018（4）：23-27.

[283] 王晓秋.试论丝绸之路精神与"一带一路"理念［J］.中国文化研究，2018（04）：1-5.

[284] 王义桅.论"一带一路"的历史超越与传承［J］.人民论坛·学术前沿，2015（9）：19-27.

[285] 王者.中国古代财政史［M］.北京：北京财贸学院出版社，1981.

[286] 王志远.纳扎尔巴耶夫时代的哈萨克斯坦发展模式［J］.新疆财经，2019（4）：61-71.

[287] 魏升民，韩永辉，向景."一带一路"国际税收合作的现状、问题与对策分析［J］.南方金融，2019（8）：61-67.

[288] 魏天磊."一带一路"背景下"10+3"财金合作机制的发展方向研究［J］.中国人口·资源与环境，2017，27（S1）：311-314.

[289] 温来成.加强国际财税政策协调推进"一带一路"战略［J］.财政监督，2017（16）：12-16.

[290] 文雷，张淑惠."丝绸之路经济带"的税收协调问题［J］.税务研究，2015（6）：36-40.

[291] 乌鲁木齐市地方税务局.加快丝绸之路经济带核心区建设的税收政策研究［EB/OL］.（2017-05-15）［2019-02-27］.新疆地方税务局，http://wlmq.xj-l-tax.gov.cn/n7010/n7011/c1354980/content.html.

[292] 芈牧.谈谈宋代的商业税收［J］.中国商贸，1993（12）：60.

[293] 吴建，程莹.国际税收协调路径探讨——基于区域性反有害税收竞争实践［J］.现代财经（天津财经大学学报），2011（10）：16-23.

[294] 吴善阳.《中国丝绸之路城市群发展报告2017》在上海交大发布［EB/OL］.(2017-06-06)［2017-09-23］.央广网，http：//news.cnr.cn/native/city/20170606/t20170606_523788544.shtml.

[295] 吴森，王丽贤，张小云，等.中亚五国科技实力对比分析［J］.世界科技研究与发展，2018，40（5）：454-464.

[296] 吴旻雁.国际税收合作中小语种语言服务存在的问题与对策［J］.税务研究，2018（8）：59-62.

[297] 武丹.从古代泉州谈"21世纪海上丝绸之路"［J］.经济研究参考，2016（45）：4-7.

[298] 西安市国税局国际税收课题组."一带一路"背景下西安市企业"走出去"的税收问题研究［EB/OL］.(2017-10-20)［2019-01-17］.搜狐网，http：//www.sohu.com/a/199030889_611489.

[299] 席龙飞，何国卫.对宁波古船的研究［J］.武汉水运工程学院学报，1981，29（02）：23-32.

[300] 席龙飞，何国卫.对泉州湾出土的宋代海船及其复原尺度的探讨［J］.中国造船，1979（02）：107-117.

[301] 项怀诚.中国财政通史.清代卷［M］.北京：中国财政经济出版社，2006.

[302] 项怀诚.中国财政通史.魏晋南北朝卷［M］.北京：中国财政经济出版社，2006.

[303] 肖峰，王琳.EPC工程企业中亚经营的税收筹划［J］.财会月刊，2015（3）：40-43.

[304] 新疆金融学会中亚金融研究中心课题组，李学武，倪素芳.中亚五国2015年经济金融形势分析及未来展望［J］.金融发展评论，2016（9）：33-49.

[305] 邢成. 国际税收学 [M]. 南宁：广西人民出版社，1992：77.

[306] 熊鹭. 对外投资税制国际比较与借鉴 [J]. 金融与经济，2012（7）：31-34.

[307] 徐芳亚. 古代洛阳与海上丝绸之路研究 [J]. 洛阳师范学院学报，2018，37（03）：56-59.

[308] 徐剑波，鲁佳铭. 以色列国家创新竞争力发展的特点、成因及其启示 [EB/OL].（2019-09-23）[2019-12-22]. 搜狐网，http：//www. sohu. com/a/342803391_468720.

[309] 徐堇. 古代海上丝绸之路对中国港口经济的影响 [J]. 企业导报，2014（07）：42+6.

[310] 徐坡岭. 对中亚国家经济的几点思考 [J]. 欧亚经济，2016（4）：10-24.

[311] 徐坡岭. 俄罗斯经济转型与增长的教训：政治经济学批判 [J]. 俄罗斯东欧中亚研究，2018（5）：1-12.

[312] 徐向真，宋舜玲. 国外纳税服务的经验及借鉴——兼谈如何充分发挥涉税专业服务机构的作用 [J]. 注册税务师，2016（3）：65-67.

[313] 许淑慧. 宋辽"榷场"贸易考究 [J]. 兰台世界，2015（33）：64-65.

[314] 许涛. 国家行为体在古代"丝绸之路"构建中的作用和意义 [J]. 新疆师范大学学报（哲学社会科学版），2016，37（06）：100-109.

[315] 许薇. 我国财政信用的特征与作用初探 [J]. 经济问题探索，1996（01）：31-33.

[316] 许艳丽. 浅析俄罗斯人口状况对社会经济发展的影响——对我国的借鉴与思考 [J]. 社会保障研究（北京），2016，23（1）：109-115.

[317] 许倬云. 万古江河：中国历史文化的转折与开展 [M]. 上海：上海文艺出版社，2006.

[318] 闫坤，张鹏. 2016年我国宏观经济与财政政策分析报告——"民粹主义"下的世界经济失衡与中国"L"形1.0运行特征 [J]. 经济研究

参考，2017（09）：3-24.

[319] 杨富学. 明代陆路丝绸之路及其贸易［J］. 中国边疆史地研究，1997（02）：12-20.

[320] 杨光. 全球化与中东经济体制调整——新世纪中东经济发展问题之一［J］. 西亚非洲，2007（11）：12-18.

[321] 杨建新. 从古代丝绸之路的产生到当代丝绸之路经济带的构建——亚欧大陆共同发展繁荣和复兴之路［J］. 烟台大学学报（哲学社会科学版），2016，29（05）：64-78.

[322] 杨杨，雷正，杜剑."一带一路"背景下中亚国家税制对我国"走出去"企业的影响分析［J］. 新西部，2017（20）：46-49.

[323] 杨依军. 中国政府发布首份对阿拉伯国家政策文件［EB/OL］. （2016-01-13）［2020-01-12］. 新华网，http://www.xinhuanet.com/world/2016-01/13/c_1117766467.htm.

[324] 杨志勇. 实施"一带一路"战略的财税政策研究［J］. 税务研究，2015（6）：16-21.

[325] 姚宝猷. 中国丝绢西传史［M］. 北京：商务印书馆，1933.

[326] 姚键，王周飞，陈爱明. 基于大数据背景的税收风险管理［J］. 税务研究，2015（11）：64-66.

[327] 易富贤. 大国空巢：反思中国计划生育政策［M］. 北京：中国发展出版社，2013.

[328] 殷红，崔铮. 西方制裁下的俄罗斯经济形势与政策［J］. 国际经济评论，2017（3）：129-144.

[329] 殷红，邹民生，马素红，等. 联储缓加息市场稍安深耕中亚市场前景好［EB/OL］.（2015-09-29）［2019-11-25］. 全景网，http://www.p5w.net/stock/news/zonghe/201509/t20150929_1213200.htm.

[330] 殷敏."一带一路"倡议下中国对俄投资的法律风险及应对［J］. 国际商务研究，2018（1）：69-85.

[331] 殷晴. 丝绸之路经济史研究（下册）[M]. 兰州：兰州大学出版社，2012.

[332] 殷晴. 唐代西域的丝路贸易与西州商品经济的繁盛[J]. 新疆社会科学，2007（03）：99-105.

[333] 殷勇. 如何解决每年"一带一路"基建6000亿美元投资缺口[EB/OL].（2017-08-12）[2017-08-16]. 澎湃网，https：//www.thepaper.cn/news Detail_forward_1760865.

[334] 尹淑平，尹超."一带一路"背景下对我国税收饶让制度的审视[J]. 税务研究，2018（11）：86-89.

[335] 尹烨. 中国古代海上丝绸之路兴衰的政治影响因素[A].//福建省科学技术协会，福建省图书馆学会. 福建省图书馆学会2014年学术年会暨著名图书馆学家金云铭先生诞辰110周年学术研讨会论文集[C]. 福州：福建省图书馆学会，2014：3.

[336] 虞拱辰. 中国赋税史[M]. 北京：中国财政经济出版社，1996.

[337] 负相忠，张同鹏. 学会借力，"走出去"企业的税收难题都迎刃而解[EB/OL].（2018-05-04）[2019-01-20]. 网易，http：//dy.163.com/v2/article/detail/DGURD48U0519C6E8.html.

[338] 张菲菲. "一带一路"沿线国家面临五大主权信用风险[EB/OL].（2015-05-27）[2017-07-16]. 东方财富网，https：//wap.eastmoney.com/a/20150527511051553.html.

[339] 张富强. 论强国战略下"一带一路"国际税收争议解决机制的完善[J]. 法学杂志，2018（08）：2+7.

[340] 中国国际贸易促进委员会. 中国企业走出去面临四大挑战[EB/OL].（2015-11-18）[2017-07-20]. 中国国际贸易促进委员会，http：//www.ccpit.org/Contents/Channel_3432/2015/1118/503469/content_503469.htm.

[341] 张璐. 中东在古今丝绸之路中的定位及当代示范效应[J]. 潍坊工程

职业学院学报，2018，31（05）：67-72.

[342] 张平，孙阳. 新时期"走出去"企业税收风险：防范、问题与对策[J]. 税务研究，2018（6）：65-67.

[343] 张帅，昝涛. 土耳其经济前景展望[J]. 国际论坛，2018，20（6）：1-8.

[344] 张文春，冯露露，余海龙. 中亚五国税制及经济特区税收优惠政策[EB/OL].（2016-02-29）[2019-01-05]. 国际货币评论，http：//www.imi.org.cn/uncategorized/16675.

[345] 张晓赫. 社科院发布《中央企业海外社会责任研究报告（2017）》[EB/OL].（2018-05-26）[2018-06-10]. 人民网，http：//finance.people.com.cn/n1/2018/0526/c1004-30015491.html.

[346] 张一平. 古代海上丝绸之路对南海区域的影响[J]. 新东方，2010（03）：17-22.

[347] 张晓赫. 社科院发布《中央企业海外社会责任研究报告（2017）》[EB/OL].（2018-05-26）[2018-06-10]. 人民网，http：//finance.people.com.cn/n1/2018/0526/c1004-30015491.html.

[348] 赵锦玉. 从草原丝绸之路看古代商贸往来和文化交融[J]. 商业文化，2016（11）：72-79.

[349] 赵雅婧，王有鑫."一带一路"背景下中国与中东的经济合作[J]. 阿拉伯世界研究，2016（2）：31-43.

[350] 赵洲，张丽. 论"一带一路"跨境利息所得的税收协调[J]. 国际税收，2018（1）：51-57.

[351] 郑学檬. 中国赋役制度史[M]. 厦门：厦门大学出版社，1994.

[352] 中国国际贸易促进委员会. 与中亚合作有亮点有难点[EB/OL].（2017-07-06）[2020-01-11]. 中国国际贸易促进委员会，http：//www.ccpit.org/Contents/Channel_4117/2017/0706/836219/content_836219.htm.

[353] 中国国际贸易促进委员会. 中国企业"走出去"面临四大挑战［EB/OL］.（2015－11－18）［2017－07－20］. 中国国际贸易促进委员会，http：//www. ccpit. org/Contents/Channel_3432/2015/1118/503469/

[354] 中国一带一路网.《"一带一路"大数据报告（2018）》发布：俄罗斯合作度最高粤鲁沪参与度最高［EB/OL］.（2018－09－19）［2019－01－11］. 中国一带一路网，https：//www. yidaiyilu. gov. cn/xwzx/gnxw/66751. htm.

[355] 中国注册税务师同心服务团. "一带一路"发展战略涉税问题概览［M］. 北京：中国税务出版社，2015.

[356] 中华人民共和国商务部. 关于2018年5月17日签署的《中华人民共和国与欧亚经济联盟经贸合作协定》生效的联合声明（全文）［EB/OL］.（2019-10-25）［2020-01-20］. 中华人民共和国商务部，http：//www. mofcom. gov. cn/article/ae/ldhd/201910/20191002907748. shtml.

[357] 中国社会科学院俄罗斯东欧中亚研究所. 俄罗斯黄皮书：俄罗斯发展报告［EB/OL］.（2018－06－01）［2019－12－18］. 搜狐网，https：//www. sohu. com/a/233681020_186085.

[358] 中国驻哈萨克斯坦使馆经商处. 中亚国家经济面临哪些问题，未来发展怎样？专家告诉你［EB/OL］.（2019-09-28）［2019-12-28］. 中亚科技服务中心，http：//zykjfwz. com/index. php？m＝content&c＝index&a＝show&catid＝870&id＝1679.

[359] 钟海. 古代海上丝绸之路的兴与衰［J］. 中国海事，2015（07）：8-9.

[360] 周波，韩金晓. 应对"一带一路"建设风险与挑战的财税政策研究［J］. 财政监督，2017（2）：17-23.

[361] 周金虎. "一带一路"之哈萨克斯坦投资法律规则与实践（上）［EB/OL］.（2015－05－25）［2018－12－14］. 新华财经，http：//world. xinhua08. com/a/20150525/1503260. shtml.

[362] 周柳军，顾大伟，邢厚媛，等. 中国对外投资合作发展报告［R/

OL].[2018-01-20].中华人民共和国商务部,http://fec.mofcom.gov.cn/article/tzhzcj/tzhz/upload/zgdwtzhzfzbg2017.pdf.

[363] 朱为群,刘鹏."一带一路"国家税制结构特征分析[J].税务研究,2016(7):24-30.

[364] 朱彦.便民办税春风吹暖"走出去"之路湖北企业境外维权税务尽心相助[N].中国税务报,2015-03-23:A01.

[365] 朱彧.萍洲可谈[M].上海:商务印书馆,1939.

[366] 驻乌兹别克经商参处.吉批准乌加入独联体自由贸易区议定书生效[EB/OL].(2017-3-10)[2020-03-23].驻乌兹别克经商参处,http://info.jctrans.com/news/myxw/20173102329732.shtml.

[367] 最爱我家.为何中国人在俄罗斯没有什么大型企业?[EB/OL].(2018-06-16)[2019-01-16].搜狐网,http://www.sohu.com/a/236161469_787336.

术语索引

B
补税 ……………………… 120

C
裁决 ……………………… 126
差额 ………………………… 9
敞口 ………………………… 9

D
缔约国 …………………… 67
短板 ……………………… 10

G
股息 ……………………… 13
国别 ………………………… 4

N
纳税 ……………………… 13

R
饶让 ……………………… 14

S
涉税 ……………………… 61
税款 ……………………… 40
税制 ………………………… 3
税种 ………………………… 4

T
特许权 …………………… 13

Y
预提 ……………………… 13

Z
征管 ………………………… 4
征税权 …………………… 69
租赁费 …………………… 123

后　记

作为国家长治久安制度保障的财税体制，对于促进丝绸之路经济带建设，自然是不可或缺的基础性制度载体。丝绸之路经济带沿线各国财税治理的协同发展与风险防范是财税领域的重大课题，厘清丝绸之路经济带沿线各国在经济社会、税系结构、税种结构和财政支出政策等方面存在的差异则是核心内容。自"一带一路"倡议提出以来，如何在各国文化、制度差异较大，地缘政治问题较为突出等环境下制定合理的财政税收政策，在防控风险的同时加强与沿线各国财税治理的协同合作，成为丝绸之路经济带建设的重点和难点。

本书将财税政策协同与风险防范问题置于丝绸之路经济带建设的大背景下。总体来看，通过对沿线国家财税体制特点的剖析，明确了各国间的税制差异和分歧，审视了丝绸之路经济带发展中的财税政策和财税协定，分析了我国及沿线各国在财政税收政策制定层面所面临的问题，探究了财政支出在丝绸之路经济带沿线国家经济增长中的作用，进一步提出相应的防范财税风险的措施建议。

本书是南开大学经济学院教授、陕西省"三秦学者"特聘教授马蔡琛老师主持的中国（西安）丝绸之路研究院科学研究项目"丝绸之路经济带沿线各国财税治理的协同发展与风险防范"（2017SZ04）的研究成果，也是陕西省第二批"三秦学者"岗位专项资助项目。

本书由西安财经大学郭江，南开大学马蔡琛、苗珊、桂梓椋等同志合作完成。西安财经大学冯力沛、刘扬、王静、周宇，南开大学管艳茹、朱旭阳、赵笛、潘美丽等参与了部分章节的资料收集与初稿写作，在此一并致谢。

感谢中国（西安）丝绸之路研究院给予的支持和帮助。

在写作过程中，从国内外研究者和实践部门的研究中获益颇多，在此一并感谢。

本书或有遗憾或疏漏之处，恳请读者朋友批评指正！

郭　江　马蔡琛

2020 年 11 月